〈동아시아연구총서 제5권〉

재일조선인 미디어와 전후 문화담론

동의대학교 동아시아연구소 편

박문사

동아시아연구총서 제5권을 발간하면서

    현재 재일조선인 사회와 문화는 세대를 거듭하면서 개별적이고 다양한 형태로 나타나고 있다. 시대의 변천과 더불어 변화된 '재일'의 존재와 의미규정에 대해 종래의 관련 연구는 괄목할 만한 연구 성과를 냈다. 하지만 재일조선인 사회의 개별적이고 다양한 변화가 집단적이고 역사적인 의미를 상쇄하는 것은 아니다. 한일 간의 식민 유제가 산적해 있는 현실에서 보면, 오히려 재일조선인 사회를 전체적으로 조망하고 현재적 문맥에서 새롭게 조명할 필요가 있다. 이에 본서『재일조선인 미디어와 전후 문화담론』은 재일조선인 사회와 문화가 갖는 의미를 사회적으로 확산시키고 공적인 영역으로 회수하기 위해서 기획한 연구서이다. 본서의 집필진에는 동의대학교 동아시아연구소 토대연구사업팀(2016년 선정, 과제명「전후 재일조선인 마이너리티 신문잡지 기사의 조사 수집 해제 및 DB구축」)에 소속된 공동연구원 및 외부 연구자를 포함해서 총 11명의 연구자들이 참여하였다.

재일조선인 문제는 탈식민과 분단의 재일 70년을 지나면서 한일 관계사의 핵(核)으로 남아 있고, 그만큼 한일 관계사에서 이들 재일조선인 사회가 갖는 의미는 강력하다고 할 수 있다. 이러한 점에서 재일조선인 사회를 한국과 일본 사이에 낀 지점에서 정치적이고 민족적인 이데올로기를 주입해 부(負)의 이미지로 읽어온 기존의 관점은 더 이상 유효하다고 볼 수 없다. 재일조선인 사회는 한국과 일본을 상대화시키며 복합적인 의미망을 만들어내고 있기 때문에, 오히려 한국과 일본, 그리고 남북 분단의 문제를 새롭게 볼 수 있는 위치로 자리매김할 필요가 있다.

특히, 최근 일본에서는 전쟁 직후에 대한 연구가 활기를 띠고 있고, GHQ 점령기의 검열문제를 살펴볼 수 있는 프랑게문고의 자료 연구가 성과를 낸 것을 비롯해, 전후문화운동 연구도 활발해 관련 잡지의 복각이 이어지고 있다. 제국이 해체되고 냉전과 탈냉전을 지나온 현재, 전쟁의 '기록'과 '기억'을 둘러싼 또 다른 전쟁이 시작되고 있는 것이다. 하지만 재일조선인에 대한 연구는 이러한 전후 일본의 연구 현황에 미치지 못하고 있다. 따라서 본서에서는 이러한 상황을 직시하고 재일조선인 사회의 기록과 기억을 복원시켜, 전후 일본사회에 대항적인 문화로서 작동해온 마이너리티성을 발굴하고 재일조선인 사회의 문화담론을 도출하고자 했다.

본서는 크게 제1부 '재일조선인 잡지 미디어와 전후의 문화담론'과 제2부 '재일조선인 신문 미디어와 교육·문예', 그리고 제3부 '다양화되는 기록과 기억의 재일조선인 문예'로 구성되어 있으며, 각 장의 내용을 간단하게 소개하면 다음과 같다.

먼저, 제1부 '재일조선인 잡지 미디어와 전후의 문화담론'에서는 해방직후부터 1960년대에 발행된 잡지를 중심으로 다각적인 분석을 시도한 논문으로 구성되어 있다. 제1장 소명선 「재일조선인 에스닉 잡지 연구-1950년대를 중심으로」에서는 특정 시대의 특정 잡지를 중심으로 하는 연구패턴에서 벗어나, 지금까지 연구대상에서 배제되어온 잡지들도 시야에 넣어 1950년대 재일조선인이 발행한 에스닉 잡지에 주목하고 있다. 특히, 1950년대는 한반도에서는 대한민국과 조선민주주의인민공화국이라는 이념을 달리하는 두 개의 국가의 성립과 이듬해 신중국이 탄생한 이후 동아시아의 정세가 급격하게 변화해 간 시기이다. 따라서, 이러한 시기에 조국의 민족상잔의 전쟁을 식민지종주국에서 지켜볼 수밖에 없었던 재일조선인이 미점령의 종결과 함께 불거진 국적 문제와 기본적인 생존권을 위협받게 된 상황 속에서, 그들은 어떠한 종류의 잡지를 발행하고, 이를 통해 어떠한 목소리를 내어 왔는지를 1950년대라는 시대적 구도 속에서 검토하고 있다.

제2장 김계자 「서클시지『진달래』와 1950년대 재일조선인의 문화운동」에서는 1950년대 재일조선인의 대중적 기반이 된 오사카 조선시인 집단의 기관지『진달래』를 중심으로, 서클지로 시작해 재일조선인 좌파조직의 변동과 노선 변화에 따라 점차 소수 정예 문예동인지로 성격이 변해가는 과정을 살피고 있다. 특히, 잡지 초기에는 재일조선인의 생활상과 민족 문제 등이 원초적이면서 집단적인 목소리로 표출되었을 뿐만 아니라, 시 작품에 대해 비평하고 시론에 대한 공동 논의하는 공론장이었고, 타 지역 동포 집단과 소통하고 연대하는 매개로 기능함으로써 재일조선인의 목소리를 다양하게 담아내는 과정을 조명하고 있다.

제3장 임상민 「재일 작가의 범죄학 서사-정기간행물『김희로공판대책위원회뉴스』를 중심으로」에서는 1968년 2월 20일에 발생한 김희로 사건과 동 사건에 적극적으로 커미트먼트한 〈문화인〉 그룹과 김희로공

판대책위원회의 역할에 대해서 분석하고 있다. 특히, 사건 발생 초기 단계부터 설득 및 특별변호인 자격으로 동 사건의 재판 마지막까지 깊이 관여한 재일조선인 작가 김달수를 중심으로, 김희로공판대책위원회의 역할 및 문제점, 김희로 사건을 둘러싼 재일조선인과 일본인 문화인의 발화 포지션, 그리고 한국 외교문서 속의 김희로 사건에 대한 인식과 공모하는 한일 미디어 보도를 밝히고 있다.

다음으로, 제2부 '재일조선인 신문 미디어와 교육·문예'에서는 해방 직후부터 1950년대에 걸쳐 발행된 신문을 분석한 논문으로 구성되어 있다. 제4장 엄기권 「해방 직후 착종하는 재일조선인 미디어-조선문화교육회와 『문교신문』을 중심으로」에서는 지금까지 '반소''반공''반미'로 평가받아 온 해방 직후에 발행된 조선문화교육회의 기관지 『문교신문』 및 사장 최선에 대한 재평가를 시도하고 있다. 특히, 사장 최선은 동 기관지를 통해 어떠한 특정한 이데올로기에 치우치지 않는 교육방침을 주장하며 조련과 민단을 통합한 '강력한 일원적 조직체'의 창립을 요구했다. 필자는 비록 2년여의 짧은 기간 이후에 폐간된 『문교신문』이지만, 전후 조련과 민단의 대립 속에서 재일조선인 문화단체의 가능성과 한계를 재검토하고 있다.

제5장 이행화 「미군정기 재일조선인 신문 미디어의 담론」에서는 행방 직후의 재일조선인 발행 신문 『민주신문』과 『조련중앙시보』, 『문교신문』을 중심으로, 각 신문 사설의 특징을 분석하고 있다. 이를 통해, 위의 세 신문 사설에 나타난 민족주의와 반일적 성향이 동시대의 일본 정부의 재일조선인 정책 및 남한 단독정부 수립, 그리고 조선학교 폐쇄령 등의 논리와 이념적 성향의 차이 속에서 어떠한 민족 담론을 만들어

내고 있는지에 대해서 살피고 있다.

제6장 오은영 「『조선민보』(1958년 1월~1959년 2월)에 나타난 재일조선인 문학의 양상」에서는 총련 및 민단의 기관지를 통해서 재일조선인 양상을 재조명해 보는 의미에서, 1958년대 『조선민보』에 실려 있는 작품과 그와 관련된 기사를 중심으로 살피고 있다. 1958년대에는 북조선으로 귀국하는 사업을 추진하는 시기로 그것과 관련된 기사와 그것을 소재로 한 작품이 많았다. 작품과 기사의 내용을 통해 당시 조선어, 조선인으로서의 자각, 민족적인 자각이 강요되고 있었고, 대부분 남조선 출신인 재일조선인(작가)은 총련이라는 조직 앞에서 번민하고 이탈하게 되는 계기를 만들어내는 과정을 검토하고 있다.

마지막으로, 제3부 '다양화되는 기록과 기억의 재일조선인 문예'에서는 재일조선인과 관련된 영화와 문학, 그리고 어학적인 측면에서 재일조선인의 개별성과 다양성을 살펴본 논문으로 구성되어 있다. 제7장 정영미·이경규 「키워드 네트워크 분석 방법을 통한 재일한인분야 지식구조 분석」에서는 인문학을 포함한 사회과학, 예술체육학 등 전 연구 분야에서 수행된 재일한인 관련 국내 학술 논문을 대상으로 기술통계 분석과 키워드 네트워크 분석(keyword network analysis)을 통해 재일한인분야의 지식구조를 파악하고 있다. 이를 위해 2000년 1월부터 2016년 12월까지 국내에서 발행되어 KCI(Korea Citation Index) 데이터베이스에 등록되어 있는 재일한인분야 논문 819편의 서지데이터를 수집하고, 이를 통해 논문의 논문생산추이, 연구 분야, 발행기관, 그리고 주요 주제 키워드 등으로 분류해서 기술통계 분석방법으로 분석하고 있다.

제8장 곽형덕 「'망명자문학'으로서의 『화산도』」에서는 김석범의 대

하 소설『화산도』를 망명자 문학이라는 관점에서 고찰을 시도하고 있다. 필자는『화산도』와 망명의 관계를 구체적으로 살펴보기 위해서 다음 세 가지의 문제틀을 설정하고 있다. 첫째는 재일조선인문학과 망명문학의 관계를 살펴봄으로써『화산도』를 망명문학이라기보다는 망명자의 문학으로 위치 지우고 있고, 둘째는『화산도』에 나타난 북한에 대한 비판의 궤적을 추적함으로써 김석범의 망명의 궤적을 밝히고 있다. 그리고 셋째는『화산도』에 나타난 '망명'과 관련된 부분을 남승지의 망명의식을 통해 구체적으로 분석함으로써, 이를 통해『화산도』의 창작 과정을 남북 모두의 체제로부터 이탈해 독자적인 사상을 형성해가는 과정으로 파악했다. 김석범이『화산도』를 조선어에서 일본어로 다시 쓰는 과정은 자의가 아닌 타의에 의해 남과 북 모두로부터 사상적인 '망명'을 해가는 과정이었다고 말할 수 있다.

제9장 이한정「이양지의「돌의 소리」에 나타난 '모국'의 의미」에서는 재일한국인 작가 이양지의 유작「돌의 소리」를 중심으로, 그녀의 모국 체험과 재일한국인의 주체 형성 과정을 분석하고 있다. 특히, 유작 이전까지의 작품에 나타난 모국이 재일한국인의 자아 '분열'을 상징하는 존재로 그려진 반면,「돌의 소리」에서는 오히려 '분열'을 봉합하려는 요소로 등장하는 이유를 살피고 있다. 필자는 이양지의 유작에 나타난 모국은 더 이상 재일한국인과 대척점에 위치하지 않으며, 따라서 돌아갈 장소로서의 '고향'이 아닌 어느 곳에서나 존재하는 인간 삶의 근원적 의미로서의 새로운 '고향'을 제시하고 있다.

제10장 임영언「재일코리안 디아스포라와 영화문화」에서는 해방 이후부터 현재까지의 일본에서 제작된 영화를 중심으로, 일본인 감독에 의한 재일조선인의 타자 표상과 재일조선인 감독에 의한 자기 표상을

분석하고 있다. 특히, 재일조선인 오덕수 감독의 디아스포라적 삶을 조명하면서 해방 이후부터 70년간의 재일조선인 영화 작품과 경향을 총론적으로 고찰하고 있다는 점에서, 향후 재일조선인 영화 연구와 관련된 후속 연구에 있어서 많은 시사점을 제공하고 있다.

　이상과 같이, 본서는 일본사회에 동화되기보다는 차이를 만들어가며 공존의 방식을 찾아온 재일조선인 사회와 문화가 변천되고 변용되어 온 과정을 전후 일본의 재일조선인 신문 잡지 미디어 및 문학, 영화 등의 매체를 통해서 살피고 있다. 특히, 재일조선인 관련 신문 잡지나 생활사적인 자료들은 미디어를 통해 기호화되고 구성되어 일상에서 무의식적으로 유통되는 전후 일본의 재일조선인 사회를 새롭게 조명하고, 한국과 일본을 아우르는 새로운 상호교류적인 대화를 열어갈 것으로 기대한다.

　이 책은 동아시아연구소 토대연구사업팀의 재일조선인 관련 국제학술심포지엄 및 정례연구회, 세미나 등에서 이루어진 발표의 결과물이다. 이번 동아시아연구소 연구총서에 흔쾌히 출판에 동의해 주시고 원고 집필에 협조해 주신 집필진 여러분에게 깊이 감사드린다. 또한, 총서 기획에서 원고 편집에 이르기까지 적극적으로 도움을 주신 총서간행위원회의 위원들의 노고에도 감사드린다. 끝으로 이번 총서 출판에 아낌없는 후원을 해주신 도서출판 박문사에 감사를 드리는 바이다.

2018년 6월
동의대학교 동아시아연구소
소장 이경규

목차

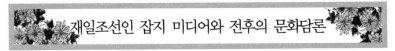
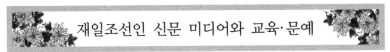

제3부

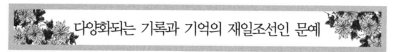
다양화되는 기록과 기억의 재일조선인 문예

제1부

재일조선인 잡지 미디어와 전후의 문화담론

동아시아연구총서 제5권
재일조선인 미디어와 전후 문화담론

재일조선인 에스닉 잡지 연구

-1950년대를 중심으로-

소명선(蘇明仙)

부산대학교 일어일문학과를 졸업하고, 규슈대학 대학원에서 비교사회문화박사학위를 받았으며, 현재 제주대학교 일어일문학과 교수로 재직 중이다. 오에 겐자부로(大江健三郞) 문학을 연구의 중심으로 하면서 재일코리언문학과 오키나와문학에 대한 연구도 하고 있다. 대표저서로는 『오에겐자부로론: 〈신화형성〉의 문학세계와 역사인식』이 있고, 「오에 겐자부로의 『만년양식집』론」, 「오키나와문학 속의 일본군 '위안부' 표상에 관해」, 「마이너리티문학 속의 마이너리티이미지」, 「재일한인 에스닉미디어의 계보와 현황」 외 다수의 연구논문이 있다.

1 들어가며

　재일조선인 에스닉 잡지에 관한 연구 동향을 보면 1940년대의『민주조선(民主朝鮮)』, 1950년대의『진달래(ヂンダレ)』, 1960년대의『한양』, 1970년대의 계간 잡지『삼천리(三千里)』, 1980년대의 계간 잡지『민도(民涛)』와『청구(青丘)』, 1990년대의『호르몬문화(ほるもん文化)』와 같은 식으로 대부분 각 시대를 대표하는 잡지를 중심으로 하여 이루어져 왔다. 최근에는 재일조선인여성들의 삶과 그녀들의 목소리에 주목하여, 최초의 여성문학동인지『봉선화(鳳仙花)』와 역시 최초라는 수식어를 달고 있는 여성종합문예지『땅에 배를 저어라(地に舟をこげ)』를 대상으로 젠더적 관점에서의 연구가 이루어지기는 했으나, 역시 특정 잡지를 중심으로 한 연구이다. 이와 같이 일부 잡지를 중심으로 한 연구 패턴을 반복하고 있는 것은 무엇보다 자료면에서의 제약, 즉 재일조선인이 관여한 잡지에 대한 발굴 작업이 최근에서야 이루어지기 시작했고, 잡지에 대한 정보가 체계적으로 정리되지 못했기 때문일 것이다. 이러한 현실은 곧 재일조선인이 관여한 잡지에 대한 지속적인 발굴의 필요성과 전체적인 구도를 파악할 수 있는 거시적인 형태의 연구의 필요성을 제기해 주는 대목이기도 하다.

　그런데 비교적 입수가 용이했던 1970년대 이후의 잡지에 비해 1940년대와 1950년대의 경우, 본격적으로 연구가 이루어지기 시작한 것은 근래에 들어서이다. 1946년 4월에 창간하여 1950년 7월까지 총33권을 발행한『민주조선』의 경우 1993년 메세키서점(明石書店)에서 복각본과 함께 해제집이 출판됨으로써 잡지 연구가 본격화되었고, 이후 국내외적으로 상당량의 연구가 축적되어 왔다. 그리고 1950년대의 재일조선인의 잡지에 관해서는 오랫동안 공백으로 남아 있었다. 그러던 것이 2000년대에 들어서면서 일본에서 1950년대의 문화운동에 대한 연구가 활발히 진행되는 과정에서 김시종을 중심으로 한 서클시지『진달래』가 새롭게 조명되었고, 2008년 11월에 후지출판(不二出版)에서 복각판이 간행되고 난 이후에서야『진달래』연구 또한 본격적인 궤도에 오르게 되었다. 이와 같이『민주조선』과『진달래』연구를 통해 재일조선인 에스닉 잡지 연구의 외연적 폭은 분명 확대되었다고 할 수 있다. 그러나 1950년대의 재일조선인의 문화활동에 관해서는 여전히『진달래』라는 특정 잡지를 중심으로 이루어지고 있고, 이러한 연구는 1950년대의 잡지 발행의 전체상과 재일조선인의 문화활동에 대한 종합적인 시각을 제시하는 데에는 한계가 있다.

재일조선인에게 있어서 1950년대는 본국에서 발생한 민족분단의 전쟁과 이로 인해 그들 사이에도 이념의 대립과 갈등의 골이 깊어진 시기이고, GHQ(연합국군 최고사령부)의 점령정책 전환으로 인해 민족으로서의 기본 권리는 물론 생활권을 박탈당한 시기이다. 그러나 이러한 상황 속에서도 재일조선인의 대중문화운동은 그 어느 시기보다 활발하게 전개되었고, 이후 '재일조선인문학'이라는 영역이 탄생할 수 있는 자양분을 형성한 시기라 할 수 있다.

본고에서는 재일조선인의 에스닉 잡지 연구에서 특정 잡지에 편향되어 왔던 연구 행태에 대해 그동안 연구의 중심에서 배제되어온 잡지들까지도 시야에 넣어 1950년대의 재일조선인의 미디어활동의 전체상을 파악할 수 있는 구도를 제시하는 것을 목표로 한다. 1950년대에 재일조선인이 발행한 잡지 현황뿐 아니라 이들 잡지 간의 교섭 양상, 나아가 전후일본사회의 문화운동과의 상호교섭 양태를 관찰하여 재일조선인의 활동의 의미를 파악하고자 한다. 이를 통해 민족분단의 전쟁을 식민지종주국에서 지켜볼 수밖에 없었던 1950년대에 재일조선인들은 일본사회에서 어떠한 사회운동과 문화운동을 펼쳐갔는지, 그리고 이들 활동의 의미와 재일조선인의 에스닉 잡지가 가지는 역사적 의의를 전후 일본사회와 동아시아 정세 속에서 확인할 수 있을 것이다.

2 재일조선인 대중단체와 잡지 발행 양상

1950년대에 발행된 재일에스닉 잡지의 전체상을 파악하기 위해서는 먼저 해방직후부터 재일조선인운동을 주도한 대중단체에 대해 설명할 필요가 있다. 1945년 8월 15일, 일본이 패전하자 200만 명이 넘는 조선인은 해방의 기쁨과 함께 강제연행 노동자들을 중심으로 본국으로의 귀환을 서둘렀다. 그러나 여러 가지 사정으로 일본에 머무르고 있던 조선인들에게는 이미 관동대지진과 같은 혼란기에 생명의 위협을 경험한 바 있었기에 그들의 생명과 재산을 보호하고 권익을 주장할 수 있는 자치단체의 결성이 무엇보다 시급했다. 1945년 9월에는 지역별로 속속 생겨난 각 단체의 대표가 도쿄(東京)에 결집하여 재일본조선인연맹(이하, 조련) 결성을 협의하고, 10월에는 조련의 중앙조직결성대회를 개최했다. 조련 결성을 즈음하여 GHQ의 〈인권 지령〉[1]으로 비합법 시절부

---

1) 〈자유의 지령(自由の指令)〉으로도 불리는 〈인권 지령(人權指令)〉은 1945년 10월 4일, 반체제적인 사상과 언동을 단속해 온 일본정부에 대해 GHQ가 자유를 억압하

터 일본공산당에서 활동하던 김천해가 일본인 좌익 활동가들과 함께 석방되어 곧 조련의 최고 고문으로 취임한다. 김천해는 전후에 재건된 일본공산당 중앙위원이자 공산당 중앙기관에 설치된 조선인부 부장을 맡은 인물로, 그를 중심으로 한 공산당원의 조련 내부에서의 활동은 이후 조련의 성향을 결정짓는 역할을 하게 된다.

한편, 1946년 10월에는 조련과는 달리 우파적 성향의 재일본조선거류민단(대한민국 건국 후 재일본대한민국거류민단으로 개칭. 이하, 민단)이 결성된다. 그러나 민단은 신탁통치안을 둘러싼 의견 충돌을 비롯하여, 1948년 대한민국과 조선민주주의인민공화국(이하, 공화국)이 각각 이념을 달리하는 독립 정부를 수립하자 공화국 지지를 표방하는 조련과의 대립의 골은 깊어진다.

조련본부에 설치된 문화부에서는 문화, 교육, 계몽에 관한 출판활동이 활발하게 이루어져 각종 단체의 기관지뿐 아니라 문예지와 종합잡지의 발행도 활발했다. 해방 석 달 만인 11월에 창간한 『고려문예』, 첫 시 전문지로 1946년 1월에 창간한 『조선시(朝鮮詩)』, 조련의 기관지로서 1946년 4월에 창간한 『조련문화(朝聯文化)』와 『민주조선』, 1947년 10월에는 『조선문예(朝鮮文藝)』 등이 조련의 주도하에 발행되었다. 조련은 1949년 9월 8일, GHQ의 〈단체 등 규정령〉에 의해 1947년 2월에 결성된 신일본조선민주청년동맹(이하, 민청)과 함께 폭력주의적 단체로 규정되어 해산되기까지 재일조선인운동의 중추적 역할을 하게 된다.

조련 해산 후 재일조선인들을 결집시킬 후속단체로 재일본조선민주통일전선(이하, 민전)이 결성(1951.01.19.)된다. 조련이 결성 초기부터

는 제도를 폐지함과 동시에 특고경찰과 치안유지법와 같은 법령에 근거하여 구속된 공산당원 등의 정치범을 즉각 석방하라는 내용의 지령.

조선인 일본공산당원의 지도를 받았던 것처럼 민전 또한 일본공산당의 지도방침 하에서 활동하게 된다. 한국전쟁이 전개되던 시기, 민전은 반미, 반이승만, 반요시다 시게루(吉田茂), 반군비와 같은 슬로건을 내걸고 일본공산당과 공투하여 조국의 통일 독립과 민족 권리를 지키고자 했다. 일본공산당 4전협(1951.02)에서 채택된 '군사방침'에 따라 극좌적인 실력투쟁을 전개한 민전은 한국전쟁이 휴전상태에 돌입하고 동아시아의 정세가 변화하기 시작하자 조직 내부에서 이러한 극좌노선에 대한 비판이 일게 되고, 이들이 중심이 되어 재일조선인운동의 '노선전환', 즉 재일조선인총연합회(이하, 총련)의 결성을 주도하게 된다. 이렇게 하여 1955년 5월 25일부터 이틀에 걸쳐 결성대회를 가진 총련은 재일조선인을 공화국의 공민으로 위치짓고 일본공산당과도 결별하게 된다.

민전 시대는 재일조선인과 일본인 문화인 사이에 긴밀한 유대관계를 형성한 시기이다. 반전과 세계평화 추구라는 동일한 목표 아래 미국을 타파해야 할 공동의 적으로 보고 각종 문화활동에 있어서도 긴밀한 관계를 유지했다. 그리고 이 시기는 일본사회 내부에서 생활기록운동과 서클운동이 활발히 전개되었던, 전후 문화운동의 최전성기였다. 재일조선인에 의한 서클운동의 선구적 역할을 한 오사카(大阪)조선시인집단은 민전과 일본공산당의 민족대책부의 지령으로 만들어진 단체로 그 중심에는 시인 김시종이 있었다.[2] 이들의 서클시지 『진달래』 발행을 시작으로 재일조선인의 서클문화활동이 활발하게 전개된다.

이와 같이 해방 후 결성된 단체들은 조련 시대, 민전 시대, 총련 시대

---

2) 김시종은 『なぜ書きつづけてきたか　なぜ沈黙してきたか』(平凡社, 2001.11)에서 『진달래』는 공산당의 지령으로 "한국전쟁기에 재일의 젊은이들이 모일 수 있는 거점지", "소비에트가 내건 사회주의, 사실주의를 표방하여 공화국의 존재를 더욱 친숙한 것으로 하는 의식 개혁을 일으킬 장"(pp.133-134)으로 만들어졌다고 한다.

를 거치면서 각각 그 산하에서 활동을 하고 있었는데 이들 중 10여년이라는 비교적 오랜 기간 활동을 해 온 단체가 있다. 그것은 바로 1948년 1월 17일에 결성된 재일조선문학회이다. 재일조선문학회는 1947년 2월에 김달수, 김원기, 장두식, 이은직, 박원준, 허남기, 강현철, 윤자원 등이 중심이 되어 결성한 재일본조선문학자회가 조국의 문학가동맹과 나란히 조국의 민주혁명에 공헌하기 위해 조련 산하에서 예술관련 활동을 해오던 단체들을 규합하여 재일조선문학회로 개칭하면서 발족했다.[3] 1953년 12월에는 재일본조선문화단체총연맹(이하, 문단련)이 시인 허남기를 위원장으로 한 재일본조선인문화단체협회(이하, 문단협)로 개편되고, 이 문단협이 총련의 문화선전부에 직결된 조직으로 개편되면서 재일조선문학회도 그 산하에 놓이게 된다. 그리고 1959년 6월에 재일본조선문학예술가동맹(이하, 문예동)이 결성되자 재일조선문학회는 또다시 문예동 문학부로 개편된다.

재일조선문학회의 가장 두드러진 특징의 하나는 한글 잡지 발행에 주력해 왔다는 점이다. 조련 시대에는『봉화』를, 민전 시대에는『군중(群衆)』,『조선문학』과 같은 한글 잡지를 발행했다. 총련 산하의 문예동에 흡수된 이후, 문예동의 기관지, 즉 1959년 12월에 창간한『조선문예』, 1960년대의『문학예술(文學藝術)』,『문예활동(文藝活動)』,『조선문예(朝鮮文藝)』,『효고문예통신(兵庫文藝通信)』,『군중문예』는 모두 한글로 발행되었다. 이러한 점을 통해 재일조선문학회는 대중운동을 주도한 단체가 조련에서 민전으로, 다시 총련으로 변모했지만 조직 결성 초기부터 한글로 잡지를 발행

---

3) '재일조선문학회의 강령은 "1. 일본제국주의 잔재 소탕, 2. 봉건주의 잔재 청산, 3. 국수주의 배격, 4. 민주주의 민족문학 건설, 5. 조선문학과 국제문학과의 제휴, 6. 문학의 대중화"로 6번째 항목을 제외한 전 항목이 본국의 '조선문학가동맹'의 강령과 일치하는 것이다. 宋惠媛(2014)『「在日朝鮮人文学史」のために―声さき声のポリフォニ――』, 岩波書店, p.129

하고자 하는 의지를 관철시켜 왔다고 할 수 있을 것이다.

한편, 1950년대에 발행된 잡지의 집필진을 살펴보면 동시대의 다른 잡지들의 집필진과 중복되는 경우가 많다. 집필진의 대부분이 당시의 주류세력이었던 조련, 민전, 총련과 같은 대중단체 혹은 그 산하 단체에 소속되어 있었고, 잡지 발행에 있어서도 조련, 민전, 총련의 직간접적인 협조와 후원 없이는 지속될 수 없었기 때문이다. 물론 조련, 민전, 총련과는 지향하는 바가 다른 단체에 의한 잡지도 존재한다. 1947년 7월에 창간하여 1950년까지 발행을 이어간 『자유조선(自由朝鮮)』, 1953년 11월에 창간하여 1977년 11월에 286호로 종간한 『친화(親和)』가 그러한 예이다. 1957년 10월에 창간하여 1964년 12월, 27호로 종간한 백엽동인회의 동인지 『백엽(白葉)』은 편집 겸 발행을 맡은 최선이 비총련계 문화인들의 표현활동의 무대로 발행한 종합문화지이다. 또한 일제치하인 1912년 조국의 독립운동의 일환으로 도쿄의 유학생들이 모여 발행한 잡지명을 계승하여 1957년 11월에 창간한 『학지광(学之光)』은 남과 북이라는 대립구조 속에서 중립의 입장을 취하고 있다. 그러나 이러한 예는 극히 소수에 불과하고, 1960년대 전반까지는 문예동을 중심으로 총련계의 잡지들이 왕성한 활동을 펼치고 있었다. 비총련계 문화활동이 활발해지는 것은 1965년 한일기본조약 체결을 전후한 시기이며, 1967년 공화국이 유일사상 체제로 돌입하고 김일성 우상화가 본격화되면서 총련을 탈퇴하는 문화인들이 증가하게 되는 1960년대 후반부터라 할 수 있다.

아래 표는 1950년대에 창간된 잡지 중 발행정보가 확인된 잡지들만을 대상으로 창간순으로 정리한 것이다.[4]

---

4) 이외에 서클문화운동과 관련된 잡지들이 다수 존재했던 것으로 추측되지만, 잡지의 보존 여부 등 자료면에서의 제약이 있어 본고에서는 〈표 2〉에서 별도로 정리했다.

〈표 1〉 1950년대 재일조선인 에스닉 미디어

잡지명	출판사	창간	비고
보리(麥)	발행소 정보 없음	1951.03.26	허남기(許南麒)의 개인지. 창간호에는 「うたと闘いの時代に―1950年の朝鮮詩の報告」라는 제목의 장편시 1편이 게재
조선학보 (朝鮮学報)	朝鮮学会	1951.05	4집부터 天理大學出版部에서 출판
군중	군중편집부	1951.11 (추정)	한글 종합잡지. 조선문학회의 기관지
조선평론 (朝鮮評論)	大阪朝鮮人文化協会	1951.12	9호(1954.08)로 종간. 오사카조선인문화협회의 기관지
새싹	在日本朝鮮人教育者同盟本部	1952.03	한글 어린이 대상 잡지
평화와 교육 (平和と教育)	平和と教育社	1952.08	재일본조선인학교P.T.A전국연합회 기관지. 창간호의 발행은 在日朝鮮人学校全国連合会, 2호부터 平和と教育社로 바뀜
진달래 (ヂンダレ)	大阪朝鮮詩人集団 진달래編集所	1953.02	20호(1958.10)로 종간. 大阪조선시인집단 기관지. 후계지는 『カリオン』
문화공작	朝鮮学生同盟関東本部文化工作隊	1953.03.20	조선학생동맹 관동본부 문화공작대(학동문공대)의 기관지. 문화공작대(문공대)는 1952년 10월에 결성된 단체로, 민족 노래, 춤, 연극 등을 공연. 한글 잡지
문학보 (文學報)	在日朝鮮文學會	1953.03 (추정)	1948년 1월에 발족한 재일본조선문학회의 기관지
친화(親和)	日韓親和会	1953.11	286호(1977.11)로 종간
조선영화 (朝鮮映画)	在日朝鮮映画人集団	1953.12	재일조선영화인집단의 기관지. 창간호는 1952년 북한에서 제작된 영화≪향토를 지키는 사람들≫을 특집
조선미술	在日朝鮮美術会中央	1953.12 (추정)	재일조선미술회 중앙 기관지. 1954년 2월 15일에 발행된 2호의 편집후기를 보면 매월 15일 발행 예정이었지만, 사정상 2호는 1월과 2월 합병호로 발간. 한글 잡지
어린이의 별	재일조선민주소년단 지현본단	1954.02 (추정)	재일조선민주소년단 아이치현(愛知県)본단의 기관지. 7호(1954.05.04.)를 보면 월 2회 발행으로 기재되어 있어, 창간은 1954년 2월경으로 추정 가능. 한글 잡지

진달래통신 (ヂンダレ通信)	大阪朝鮮詩人集団 「ヂンダレ」編集部	1954.03.26	『ヂンダレ』에 대한 독자평과 합평회 기사 등 을 게재한 소식지
조선문학	해방신문사	1954.03	한글 잡지. 재일조선문학회 기관지. 편집인은 남시우(南時雨)
새 조선 (新しい朝鮮)	新朝鮮社	1954.11	재일본조선민주통일전선(민전)중앙의 기관 지. 8호(1955.09)부터 『新朝鮮』으로 개제
지하수 (地下水)	朝鮮文学会大阪支 部	1955.04	조선문학회 大阪지부 기관지
조선문예	재일본조선문학회	1956.09	한글 잡지. 재일조선문학회 기관지. 2호로 종 간된 『조선문학』을 『조선문예』로 개제하여 3 호(복간 1호)부터 발행. 9호(1958.03)로 종간 하기까지 총 7권을 발행
코리아평론 (コリア評論)	コリア評論社	1957.10	32권324호(1989.06)로 종간
불씨	불씨동인회	1957.01	한글 잡지. 시 및 시론. 편집 발행인은 김동일 (金棟日). 3호(1957.11)는 일본어판
조선문제연구 (朝鮮問題研究)	朝鮮問題研究所	1957	7권1호(1968)로 종간
오무라문학 (大村文学)	大村朝鮮文学会	1957.07	大村수용소 내의 大村조선문학회에 의한 문 학동인지
백엽(白葉)	韓國文化敎育會· 白葉同人会	1957.10	월간 종합문화지. 27호(1964.12)로 종간. 비 총련계 문화단체 백엽동인회의 동인지. 편집 겸 발행인은 최선(崔鮮)
학지광 (学之光)	法政大学朝鮮文化 研究会	1957.11	호세이대학(法政大学)조선문화연구회 회보. 편집책임자는 현광수(玄光洙), 편집위원으로 는 윤학준(尹學準), 남주희(南珠熙), 임전혜 (任展慧), 박기철(朴琪喆)
계림(鷄林)	鷄林社	1958.11	2년4호(1959.12)로 종간. 편집 겸 발행인은 장 두식(張斗植)
약인(若人)	韓靑時報社	1958.12	재일본대한청년단(한청) 중앙총본부의 기관 지. 8호(1961.04)까지 발행 후 휴간, 1968년 11 월에 9호로 복간호를 발행하지만 이후 계속 발행 여부는 불명확.
가리온 (カリオン)	カリオンの会	1959.06	3호(1963.02)로 종간. 『ヂンダレ』의 후계지
조선문예	文藝同神奈川支部	1959.12	한글 잡지. 재일조선인문학예술가동맹(약칭: 文藝同) 神奈川지부 기관지

3 『민주조선』의 계승지

1950년대는 한국전쟁과 함께 시작되었다. 해방직후의 대표적 종합 잡지 『민주조선』이 한국전쟁 발발과 함께 예고도 없이 중단된 것처럼 이 시기 재일조선인이 발행한 잡지 수는 격감했을 것으로 예상하기 쉽다. 그러나 1950년대에는 그 어느 때보다 신문 잡지를 비롯한 미디어 활동이 활발했던 시대이다. 그리고 이러한 매체를 통해 문학활동도 활발히 이루어져, 한국전쟁기는 "제1차 재일조선인문학 붐"[5]이 일어난 시기로 평가되기도 한다.

한국전쟁이 한창이던 1951년 12월, 『민주조선』의 계승지임을 표방하며[6] 『조선평론(朝鮮評論)』이 창간된다. 『조선평론』은 오사카조선인 문화협회의 기관지로 1954년 8월까지 총 9권을 발행했다. 오사카조선인문화협회는 조련이 해산된 이후 오사카에서 활동한 문화단체의 통일기관으로서 1951년 10월에 결성된 조직이다. 창간호와 2호의 편집 겸 발행인은 김석범이고, 3호부터 8호까지는 김종명이, 종간호인 9호에서는 신홍식이 편집책임을 맡고 있다. 김종명의 글로 추정되는 창간사에서는 "보잘 것 없는 이 잡지 같은 것이 무엇을 할 수 있는가, 남녀노소를 불문하고 계속해서 쓰러져가는 이 조국의 순간에, 칼에는 칼로써 싸울 수 없는 우리들은 대체 무엇을 해야 하는가."[7]에 대한 답을 잡지 발행을 통해 모색해 보고자 하는 의지를 드러내고 있다. 그리고 『민주조선』과

5) 宋惠媛(2014)『「在日朝鮮人文学史」のために――声さき声のポリフォニー――』, 岩波書店, p.144
6) 저자명 미표기(1951)「編集後記」『朝鮮評論』(創刊号), p.65
7) 저자명 미표기(1951)「創刊に寄せて」『朝鮮評論』(創刊号), p.3

마찬가지로 잡지의 독자는 '재일조선동포'와 '일본인민'을 대상으로 하고 있다.[8]

창간호는 재일조선인의 정치적 현안(출입국관리령 시행, 조선인학교 폐쇄령 이후의 민족교육문제 등), 평론, 문학작품 등으로 구성되어 있다. 문학의 경우, 당시 공화국 문단에서 최고의 시인으로 손꼽혔던 조기천의 생애를 소개하고 그의 시 「조선은 싸우고 있다(朝鮮は戦っている)」를 게재하고 있다. 이후에도 공화국 문학이 중심이기는 하지만 본국의 문학 작품과 문학사, 문학비평을 적극적으로 소개하고 있다. 창작으로는 김시종이 시 「유민애가(流民哀歌)」를, 김석범이 단편 「1949년경의 일지에서-「죽음의 산」의 일절로부터(1949年頃の日誌より──「死の山」の一節より)」를 발표하고 있다. 제주도 4·3사건을 일생의 문학적 테마로 해 온 김석범에게 있어, 「1949년경의 일지에서」는 초기 대표작으로 알려진 「까마귀의 죽음(鴉の死)」(『文藝首都』, 1957.12)보다 무려 6년 앞서 발표된 첫 문예지 발표작이다.

2호부터 허남기와 이은직이 집필자로 참가하고 있고, 3호부터는 르포르타주를 추가함으로써 『조선평론』의 기본적인 틀을 완성시키고 있다. 「조선해방전쟁 2주년 기념 특집호」를 기획한 4호에서는 김일성의

---

8) 2호의 「조선의 지식인, 학생 및 동포 여러분에게 호소한다」는 글에는 조선인문화협회가 『조선평론』을 통해 추구하고자 하는 목표가 구체적으로 제시되어 있다. 첫째, 조국의 역사와 전통을 이해하고 사랑함으로써 애국심을 기르는 것이고, 둘째, 조국의 완전한 통일 독립, 셋째, 전쟁과 일본의 재군비를 반대하고 평화를 위해 투쟁, 넷째, 식민지적이고 퇴폐적인 문화정책에 반대하고 민족문화의 번영과 발전을 위해 민족교육과 서클 조직을 통한 계몽 선전의 중요성을 피력하고 있다. 다섯째, 일본인을 비롯하여 일본에 거주하는 외국인들에게 진실된 조국의 모습과 재일조선인의 입장을 소개 전달하고, 친선을 도모하며 평화를 위해 공동 투쟁해야 함을 강조하고 있다.(朝鮮人文化協会(1952)「朝鮮の知識人、学生ならびに同胞の皆様へ訴える」『朝鮮評論』(2号), p.1)

「프롤레타리아국제주의와 조선인민의 투쟁」이라는 글이 첫 페이지를 장식하고 있고, 5호는 공화국 창립 4주년을 기리는 글이 권두언으로 실리는가 하면『김일성 전기』를 번역해서 연재하기 시작하고 있다. 점차 문학의 비중은 줄어들고 재일조선인 문제와 공화국의 정치사상, 경제와 관련 글이 지면을 채워간다. 7호부터는 오사카조선인문화협회의 손을 떠나 문예총이 편집에 직접 관여하는 체제로 바뀐다.『조선평론』을 재일조선인 문화단체들의 연합 기관지로서 한다고 밝힌 8호(1953. 10)에는 문학작품이라고는 김시종과 이금옥의 시 2편이 전부다. 발행에 이르기까지 1년에 가까운 시간이 소요된 9호(1954.08)에는 강재언, 김달수, 김민, 홍종근이 새롭게 참여함으로써 월간 종합잡지로 재출발하고자 했으나 결국 종간호가 되고 말았다.9)『조선평론』은 재일조선인 외에도 일본인 지식인의 글을 적극 게재하고 있는데, 예를 들어 마르크스주의 법학자 히라노 요시타로(平野義太郎), 아시아경제와 민족문제 연구자 오자키 히코사쿠(尾崎彦朔), 중국평론가 오자키 쇼타로(尾崎庄太郎), 외교평론가 오가타 쇼지(尾形昭二), 문학비평가 구와바라 다케오(桑原武夫)와 같은 인물들을 통해서도『조선평론』이 추구하고자 한 잡지의 성격을 엿볼 수 있다.

　『조선평론』의 뒤를 이어 1954년 11월에 재일조선인의 '이론학습지'임을 강조하며 창간된 것이『새 조선(新しい朝鮮)』이다.『새 조선』은 "재일조선인운동의 이데올로기 분야에서, 이론과 실천의 통일을 도모하고, 대중과의 연결을 단단히 하면서, 현재 전개되고 있는 학습운동을

---

9) 9호의 편집후기에서는 편집진의 책임 소재가 불분명했던 점과 인쇄소의 파산으로 원고와 지형(紙型)의 행방을 모르는 상태에 놓여있었다는 점 등을 그 이유로 들고 있고, 발행소를 조선평론사로 바꾸면서 월간 종합잡지로서 재출발의 의지를 밝히고 있다.

더한층 강화하고 그 입문서가 되는 역할을 함과 동시에 전체로서 사상 개조 사업에 복무"[10]하게 된다는 점에 역점을 두고 있다. '이론학습지'를 잡지의 특색으로 내세우고 있는 만큼 학습상담과 독서안내 코너가 마련되어 있고, 다양한 학습 자료를 제공하고 있다. 그리고『조선평론』에 비해 르포르타주를 비중 있게 다루고 있다는 점을 특징으로 꼽을 수 있는데, 르포르타주, 수기, 실천, 투쟁 기록 등을 한데 모아 '생활과 투쟁의 기록'이라는 코너를 마련하여 재일조선인과 일본인의 원고를 게재하고 있다. '생활과 투쟁의 기록'은 재일조선인의 민족교육 현장, 중소기업가의 산업현장, 외국인등록 갱신 투쟁 현장 등 다양한 생활현장의 목소리를 담고 있다. 그밖에 공화국 문학의 번역 소개, 시, 에세이, 서평 등으로 구성되어 있다.

1호부터 7호까지 편집 겸 발행을 맡고 있던 이찬의를 대신해 8호(1955.09)부터는 김달수가 편집장을 맡으면서『새 조선』을『신조선(新朝鮮)』으로 개제하고, 종래의 다소 경직된 내용에 대해 독자들이 보다 쉽게 접근할 수 있도록 새 단장을 하게 된다. 공화국 문학의 번역 소개와 시, 에세이 등 문학의 비중이 다소 높아진 점과 '생활과 투쟁의 기록'이라는 코너를 '생활 속에서'로 바꿈으로써 잡지 구성면에서도 변화를 시도하고 있다.「편집후기」에서 김달수는『민주조선』,『조선평론』,『새 조선』의 경험을 살려『신조선』으로 새롭게 출발하고자 하는 의지를 밝히고 있으나, 이러한 포부와는 달리『신조선』은 8호 발행을 끝으로 종간되었다.

이로부터 3년 후인 1958년 11월, 장두식이 편집 겸 발행을 맡은 종합잡지『계림(鷄林)』이 창간된다. 격월 간행을 목표로 했으나, 4호 발행에

10) 저자명 미표기(1954)「編集後記」『新しい朝鮮』(創刊号), p.83

서 5호 발행까지는 반년의 시간이 소요되었고, 결국 종간의 예고도 없이 5호가 마지막이 되고 있다. 「회람잡지 즈음(回覧雑誌のころ)」(4호)에서 김달수는 '계림'이라는 명칭은 해방 전인 1944년에 장두식, 이은직, 김성민과 함께 만든 회람잡지명 이었음을 언급하고 있다. 「회람잡지 즈음」은 김달수가 1946년에 나가노(長野)에서 발간되던 『문예산맥(文藝山脈)』(北信文学会編, 5号)에 게재했던 글로서, 『계림』에 재게함으로써 해방 전부터 기획했던 잡지 발행의 꿈이 장두식의 적극적인 의지로 『계림』에서 실현되었음을 시사하고 있다. 아래 인용은 「창간의 말」의 서두이다.

우리들은 앞서 1946년부터 50년에 걸쳐 잡지 「민주조선」을 간행한 적이 있다. 이것은 30수호로 한차례의 사명을 마치고, 그 뒤에도 계속해서 「조선평론」, 「새 조선」이 나오긴 했으나, 모두 오래 지속되지 못했다. (중략) 우리들은 이러한 경험 위에 서서 여기에 다시금 계림사를 설립하고, 잡지 「계림」을 간행한다. (중략) 우리들은 이 사이에 "상호 이해"라는 하나의 다리를 놓고 싶다. 그렇게 해서 일의대수(一衣帯水)의 관계에 있다고는 하면서도 거기에는 아직 "어두운" 조선과 일본과의 사이에까지 이 다리를 놓고, 우리들은 그 위의 자그마한 등불인 이정표가 되고자 하는 것이다.[11]

이와 같이 『계림』은 『민주조선』에서부터 추구해 온 이념[12]을 계승

---

11) 저자명 미표기(1958) 「創刊のことば」 『鶏林』(創刊号) *페이지 표기 없음
12) 『민주조선』은 창간사에서 "진보적 민주주의혁명 과정에 있어서 조선인은 역사적 현실을 어떠한 각도에 서서 파악하고, 어떻게 그 역사적 사명을 완수하고자 하고 있는가. 환언하면 조선인은 무엇을 생각하고, 무엇을 이야기하고, 무엇을 하려고 하고 있는가. 특히 신탁통치문제를 중심으로 객관적 정세와 주관적 동향은 세계의 주목의 초점이 되어 있다. 여기에서 우리들은 우리들이 나아가야 할 길을 세계에 표명함과 동시에 과거 36년이라는 오랜 시간을 거치며 왜곡된 조선의 역사, 문화,

하면서 일본인과의 "상호 이해"를 위한 가교 역할을 하고자 했다. 그런 한편, 종합잡지적 성격을 띠면서도 문학의 비중이 높았던『민주조선』과 마찬가지로 "조선 본국의 현대문학을 정력적으로 소개해 가려는 것"[13]을『계림』의 사명이라고 한 만큼,『새 조선』과 비교했을 때 시와 소설, 문학비평 등 문학 영역에 있어서의 지면이 증가했다.[14] 집필진의 구성을 보면, 김달수와 장두식 외에도『민주조선』때부터 참가한 강위당, 윤자원, 허남기, 이찬의 외에『조선평론』에서부터 기고한 홍윤표(=홍종근) 등의 이름을 볼 수 있다. 일본인 기고자의 경우, 김달수가 '신일본문학회'와 '리얼리즘연구회'에서 친분을 쌓은 인물들로, 특히 무라야마 도모요시(村山知義)와 오하라 겐(小原元)은『민주조선』에 기고했던 인물이기도 하다. 그리고 고려에서 끌려온 도공 장헌공(張獻功)에 관해 쓴 도마 쓰구아키(當間嗣光)의「오키나와의 장일육(沖縄の張一六)」(2호), 시모타 세이지(霜多正次)의 저서『오키나와섬(沖縄島)』을 소개하고 있는 구보타 마사후미(久保田正文)의 독서 안내(3호), 김달수의「박달의 재판」에 관한 시모타 세이지의「박달과 사무라이(朴達とサムライ)」(5호) 등의 글을 통해,『계림』은 오키나와와 오키나와인과의 가교에도 적극적이었다는 것을 알 수 있는데, 이러한 점은 동시대의 다른 잡지에서는 볼 수 없는 새로운 현상이다.

그러나 예를 들어「내가 걸어온 길(私の歩いてきた道)」(장두식, 1호~

전통 등에 대한 일본인의 인식을 바로잡고, 이제부터 전개되려고 하는 정치, 경제, 사회 건설에 대한 우리들의 구상을 이 소책자로, 조선인을 이해하려고 하는 강호의 현인들에게 그 자료로써 제공하고자 하는 것이다."라 밝히고 있다.(「創刊の辞」,『民主朝鮮』創刊号, 1946.04)
13) 저자명 미표기(1958)「編集後記」,『鶏林』(創刊号) p.49
14) 문학비평에서 주목할 것은 박춘일이 창간호에서부터 종간된 5호까지 연재한「근대일본문학에 있어서의 조선상(近代日本文学における朝鮮象)」이란 글이다.

5호), 「나의 신앙(わが信仰)」(강위당, 1호), 「나의 고향—경성(わがふる さと—京城)」(이방랑, 장동원, 1호), 「김사량의 등장과 나(金史良の登場 と私)」(조규석, 3호), 「우리집의 귀국(わが家の帰国)」(김달수, 4호), 「내 고향·제주도(わがふるさと·済州島)」(김태생, 4호) 등과 같은 글의 제목 에서도 알 수 있는 것처럼, 『조선평론』과 『새 조선』에 비해 『계림』은 당시의 시대적 사명으로 재일조선인에게 강조되어 왔던 강령과 문제의 식과는 달리 '나'가 중심이 되어 있고, 신변잡기적인 색채를 띠고 있음 을 알 수 있다. 이러한 잡지의 성향 때문인지 3호의 「공론·사론(公ろ ん·私ろん)」에 의하면 총련은 『계림』에 대해 잡지의 배포와 독자 확보 를 비롯하여 일체의 재정적인 협력을 하지 않겠다는 공문을 보내온 것 으로 보인다. 결국 총련의 적극적인 후원과 재정적 지원을 받지 못한 『계림』은 결국 5호로 중단될 수밖에 없었다.

4 서클시지 『진달래』와 그 주변 잡지

1950년대의 일본은 서클문화운동[15]의 최전성기이다. 2000년대에 들 어서면서 전후문화운동에 관심이 집중되면서 문학연구에서뿐 아니라 문화사, 사상사, 정치사적 측면에서 1950년대를 새롭게 규명하려는 움

---

15) 서클문화운동이란 글자 그대로 서클이라는 집단을 중심으로 전개된 문화운동을 말한다. 이때 '서클'이라는 용어는 프롤레타리아문학계열의 비평가 구라하라 고레 히토(蔵原惟人)가 1931년 러시아어에서 가져와 사용하기 시작한 것으로 용어 자체 가 좌익의 정치용어에서 비롯된 만큼 1950년대 전반의 서클문화운동은 일본공산 당의 활동방침에 영향을 받으면서 전개되었다.

직임이 활발해졌다. 1950년대 전반은 특히 시(詩)라는 표현 형식이 큰 영향력을 발휘하여 직장, 지역, 학교 등에서 무수한 아마추어 시인이 자신의 생활과 사색을 시로써 표현한 "시가 있었던" 시대이다.16) 시를 써 본적이 없는 사람들이 서클이라는 집단 안에서 시를 쓰고, 읽고, 서로 비평하는 형태로 서클운동이 전개되는 한편, 사회와의 연결고리가 비교적 약했던 주부들을 비롯해 여성들 사이에는 생활기록운동이 활발히 전개되었다. 1950년대는 이와 같이 서클운동과 생활기록운동과 함께 르포르타주와 다큐멘터리 영화 등이 다양한 계층과 다양한 분야에서 제작된 이른바 '기록'의 시대이기도 하다.17)

이러한 일본사회의 움직임 속에 재일조선인 사이에도 서클운동이 시작되는데 그 선두주자가 오사카조선시인집단이다. 이들이 중심이 되어 창간한 서클시지가 『진달래』이다.18) 『진달래』는 한국전쟁이 휴전에 들어가기 전인 1953년 2월에 창간하여 1958년 10월에 20호로 종간되었다. 창간 당시 김시종을 포함한 9명의 회원으로 출발하여 3호(1953.06)

---

16) 道場親信(2016)『下丸子文化集団とその時代 : 1950年代サークル文化運動の光芒』, みすず書房, pp.2-3
17) 鳥羽耕史(2010)『1950年代 :「記録」の時代』河出書房, pp.7-18 참조
18) 1950년대의 서클문화운동에 대한 연구 과정 속에 이들의 서클활동과 서클시지 『진달래』의 중요성이 발견되면서, 일본인 연구자들에 의해 복각판 발행과 함께 본격적인 연구가 진행되어『진달래』에 관해서는 국내외적으로 상당량의 연구성과가 축적되어 있다. 일본에서는『진달래』복각판 발행을 주도한 진달래연구회(ヂンダレ研究会)의『「在日」と50年代文化運動:幻の詩誌『ヂンダレ』『カリオン』を読む』(人文書院, 2010.05)와 연구회의 중심인물인 우노다 쇼야(宇野田尚也)의「在日朝鮮人のサークル運動—大阪朝鮮詩人集団『ヂンダレ』を中心に」(『「サークルの時代」を読む : 戦後文化運動研究への招待』(影書房, 2016.12) 수록), 국내에서는 마경옥의『진달래』연구 논문 4편을 비롯하여, 이승진과 하상일의 연구 등이 있다. 그러나 본고의 목적은 1950년대에 창간된 재일조선인 잡지의 전체적인 구도를 파악하는 것에 있기 때문에『진달래』의 지면을 채우고 있는 시 작품의 내용적 분석이 아니라 재일조선인의 서클문화운동을 고찰하는 자료로써 당시 발행되었던 잡지들간의 상호교섭 양상에 초점을 맞추고자 한다.

에 기재된 회원명부에는 29명의 이름이 올라 있다. 『진달래』는 창작시가 중심이기는 하지만, 각 호마다 그 구성은 비교적 자유로운 편이다. 회원들의 자유로운 발언을 담은 '안테나' 코너가 마련되어 있고, 르포르타주가 '현장스케치'로 대치되거나, 서신 왕래나 아동들의 작품을 게재하기도 했다.

『진달래』의 활동이 기폭제가 되어 1950년대는 각 지역에서 서클단체들이 생겨나 다양한 문화활동을 전개하게 된다. 『조선평론』9호(1954. 08)의 권두언에는 『진달래』가 창간된 1953년도를 "우리 문화계 결집의 해"로 평가하고 있다. 예술 분야의 조직 확대 강화와 그 사업성과와 더불어 각지에 다채로운 문화서클이 생겨나 각기 활동을 개시하고 있어 "실로 일찍이 볼 수 없었던 장관"이라고 총평하고 있다.[19] 김시종에 의하면 『진달래』가 발행되던 당시 재일조선인들 사이에는 60개에 가까운 서클이 생겨나 있었다.[20] 이와 같이 한국전쟁이라는 암흑기를 지나 전쟁이 휴전 상태에 돌입하자 재일조선인의 문화운동이 활기를 되찾았다는 사실은 짐작할 수 있으나, 당시에 발행된 서클지가 보존되어 있지 않아 현재로서는 재일조선인 서클단체와 서클지를 규명하는 것은 사실상 불가능하다. 그러나 『진달래』8호(1954.06)의 표지[21]와 각 호마다 소개되는 기증지명, 『조선문학』2호(1954.05)에 소개되어 있는 기증지명,

---

19) 申鴻湜(1954)「巻頭言 ふたたび文化戦線の統一と拡大について」『朝鮮評論』(9号) p.7
20) 金石範·金時鐘(2001)『なぜ書きつづけてきたか　なぜ沈黙してきたか』, 平凡社, p.143
21) 『진달래』제8호(1954.06)의 표지는 『모종』, 『황파(荒波)』, 『수림(樹林)』, 『전진』, 『대동강(大同江)』, 『신맥(新脈)』, 『문화전선(文化戰線)』, 『산울림』, 『무지개』와 같은 서클지명과 이수(李樹)의 제1작품집 『저항시(抵抗詩)』가 장식하고 있다. 이 중 『모종』, 『전진』, 『무지개』의 경우, 단체명과 출판 정보가 확인되지 않은 서클지이다.

그리고『조선평론』9호(1954.08) 등의 자료를 종합해 보면『진달래』이후 각지에 확산된 서클운동과 서클지의 실태를 어느 정도는 가늠해 볼 수 있다.

〈표 2〉1950년대 재일조선인 서클문화운동 단체와 서클지

서클지명	지역	단체/서클 명칭	비고
ヂンダレ	大阪	朝鮮詩人集団	1953년 3월 창간
大同江	川崎	朝鮮人文化サークル	
樹林	東京	「樹林」同人会	1953년 11월 창간. 한글
青丘	名古屋	「青丘」サークル	1955년 2월 창간
水豊	東京	朝鮮大学校文芸部	
文化戦線	名古屋	東海朝鮮文化人協会	
산울림	名古屋	愛知文学サークル	1953년 12월 창간. 한글
新脈	東京	「新脈」文学同人会	1954년 3월 창간. 한글
荒波	福岡	朝鮮人文芸同好会	
泉水	神戸	朝鮮中高級学校文芸部	
白頭山	東京	早稲田大学「白頭山」同人会	
백두산	東京	朝鮮中高校	학내 한글 벽신문
朝文研	鶴見	朝鮮文化研究会	
大村文学	長崎	大村朝鮮文学会	1957년 7월 창간
시정원(詩庭園)	千葉	中央朝鮮師範学校詩人集団	1954년 8월 창간
미확인	大阪	舎利舎文学サークル	
포뿌라	神戸	朝鮮文学サークル	
창조	千葉	朝鮮師範学校	
성좌군	和歌山	朝鮮人教職員同盟	
추풍령(秋風嶺)	미확인	미확인	
모종	미확인	미확인	
전진	미확인	미확인	
무지개	미확인	미확인	
종달새	미확인	미확인	

상기의 표는 동시대에 발행된 잡지들이 제시하는 정보에 의거해 작성한 목록으로, 실제 내용을 확인할 수 있었던 것은 『진달래』와 『대동강』, 그리고 『오무라문학』 정도에 지나지 않는다.[22] 『대동강(大同江)』은 가와사키(川崎)의 조선인문화서클 대동강집단의 기관지이다. 창간 정보는 명확하지 않으나 7호(1954.07)가 대동강집단 1주년 기념호라는 점과 격월 간행이라는 발행정보를 통해 창간은 1953년 7월경으로 추정할 수 있다. 7호는 평론, 수필, 르포르타주, 시(6편), 창작(연재소설 2편과 단편소설 1편) 등 총 92쪽에 달하는 비교적 충실한 구성을 보이고 있다. 동호에 기재된 회원은 총 19명으로 이들 대부분은 문단련 소속이고 그 외 조선인학교 교원들로 구성되어 있다. 조선작가동맹 위원장인 한설야의 「재일조선인 문화활동가에게 전투적 인사를 보내다」라는 글이 번역되어 실려 있는 것으로 보아 대동강집단은 민전과 문단련의 지도하에 활동하고 있었음을 알 수 있다.

대동강집단에게 있어 "서클이란 것은 마치 우리들의 집과 같다. 흔들흔들하고, 오래되고, 또 새 판자를 붙인 우리들 가난한 자의 집과 같지만, 그러나 그것은 우리들에게 있어서는 실로 큰 의의가 있고 인생의 중대한 길러주신 어머니이고, 소망이 없는 사람, 소망이 적은 사람들에게 큰 희망과 위로를 주는 것"[23]이다. 이와 같이 '집'의 개념으로 비유되어지고 있는 대동강집단의 회원 모집 광고에는 "일본인 조선인을 불문

---

22) 2016년 일본에서 송혜원에 의해 1954년부터 1970년 사이의 재일조선인의 문학자료를 모은 복각판이 출판되었다. 전3권의 복각 자료집은 1960년대의 잡지가 대부분이고, 1950년대 자료로는 『大村文学』『白葉』『学之光』, 문예동 가나가와(神奈川)지부의 기관지로 1959년 12월에 창간된 한글잡지 『조선문예』 정도이다. 송혜원은 자료집 해설에서 1950년대의 서클운동과 관련된 잡지들에 관해서는 동일한 출판사에서 따로 출판할 예정이기 때문에 1960년대 이후의 자료를 중심으로 편집했다고 밝히고 있다.

23) 鄭白雲(1954) 「朝鮮青年のともしび 大同江」『大同江』(7号), p.9

하고 평화와 자유와 민족의 독립을 바라며 싸우고 있는 사람들"을 대상으로, 대동강을 "일조 친선과 양 국민의 우호의 근간"[24]으로 키워갈 것을 호소하고 있다. 이를 실현하기 위한 구체적인 활동 내용은 "전일본의 모든 서클활동과의 연대, 국제적인 청년운동의 교류, 평화집단·민주단체와의 강력한 평화운동의 추진, 창작방법론의 이론 연구 활동, 월간 실현, 각종 레크레이션 등등"[25]이다. 대동강집단이 제시하는 서클에 대한 인식과 목표, 그리고 활동 내용은 당시의 많은 서클단체가 지향한 공통된 사항이라 할 수 있을 것이다.

한편, 1957년 7월에 창간한 『오무라문학』은 나가사키현에 소재하는 오무라수용소에 수용된 재일조선인들이 결성한 서클집단이라는 점에 주목할 필요가 있다. 오무라수용소는 1950년 12월에 개소하여 이후 약 20년간 운용되었으나, 개소 초기에는 '오무라조선인수용소'라 불릴 만큼 조선인이 대부분이었다. 일본으로 밀입국한 자, 외국인등록증 미소지자 등을 본국으로 강제송환하기 위한 임시 수용시설에서 오무라조선문학회가 결성되었고 그 기관지로 『오무라문학』을 발행한 것이다. 창간호에는 아사다 이시지(浅田石二)의 「오무라문학 창간을 기뻐하다(大村文学の創刊を喜ぶ)」란 글과 함께 그의 시가 실려 있다. 이시다는 ≪원폭을 허용해서는 안 된다(原爆を許すまじ)≫라는 노래의 작사자로 알려진 인물로, 1950년대에는 시모마루코문화집단(下丸子文化集団)과 남부문학집단(南部文学集団)의 회원으로서 서클문화운동에 참여한 공장 노동자이자 시인이다. 이와 같이 이시다의 글이 창간호를 장식하고 있다는 점과 『오무라문학』이 남부문학집단 인쇄부에서 인쇄되었다는

---

24) 저자명 미표기(1954) 「会員募集！」『大同江』(7号), p.8
25) 白玲(1954) 「編集後記」『大同江』(7号), p.92

점은,『오무라문학』이 당시 일본인 서클운동과 밀접하게 연계되어 있음을 말해준다.

송혜원은 오무라조선문학회가 결성된 것은 1956년경이고 총련 산하의 재일조선문학회의 회원 단체라고 설명하고 있다.[26) 즉 재일조선문학회와 관련된 단체라는 것인데, 실제『오무라문학』을 창간하기 전인 1957년 1월에 발행한 재일조선문학회의 기관지『조선문예』5호는 오무라조선문학회의 작품을 특집으로 꾸미고 있다. '오무라조선문학회 작품특집'에는 오무라조선문학회 회원의 시 4편과 수필 1편, 그리고 수용소 외부 회원으로 보이는 김윤호의 수필이 실려 있다. 따라서 오무라조선문학회는 재일조선문학회의 지부적 성격을 지니면서 당시의 서클문화운동의 조류 속에 탄생한 서클단체라고 할 수 있다.

이와 같이『조선문예』에서 오무라조선문학회의 작품을 게재하고 있는 것처럼, 1950년대에 발행된 재일조선인 잡지는 잡지 상호간의 소개와 비평이 활발히 이루어지고 있다. 그 몇 가지 예를 들어보면,『조선평론』9호(1954.08)에서는 재일조선인 문학서클의 동향에 관해 김민의「문학서클에 대해」와 홍종근의「오사카 시인집단「진달래」의 1년」이라는 글을 통해 보고하고 있다. 김민은『대동강』을 비롯하여『수림』,『산울림』,『신맥』,『황파』등의 서클지를 소개하고, 특히『수림』과『산울림』에 대해서는 한글로 발행하고 있다는 점에 주목하고 있다.『진달래』의 발행 책임자인 홍종근의 경우,『조선평론』지상을 통해 오사카에서 시인집단을 형성하게 된 경위와 서클시지 발행 과정 등 첫 결성부터 약

---

26) 宋惠媛編(2016)『在日朝鮮人資料叢書14 在日朝鮮人文学資料集 1954~70 1』, 緑蔭書房, p.xxi
   또한 송혜원은 오무라조선문학회와 서신 왕래를 한 김윤호와의 인터뷰를 통해『오무라문학』이 1호로 종간되었다고 전하고 있다.

1년간의 발자취를 소개하고 있다. 또한 『조선평론』8호에는 『황파』창간호에 실린 이길남의 시 「밤의 도키와바시(夜のときわ橋)」가 전재(轉載)되어 있다.

한편, 『계림』(2년3호/통권4호, 1959.06)에서는 김철앙이 「청구」서클을 소개하고 있다. 문단련 결성 후 나고야(名古屋) 지역에서도 도카이(東海)조선인문화협회가 생겨났고 기관지 『문화전선』을 발행하고 있지만, 협회 하부에도 여러 서클이 형성되었는데, 그 중 하나가 「청구」서클이다. 김철앙의 글에 의하면 '계림'과 마찬가지로 조선의 아명인 '청구'를 사용한 「청구」서클의 서클지 『청구』는 1955년 2월부터 5호까지 발행했으나 1년 넘게 차호를 발행하지 못한 상태라고 한다. 김철앙은 『청구』창간호의 권두언 전문(全文)을 인용하고 있는데, 흥미로운 것은 여기에 일본어로 서클지를 발행한다는 것에 대한 서클 회원들의 입장이 드러나고 있다는 점이다. 권두언에서 『청구』에 대해 조선인 단체의 반응은 「청구」회원들이 대부분 모국어 교육을 받지 못했다는 사실은 무시하고, "국어로 쓰지 않았기 때문에 문학이 아니고, 의미도 없다"는 비판 일색인데 반해 일본인 독자의 비평은 상당히 호의적이었다고 말한다.[27] 결국 『청구』가 5호 이후 계속 발행을 하지 못하고 있는 것은 잡지 발행에 드는 비용 문제가 가장 크긴 했으나, 여기에는 총련 결성 이후 재일조선인 단체에 강요한 민족적 주체성의 확립과 한글 사용 문제가 재일 2세의 현실을 감안하지 않은 억압으로 작용한 것으로 보인다. 그리고 이러한 문제가 문예지상에서 공론화된 것이 『진달래』 비판이다. 민전에서 총련으로의 노선전환에 관해서는 2장에서 언급했지만, 총련 결성으로 좌파 성향의 재일조선인단체의 대부분이 공화국에 직결되는

---

27) 金哲央(1959) 「「青丘」(名古屋)サークルのこと」『鶏林』(2年3号/通巻4号), p.13

형태로 재편되면서 김시종과 『진달래』를 겨냥한 비판이 시작되었다. 『진달래』13호와 14호에서 정인과 송익준의 논쟁에서 발단하여, '김시종 연구'를 특집한 15호에서 홍윤표가 김시종의 첫 작품집 『지평선(地平線)』에 대해 평한 「유민의 기억에 대해(流民の記憶について)」를 발표하자, 이에 대해 김시종이 「나의 작품의 장과 '유민의 기억'(私の作品の場と「流民の記憶」)」(16호)과 「맹인과 뱀의 언쟁(盲人と蛇の押問答)」(18호)으로 반박했다.[28] 『진달래』를 둘러싼 논쟁에 관해 분석하고 있는 우노다 쇼야(宇野田尚也)의 논고에 의하면, 『진달래』 비판으로 인해 많은 서클회원들이 이탈했고 대중적 기반을 가진 서클시지가 소수의 동인에 의한 동인시지로 성격이 변화했으며 결국 종간으로 이어졌다.[29] 이러한 논쟁을 통해서는 허무주의와 민족적 주체성의 상실에 대한 비판이 재일 2세의 현실과 일본어에 의한 창작문제로 이어지는 모습을 관찰할 수 있다. 이 점에 대해 우노다는 시 창작을 둘러싼 성찰 속에서 '재일'과 '2세'라는 문제군을 명확히 제기했다는 점에서 "재일문학의 원점"이 되고 있고, 이것이야말로 『진달래』 논쟁이 가지는 역사적 의의라고 평가하고 있다.[30]

5년 넘게 발행을 지속해 온 『진달래』가 재일조선인운동의 노선전환

---

28) 조삼룡의 「정형화된 의식과 시에 대해(定型化された意識と詩について)」(『진달래』19호)외에 정인의 「조선인이 일본어로 시를 쓰는 것에 대해―「진달래」창작상의 문제(朝鮮人が日本語で詩をかいてることについて―「ヂンダレ」創作上の問題)」(『樹木と果実』1956.09)와 김시종의 「제2세문학론젊은 조선시인의 아픔(第二世文学論―若き朝鮮詩人の痛み)」(『現代詩』 1958.06)도 『진달래』비판과 관련된 논고이다.

29) 宇野田尚也(2016) 「在日朝鮮人のサークル運動―大阪朝鮮詩人集団『ヂンダレ』を中心に」『「サークルの時代」を読む : 戦後文化運動研究への招待』影書房, p.82

30) 宇野田尚也(2010) 「東アジア現代史のなかの『ヂンダレ』『カリオン』」『「在日」と50年代文化運動 : 幻の詩誌『ヂンダレ』『カリオン』を読む』人文書院, p.28

으로 인해 종간하고 말았으나, 『진달래』는 당시의 아마추어 시인들의 생활과 투쟁의 기록이 되고 있을 뿐 아니라, 1950년대의 서클문화운동의 양상과 서클단체들의 상호교섭 양상을 관찰할 수 있는 중요한 자료라 할 수 있다. 『진달래』의 지면을 통해 오사카조선시인집단에 기증된 잡지 수는 총33종[31]으로 확인되었고, 그 중 재일조선인의 서클지 5종을 제외한 28종이 일본인 서클지이다.

1950년대는 재일조선인이 『신일본문학』과 신일본문학회가 창간한 『생활과 문학』, 『신일본문학』계의 중앙시지인 『현대시』, 그리고 『인민문학』, 『수목과 과실』, 『시학(詩学)』 등에도 작품 발표를 하고 있고, 잡지들 사이의 전재도 자주 볼 수 있다. 이는 서클활동이 집단 내부에 머무르지 않고 서로 다른 집단과의 교류가 활발했음을 말해주는 부분이기도 하다. 예를 들어 『진달래』3호에 발표된 박실과 이정자의 시가 『문학보』4호에, 『진달래』12호 아동작품란에 발표되었던 홍효일의 「가게 보기(みせばん)」가 『생활과 문학』창간호에, 『진달래』13호에 발표된 홍종근의 「나의 바다(私の海)」가 『인민문학』계의 중앙시지인 『시운동』 15호에 전재된 사실을 회원소식란 『진달래』 지면을 통해 확인할 수 있

---

31) 『별(星)』(人民文学大阪友の会), 『율동(律動)』(律動詩社), 『철과 모래(鉄と砂)』(鉄と砂詩人会), 『시노다야마(信太山)』(信太山詩の会), 『동지(仲間)』(群馬大学工学部文芸サークル), 『노동자연극(労働者演劇)』(関西労働者演劇集団), 『보리피리(むぎ笛)』(和歌山大学学芸部内むぎ笛の会), 『숨결(いぶき)』(大阪総評内大阪文学学校), 『군(群)』(≪群≫詩人集団), 『시궁창(どぶ川)』(どぶ川サークル), 『생활과 문학(生活と文学)』(新日本文学会), 『현대(現代)』(須藤現代の会), 『화산(火山)』(火山サークル), 『수목과 과실(樹木と果実)』(五味書店). 이하 14종은 서클단체를 확인하지 못한 서클지로 『시운동(詩運動)』, 『속삭임(ささやき)』, 『내일(あした)』, 『별꽃(はこべ)』, 『쾅(どん)』, 『젊은이(若者)』, 『등불(ともしび)』, 『강(ながれ)』, 『성곽도시(城下町)』, 『램프(ランプ)』, 『시인 우체통(詩人ポスト)』, 『나상(裸像)』, 『굴뚝(えんとつ)』, 『국제전전문화(国際電々文化)』. 그밖에 재일조선인 관련 서클지로 『성좌군』(和歌山朝鮮人教職員同盟), 『청구(青丘)』(青丘サークル), 『추풍령(秋風嶺)』, 『종달새』, 『창조』 등의 명칭을 확인할 수 있다.

다. 이와 같은 서클 소개와 서클지평, 서클지간의 전재는 1950년대의 서클운동에 나타나는 공통된 특징이라 할 수 있다. 그러나 이러한 현상은 서클지에 한정되지 않고, 1950년대에 발행된 재일조선인 잡지에도 동일 현상을 발견할 수 있다. 각 잡지들의 광고란에는 재일조선인이 발간한 단행본과 잡지 외에 일본의 서적과 잡지도 소개되고 있다.[32)

1950년대에는 서클문화활동의 중심에 있었던『진달래』외에도 시 전문지가 발행되었다. 1954년 8월에 중앙조선사범학교시인집단이 기관지『시정원(詩庭園)』을 창간한다.『시정원』은 한글 시와 일본어 시를 함께 담고 있는 점이 특징이다. 그리고『진달래』가 발간되고 있던 1957년 1월에 한글을 사용한 시 전문지『불씨』(불씨동인회)가 창간되었고, 1959년 6월에는『진달래』의 후발 주자로 시를 쓰기 시작한 양석일이 개인지『가리온(カリオン)』을 창간하기도 했다.

5 재일조선문학회 관련 잡지

재일조선문학회의 모체이기도 한 재일본조선문학자회 회원은 1947년 2월에 결성된 후『민주조선』을 비롯해 재일조선인이 경영하는 신문과 잡지를 통해 활발한 문예활동을 하고 있었다. 이들에 의해『민주조

---

32)『새 조선』의 경우를 예로 들자면,『역사평론(歷史評論)』(歷史評論編集部),『문학평론(文学評論)』(理論社),『이론(理論)』(民主主義科学者協会),『신시대(新時代)』(新時代社),『학습의 벗(学習の友)』(学習の友社),『신독서(新読書)』(新読書社),『신일본문학(新日本文学)』(新日本文学会),『일본문학(日本文学)』(未来社),『문학의 벗(文学の友)』(文学の友社) 등과 같은 일본의 잡지 광고도 싣고 있다.

선』이 14호를 발행되던 시점인 1947년 10월에는 『조선문예(朝鮮文藝)』(朝鮮文藝社)가 창간된다. 창간호의 「편집후기」에서 편집 겸 발행인인 김삼문이 집필진의 대부분이 조선문학자회 회원이라고 밝히고 있는 것처럼[33], 이석주를 제외한 김달수, 허남기, 강진철(=강현철), 윤자원, 이은직은 『민주조선』의 집필진이기도 하다.

다카야나기 도시오(高柳俊男)와 이재봉의 논고에서도 지적하고 있는 것처럼[34] 『조선문예』는 해방 직후 표현활동에 참가한 문화인들이 공유하고 있었던 '용어문제'를 창간호에서부터 다루고 있다는 점에 주목할 필요가 있다. 프롤레타리아 작가 아오노 스에키치(靑野季吉)의 「조선작가와 일본어 문제(朝鮮作家と日本語問題)」(창간호)를 비롯하여 제2권2호(통권4호, 1948.04)에서는 「용어문제에 대해」 특집을 마련, 이은직, 어당, 도쿠나가 스나오(德永直), 김달수가 재일조선인문학과 일본어 사용 문제에 대한 주장을 펼치고 있다.[35] 이와 같이 언어문제를 특집으로

---

33) 金三文(1947) 「編集後記」『朝鮮文藝』(創刊号) p.41
34) 『朝鮮文藝』에 관해서는 川村湊가 책임편집한 『文學史を読みかえる⑤「戦後」という制度―戦後社会の「起源」を求めて』(インパクト出版会, 2002.03)에 수록된 高柳俊男의 「『朝鮮文藝』にみる戦後在日朝鮮人文学の出立」과 이재봉의 「해방직후 재일한인 문단과 '일본어' 창작문제―『朝鮮文藝』를 중심으로」(『한국문학논총』 42집. 2006.04)에서 서지 및 수록 작품에 대한 분석을 하고 있다. 高柳와 이재봉의 논고는 『조선문예』에서 논의화된 '용어문제'에 착목하고 있다. 논자는 이들 선행연구와는 초점을 달리하여 조선어와 일본어를 둘러싼 갈등문제보다는 1950년대 이후 『민주조선』계열과는 또 다른 방향으로 전개된 '재일조선문학회'의 활동, 즉 한글 잡지 발행을 주도하게 되는 이들 활동의 시발점을 파악하기 위해 주목하고자 한다.
35) 어당과 김달수의 글을 통해 두 사람은 이미 『조선신보(朝鮮新報)』(朝鮮新報社) 지상에서 언어문제를 둘러싼 논의를 한 적이 있음을 알 수 있다. 『조선문예』에서 동일한 주제를 다루고 있는 셈인데, 먼저 어당은 현재 '조선어'로 순문예지를 발행했을 경우, 읽을 수 있는 조선인 독자는 1%에도 미치지 못할 것이라는 현실을 인지하면서도 일본어에 의한 문예운동은 "조선문학의 하나의 기형"이고 "일본문학의 한 장르"에 불과하며 조선문학 운동에 일조하고 있다고 할 수 없다고 한다. 이에 김달수의 경우, 일본어는 과거 "조선문학의 존위와 발전을 파괴하고, 그것이

다룬『조선문예』4호가 발행되기 한 달 전에 총 16쪽의 한글판『조선문예』가 발행된 사실로 미루어, 재일조선인이 처해 있는 언어 환경이라는 현실문제는 차치하고라도, 한글 사용이 진정한 민족문학이라는 인식이 압도적임을 알 수 있다. 1948년 1월, 재일조선문학자회와 주변 단체들을 흡수하면서 새롭게 결성된 재일조선문학회는 한글 잡지 발행에 주력하게 된다. 조련 시대의 기관지『우리문학』(1948년 8월 창간)과『봉화』(1949년 6월 창간) 모두 한글로 발행되었다. 그리고 조련 해산 후 1950년대에 들어서면서『군중』,『문학보(文学報)』,『조선문학』과『조선문예』와 같은 기관지를 발행하게 되는데,『문학보』를 제외하고 모두 한글로 발행된 잡지들이다.

1951년 11월경에 창간된 것으로 추정되는『군중』은 3호와 5호가 박경식의 재일조선인 관련 자료집 제10권에 수록되어 있다. 3호(1952.01)는 소설 2편, 시 3편, 그리고 김일성전기로 총 33쪽으로 구성되어 있다. 3호에 게재된 4호(1952.02) 발행 광고를 보면, 소설에서는 이은직과 남시우, 희곡은 박원준, 그리고 시는 허남기와 박문협이며 총 65쪽으로 3호에 비해 내용이 보다 충실해짐을 짐작할 수 있다. 그러나 4호 발행 후 5호(1952.10) 발행에 이르기까지는 상당한 시간이 소요된 것으로 보이고, 6호를 확인하지는 못했으나, 5호에『군중』7호 원고모집 광고가 있는 것으로 적어도 6호까지는 발행한 것으로 보인다. 5호는 3호와 비교해 아마추어 필자 수가 증가했다. 오림준, 남시우, 박원준 등의 재일조선문학회 회원 외에 다양한 필자명이 올라 있고, 도쿄조선고등학교

불행했던 모든 것의 원인"임을 숙지하고 있고, 노예적 환경에 길들여진 채 문학주체로서의 자기 확립 없이 창작활동을 지속하는 것을 우려하고 있다. 그러나 역시 "적의 무기"이기도 한 일본어가 재일조선인에게는 진정한 독립=탈식민지화를 위한 무기로서도 사용 가능하다고 주장하고 있다.

학생들의 작품집을 특집으로 싣고 있다.

　이어서 1953년 3월에 창간한 『문학보(文學報)』는 한국전쟁기에 활동이 부진했던 재일조선문학회가 1952년 1월에 재결성하면서 발행한 기관지이다. 재일조선문학회의 기관지 중 일본어로 발행된 예는 『문학보』와 재일조선문학회 오사카지부의 기관지로 1955년 4월에 창간한 『지하수(地下水)』 정도인데, 『지하수』는 실물을 확인하지 못한 상태이다. 『문학보』도 현재 내용을 확인할 수 있는 것은 4호(1953.08)뿐이다. 편집 겸 발행인은 김달수로 명기되어 있고, 편집후기는 김석범이 작성한 것으로 보이며, 평론과 시 작품으로 구성되어 있다. 집필진은 김달수와 이은직 외에 『조선평론』에도 집필한 전화광, 『문학보』에 처음으로 등장하여 총련 결성 후에는 주로 한글 잡지 발행에 참여하게 되는 김민 등의 이름을 확인할 수 있다. 편집후기에서 한국전쟁의 정전 협정이 조인되었다는 소식을 들었을 때는 이미 4호 원고가 인쇄소에 맡겨진 상태였기 때문에 시기적으로 다루고 싶었던 "8·15와 정전 성립 기념"이라는 테마는 다음 호로 미루겠다고 하고 있으나[36], 실제 5호는 발행되지 못한 것으로 추정된다.

　1954년 3월에는 한글 잡지 『조선문학』을 창간한다. 집필진으로는 김민을 포함하여 주로 한글로만 표현활동을 하게 되는 남시우, 허남기, 리찬의, 리원우, 류벽과 김달수가 참여하고 있다. 창간호에 실린 김달수의 글은 1953년 12월에 집필된 것으로 표기되어 있는데, 이 글에 의하면 재일조선문학회는 1953년 1월부터 "재건사업을 추진하여 현재 회원은 48명이며, 오사카, 나고야, 가와사키, 고베, 교토 등에 지부가 되었고 또 될 예정"[37]이라고 한다. 기관지였던 『문학보』도 발행이 중단된 상태

---

36) 石範(1953)「編集後記」『文学報』(4号), p.33

에서 한국전쟁의 정전을 기념하면서 그간 부진했던 활동을 『조선문학』 창간과 함께 재출발하고자 하고 있음을 알 수 있다. 창간호에는 재일조선문학회가 결성될 당시 본국의 문학과 보조를 맞추고자 했던 것처럼 「제1차 조선작가동맹 회의 결정서」와 「전국 작가예술가대회 결정서」를 자료로 싣고 있다. 그리고 편집을 맡은 남시우의 시, 르포르타주, 평론 외에 아동문학의 발전의 필요성 제기와 함께 동화 작품이 실려 있다. 또한 『문학보』와 마찬가지로 각 지역의 문학서클운동의 활약상을 소개하고 관심을 촉구하고 있다.38)

이어서 1956년 11월에는 『조선문예』라는 한글 잡지가 발행된다. 창간호는 발견되지 않고 3호부터 시작되고 있는 『조선문예』에 대해 송혜원은 2호까지 발행한 『조선문학』을 이어서 3호부터 발행된 것이라고 한다.39) 실제 『조선문예』3호에서 5호를 보면 『조선문학』과는 달리 재일조선문학회의 기관지(紙)에 가깝고40), 편집후기와 같은 발행 사정을 엿볼 수 있는 내용은 담겨 있지 않아 『조선문예』 자체를 통해서는 개제한 이유를 추정할 수 없다. 그러나 『조선문학』2호 발행이 1954년 5월이고, 이로부터 약 2년 후에 『조선문예』3호가 발행된 것으로 보아 『조선

---

37) 김달수(1954) 「우리 문학운동의 전진을 위하여―재일조선문학회 제5회 대회 일반 보고」, 『조선문학』(창간호), p.1
38) 『조선문학』 창간호에서 「문학 써클운동에 더 큰 관심을 돌리자」를 발표한 바 있는 김민은 2호(1954.05)에서도 오림준의 시집 외에 후쿠오카현 조선인문예동호회의 『황파(荒波)』(2집), 수림동인회(도쿄조선고등학교 동창회)의 동인지 『수림(樹林)』(9호), 도카이조선문화인협회 기관지 『문화전선(文化戰線)』(3호) 등의 서클지를 소개하고 있다.
39) 宋惠媛編(2016) 『在日朝鮮人資料叢書14 在日朝鮮人文学資料集 1954~70』1, 緑蔭書房, p.xi
여기서 송혜원은 2호까지 발간된 『조선문학』의 뒤를 이어 『조선문예』가 3호로 출발하고 있다고 설명하고 있으나, 개제한 이유와 그 전후 사정 등에 대한 언급은 없다.
40) 6호(1957.04)부터는 기관지적 성격을 탈피하여 잡지 체제를 갖추고 있다.

문학』의 중단에는 총련 결성(1955.05)이 큰 영향을 미치고 있다고 할수 있다. 2장에서도 언급한 것처럼 조련에 이어 1950년대 중반까지 재일조선인운동을 지도해 온 민전이 해산되고 총련이 결성되자, 문단련은 문단협으로 개편되고 총련의 문화선전부에 직결됨으로써 '재일조선문학회'도 총련의 문화선전부 산하에 놓이게 된다. 따라서 『조선문예』는 재일조선인의 문화단체가 1959년 6월에 결성되는 문예동에 흡수되기까지의 과도기적 시기에 발간된 잡지라 할 수 있다. 총련 결성이 재일조선인의 문화운동에 미치는 영향에 관해서는 총련 결성 직후에 발행한 『새 조선』의 내용을 통해 확인할 수 있다. 『새 조선』8호(1955.09)는 '조선총련 활동방침'을 특집으로 꾸미고 있다. 여기에는 총련 결성에 따른 「선언」·「강령」, 외에 총련의 활동방침을 구체적으로 설명하고 있다. 총련은 재일조선인을 공화국의 공민으로 규정하고, "조선총련과 산하각 단체는 외국의 어떤 정치적 단체에 가입해서는 안 되고, 또한 외국의 정치적 분쟁에 가담해서도 안"[41]된다고 명시함으로써 모든 단체를 총련에 결속시키고 있다. 즉, 일본공산당의 지도방침에서 벗어나, 공화국의 공민으로서, 조국의 통일과 독립, 재일동포의 생활과 교육 등을 포함한 민족적 권리를 지키는 운동을 전개하게 되는 것이다.

이에 재일조선문학회의 활동 방침도 총련과 보조를 맞추게 된다. 『조선문예』(8호, 1957.11)의 재일조선문학회 중앙위원회의 보고에 따르면, 재일조선문학회는 총련 결성에 앞서 개최된 6차 임시 전국대회에서 "조국의 문예 로선에 충실하며 조선문학의 혁명적 전통"에 입각할 것을 결의하고, 관념주의와 도식주의를 타파하고 "사회주의 레알리즘"에 충실할 것을 촉구했다. 이것은 제1차 조선작가동맹 회의(1953.09)에서부

---

41) 저자명 미표기(1955) 「5. 조일양국간의 국교정상화를 위해」『새 조선』(8호), p.34

터 강조되어오던 내용이기도 하다. 또한 평양에서 열린 조선작가동맹 제2차 중앙위원회(1956.11)에서 허남기, 남시우, 김민이 조선작가동맹 의 정맹원으로 결정된 사실을 전하고, 국어에 의한 창작을 고취하기 위해 한글 시집 발간과 한글 시 전문지『불씨』(불씨동인회) 발간을 높 이 평가하고 있다.[42]

『조선문예』8호에 실린「제7차 재일조선문학회 회의 결정」을 보면 김 달수, 김시종, 허남기, 남시우 등 총11명이 참석한 가운데 진행된 토론 에서는 창작 방법을 둘러싼 문제와 용어문제가 크게 대두되고 있음을 알 수 있다. 그리고 이러한 문제가 총련 결성 이듬해에『진달래』지상에 서 펼쳐지는 김시종과『진달래』비판을 통해 표면화된 사실에 대해서 는 4장에서 언급했다.

『조선문예』9호(1958.03)의 광고에 의하면 10호는 재일조선문학회 창립 10주년 기념호로 특집함과 동시에 활자판으로 발행할 것을 예고 하고 있으나, 10호는 발견되지 않고 있다. 문예동 결성 후인 1959년 12 월에는 문예동 가나가와지부에서도 동일한 명칭의 한글 잡지가 창간되 기도 했으나, 재일조선문학회의 기관지『조선문예』와는 다른 것이다. 한글 잡지는 재일조선문학회 관련 잡지 외에도 어린이를 대상으로 하 는 잡지(『새싹』,『어린이의 별』)와 강순, 김태중, 오임준, 김동일(=김 윤)등을 포함한 7명이 불씨동인회를 결성하고 시와 시론을 중심으로 한 잡지『불씨』(1957.01 창간), 그리고 재일조선미술회의 기관지『조선 미술』등이 있다.

---

42) 조선문학회 중앙위원회(1957)「총괄보고와 당면한 활동 방침」,『조선문예』(8호), pp.8-10

6 나오며

　1950년대의 재일조선인의 문화운동은 이념을 달리하는 독립 국가를 수립한 본국의 민족분단 전쟁과 민족으로서의 기본 권리와 삶을 위협하는 GHQ와 일본정부와의 투쟁 속에서 전개되었다. 그리고 그러한 민족운동의 궤적이 담긴 귀중한 자료가 재일조선인이 발행한 잡지였다. 이러한 1950년대의 재일조선인 에스닉 잡지에 관해서는 현존하는 자료 면에서의 제약으로 인해 지금까지 연구가 활발하지 못했다. 2000년대에 들어와 일본에서 전후문화운동에 관한 연구가 시작되는 가운데 오사카조선시인집단의 서클시지 『진달래』와 『가리온』의 존재가 새롭게 조명되고 복각판이 발행되면서 이를 중심으로 한 연구가 한국에서도 이루어지게 되었다. 그러나 이러한 연구 또한 종래의 연구행태와 같이 특정 잡지에 한정된 것이다. 본고에서는 1950년대의 재일조선인의 문화운동에 대해 전체적인 구도를 파악하는 것을 목적으로, 지금까지 연구의 대상에서 배제되어온 잡지들까지도 포함하여 고찰했다.

　본고에서 고찰한 내용을 간단히 정리하면, 1950년대의 재일에스닉 잡지는 발행 주체에 따라 크게 세 가지 구도로 설명할 수 있다. 첫 번째 흐름은 『조선평론』, 『새 조선』(『신조선』), 『계림』과 같이 1946년에 창간된 『민주조선』의 계보를 잇는 잡지이다. 해방 직후부터 활발히 진행된 표현활동이 한국전쟁 발발과 GHQ의 재일조선인 단체 탄압으로 중단되었으나, 한국전쟁이 한창이던 1951년 12월에 『조선평론』을 창간하면서 『민주조선』이 추구했던 이념을 계승하고자 했고 『새 조선』(『신조선』)과 『계림』이 그 뒤를 잇고 있다. 『계림』의 집필진이 『민주조선』

때부터 참여한 멤버라는 점을 통해서도 알 수 있는 것처럼 각 잡지의 발행 취지는 재일조선인단체를 규합하는 주류세력이 변함에 따라 다소의 차이는 있으나 재일조선인과 일본인의 '상호이해'를 추구하는 목표는 일관되게 유지되어 왔다.

두 번째는『진달래』,『대동강』,『오무라문학』등의 서클지와 그 주변 잡지이다. 1953년 2월 오사카조선시인집단의 서클시지『진달래』가 창간되자, 일본의 생활기록운동과 서클운동과 연동하면서 재일조선인들 사이에도 50여개의 서클이 생겨났다. 문학 외에도 다양한 분야에서 서클활동이 전개되었다. 그리고 이들 서클단체들은 재일조선인 단체뿐 아니라 일본인 서클과도 연대하여 서클지를 주고받으며 상호 비평을 하는가 하면 잡지간의 전재도 빈번히 이루어졌다. 이로써『진달래』가 발행되는 1953년부터 1954년에 걸친 기간은 재일조선인 지식인만이 아니라 아마추어 대중까지도 적극 참여한 재일조선인 문화운동사에 있어 최전성기라 할 수 있다.

세 번째는『군중』,『문학보』,『조선문학』과『조선문예』등 재일조선문학회가 관여한 잡지가 그것이다. 재일조선문학회는 조직 결성 때부터 본국의 문학계의 움직임에 보조를 맞추어 일본에서 민족문학을 재건하고자 했다. 재일조선문학회의 전신인 재일조선문학자회에서부터 이미 재일조선인의 용어문제가 대두되었고, 이후 재일조선문학회가 결성된 후에는『문학보』를 예외로 모두 한글로 발행되었다. 특히 1955년에 총련이 결성된 후에는 재일조선인을 공화국의 공민으로 규정하고, 민족적 주체성 확립과 함께 한글에 의한 표현활동이 강요되었다. 이로 인해 서클문화운동을 통해 자기표현을 시작한 아마추어 대중들은 물론, 해방 후부터 왕성한 활동을 해오던 문화인들 사이에도 일본어처럼 모국어를 구사할 수 없는 재일 2세의 경우 집필을 단념할 수밖에 없었다. 또한 총련의 방침에 적극적이었던 허남기, 남시우, 김민이 조선작가동맹에 흡수되면서 이후 이들의 일본어에 의한 표현활동도 중단된다.

1950년대의 잡지를 연구함에 있어서는 자료적인 측면에서만이 아니라 또 하나의 난점이 뒤따른다. 그것은 일본의 서클문화운동을 연구하고 있는 미치바 치카노부(道場親信)도 언급하고 있는 것처럼[43] 대문자의 '정치'라는 걸림돌이 가로놓여 있기 때문이다. 해방직후부터 재일조선인 문화인은 좌파적 성향이 강했다. 따라서 재일조선인의 문화운동을 연구함에 있어 정치적 각인을 중시할 경우, 1950년대의 재일조선인의 문화운동은 공화국 지향의 좌파운동으로 폄하될 가능성이 크다. 문화운동의 중심에는 '공작자(工作者)'라 불린 코뮤니스트가 존재한 것은 사실이나, 전후의 문화운동이란 이들의 주도에 의해서만 이루어진 것으로 보기 어렵다. 전쟁 직후(해방 직후)부터 전개된 문화운동은 전쟁 혹은 식민지 지배를 통해 억제되었던 문화에 대한 욕구, 표현에 대한 욕구가 분출되면서 대중문화운동으로 발전할 수 있었던 것이며, 그 산물이 다양한 종류의 잡지들로 남아 있는 것이다. 재일조선인의 문화운동은 당시 주류였던 대중단체의 지도하에 이루어졌고, 조련, 민전, 총련 등 규합 단체가 변화하는 속에서도 활동을 이어갔다. 그리고 단체에 소속된 문화인들은 주류 세력의 변화와 지도방침의 변화에도 불구하고 동시대의 다양한 잡지를 횡단하면서 표현활동을 지속해 왔다. 이로 인해 1950년대에 발행된 잡지들의 경우, 일반 대중이 중심이었던 서클지를 예외로 한다면, 집필진의 대부분이 겹쳐지고 있다. 그러나 한국전쟁

---

43) 道場親信(2016)『下丸子文化集団とその時代 : 1950年代サークル文化運動の光芒』, みすず書房、p.62

을 거쳐 1955년의 노선전환은 해방직후부터 왕성한 활동을 해 온 문화인들에게 큰 타격을 주게 된다. 재일조선인을 공화국의 공민으로 규정하면서 이들의 활동을 강하게 규제해 왔고, '재일조선인문학'이라는 영역에 있어 원초적인 언어문제라는 난관에 부딪치게 된다. 이로 인해 해방 이후 재일조선인의 문화활동이 가장 활발했던 1950년대의 전·중반기에 비해 후반에 접어들면서 이들의 활동은 침체기를 맞이했다고 할 수 있다.

이 논문은 「재일조선인 에스닉잡지 연구─1950년대를 중심으로」(『일본문화학보』 제74집, 한국일본문화학회, 2017)을 기초로 수정·보완하여 작성한 것이다.

동아시아연구총서 제5권

재일조선인 미디어와 전후 문화담론

서클시지 『진달래』와 1950년대 재일조선인의 문화운동

김계자(金季杼)

일본 도쿄대학에서 일본어일본문학 전공으로 박사학위를 받았으며, 고려대학교 글로벌일본연구원 연구교수로 재직 중이다. 한일문학이 관련된 양상을 중심으로 재일코리안 문학, 일본문학문화를 연구하고 있다. 주요 논저에 『근대 일본문단과 식민지 조선』, 「김시종 시의 공간성 표현과 '재일'의 근거」, 「흔들리는 열도, 그래도 문학」, 『김석범 장편소설 1945년 여름』 등이 있다.

1 서클시지 『진달래』

2015년을 지나며 한국과 일본은 각각 '해방 70년'과 '전후 70년'을 맞이했다. 그리고 재일조선인은 또 하나의 '재일 70년'을 맞이했다. 그런데 70년이라는 시간차가 무색할 정도로 최근 일본에서는 패전 직후에 대한 연구가 활발하다. GHQ 점령기의 검열문제를 살펴볼 수 있는 프랑게문고의 자료 연구를 비롯해, 전후문화운동 서클 잡지의 복각이 이어지고 관련 연구도 괄목할 만한 성과를 내고 있다.[1] 제국이 해체되고 냉전과 탈냉전을 지나온 현재, '기록'과 '기억'을 둘러싼 또 다른 전쟁이 시작되고 있는 것이다.

이 글은 재일 70년을 맞이한 재일조선인이 전후 일본에서 어떻게 대중적 기반을 마련하고 자신들의 생각을 어떻게 표출했는지 그 원형(原型)을 고찰하기 위한 것이다. 이는 재일조선인 개별 작가의 문학이나 활동을 넘어 집단으로 호출되는 '재일조선인' 문화운동의 양상을 찾아보려는 것으로, 전후 최대의 재일조선인 거주지 오사카에서 대중적 표현기반을 획득한 서클 시지(詩誌) 『진달래(ヂンダレ)』를 대상으로 이를 고찰하고자 한다.

『진달래』는 1953년 2월에 오사카(大阪)의 '조선시인집단(大阪朝鮮詩人集団)'의 기관지로 창간되어 1958년 10월에 20호를 끝으로, 이듬해 1959년 2월에 해산되었다. 김시종이 편집 겸 발행을 맡았고, 오사카를

---

1) 대표적인 연구성과로 재일조선인 서클운동을 포함해 전후 일본의 문화운동을 종합적으로 검토한 우노다 쇼야 외의 연구가 있다(宇野田尚哉 外(2016) 『「サークルの時代」を讀む―戰後文化運動への招待―』 影書房).

중심으로 시 창작과 비평, 르포르타주 등의 내용을 실었다.

『진달래』는 이른바 '서클지'로 출발했다. '서클지'는 아직 공산주의 사상으로 조직화되지 않은 소수의 아마추어들이 중심이 되어 정치운동의 기반을 넓힐 목적으로 조직한 서클운동의 기관지였다. 서클지를 통해 동료를 늘려 운동의 저변을 확대해간 소비에트 문화정책운동이 일본에 들어온 형태라고 할 수 있다.

『진달래』는 한국전쟁이라는 민족적 위기에 직면해 재일조선인이 "정치적인 각성을 위한 자장(磁場)"[2]으로서 발간한 잡지였다. 오사카의 재일조선인들이 지역별로 회합을 갖고, 모임이 끝난 한밤중에 다시 모여 경찰의 눈을 피해 등사판 종이를 긁어 매호 발간해간 이른바 풀뿌리 민주주의였다. 그런데 『진달래』의 이러한 창간 당시의 취지는 도중에 재일조선인 좌파조직의 노선이 바뀌는 과정에서 변화를 겪게 되었고, 이윽고 폐간되기에 이른다. 재일조선인이 당시에 놓여있던 상황을 간단히 살펴보면 다음과 같다.

조선인 공산주의자는 코민테른시대의 일국일당주의 원칙에 따라 일본 공산당 내에 '민족대책부(민대)'로 구성되어 지도를 받고 있었다. 해방 후에 '재일본조선인연맹(조련)'이 결성되었고, 조련이 강제 해산된 후에 재건된 '재일조선통일민주전선(민전)'은 모두 '민대'의 방침을 따르고 있었다. 따라서 『진달래』도 '민대' 중앙본부의 문화투쟁 강화 지령에 의해 서클지로 창간된 것이다. 그런데 한국전쟁이 발발하고, 1953년에 스탈린 사망, 이후 동아시아의 국제정세가 재편되는 과정에서 1954년 이후 일국일당주의를 수정해 외국인 공산주의자는 거주국의 당이 아니라 조국의 당의 지도를 받는 체제로 노선이 전환되었다. 특히, 1955년

---

2) 梁石日(1999)『アジア的身体』平凡社ライブラリー, p.152.

5월에 '민전'이 해산되고 이어서 '재일본조선인총연합회(총련)'가 결성된 후에는 재일조선인 공산주의자가 일본공산당의 지도에서 벗어나 조선노동당의 지도를 직접 받는 상황으로 바뀌었다. 이에 종래 표현수단이 비교적 자유롭던 상황이 이제 조선인은 조선어로 조국을 표현해야 한다는 강제적인 상태로 바뀌었고, 내용적으로도 공화국의 교조적인 사상으로부터 자유롭지 못하게 되었다.

이러한 변화 속에서 『진달래』의 서클지적 성격도 달라졌다. 김시종을 비롯한 5인의 당원과 시 창작 경험이 없는 사람들로 창간된 『진달래』는 대중적 기반의 문화투쟁의 장이었던 것이 내부 갈등과 논쟁이 이어지는 가운데 점차 참여 멤버들이 이탈해갔고, 결국 20호로 종간을 맞이한 1958년에는 김시종, 정인, 양석일 3인만이 남은 동인지 형태가 되었다. 오사카 재일조선인 집단의 대중적 문화운동의 기반으로 시작된 『진달래』는 이렇게 해서 종간에 이르게 된 것이다.

이와 같이 『진달래』의 성격이 변화해간 과정에 대해 이승진은 정치선전을 위한 서클지로 탄생했지만 점차 이러한 정치적 목적에 대치하면서 역설적으로 '재일'의식을 발아시켰다고 설명했다.[3] 또한 마경옥은 『진달래』의 내부갈등과 논쟁에 대해 자세히 소개하면서 이러한 과정이 재일 스스로 자신의 정체성에 눈을 뜨게 해 정치적 입장을 벗어버리고 재일이라는 현실적 상황 속에서 자신들의 존재방식을 이야기해야 한다는 창작의 노선변화가 있었다고 설명했다.[4] 즉, 두 선행연구 모두 서클지로서 창간된 『진달래』가 도중에 성격이 바뀌면서 '재일'의식과 정체

---

3) 이승진(2014.8) 「문예지 『진달래(ヂンダレ)』에 나타난 '재일'의식의 양상」, 『일본연구』37, 중앙대학교 일본연구소, p.90
4) 마경옥(2015.8) 「1950년대 재일서클시지 『진달래』 연구-『진달래』의 갈등과 논쟁의 실상-」, 『일어일문학』67, p.164.

성을 강조하게 되었다고 설명하고 있는 것이다. 그리고 이러한 주장은 우노다 쇼야가 『진달래』논쟁을 통해 '재일' '2세'라고 하는 의식이 명확히 정식화되었고, 여기에 '재일문학의 원점'이 있다고 말한 논리와 맥락을 같이 하고 있다.[5]

그런데 '재일'의식이나 정체성이라고 하는 개념이 일본에 살고 있는 실존적 삶에 대한 의미 표명에 중요한 것은 분명하나, 그것이 예컨대 조국지향이나 민족문제를 제기하는 것에 대한 대항적 논리로 성립될 필요는 없다. 우노다 쇼야가 말한 대로 『진달래』가 '재일문학의 원점'이라고 한다면 이는 재일 2세로서 일본에서 살아가는 실존적 삶에 대한 의미로 이해할 수 있는 측면도 있지만, 본고는 '원점'을 오히려 그 이전의 문제군에서 찾을 필요가 있다고 생각한다. 즉, '재일'이라고 하는 말이 전후 일본사회에서 집단으로 소환된 개념이라는 사실을 간과해서는 안 될 것이다.

이러한 의미에서 본고는 『진달래』가 소수정예의 문예동인지적 성격으로 변모하는 후반보다 오히려 시를 한 번도 써보지 못한 아마추어들의 정제되지 않은 시 창작으로 시작된 초기 형태에 초점을 맞추어, 대중적 기반으로서 『진달래』가 담아낸 재일조선인들의 원초적인 목소리와 이들의 집단적 총화로서의 성격을 고찰하고자 한다. 집단의 목소리를 원초적으로 낸 이 시기야말로 재일조선인 문화운동의 원점으로서 『진달래』가 갖는 의미를 새롭게 조명해줄 것으로 생각된다.

---

5) 宇野田尚哉(2010)「東アジア現代史のなかの『ヂンダレ』『カリオン』」『「在日」と50年代文化運動』人文書院

2 1950년대 재일조선인의 생활과 표현

1) 주체적인 재일조선인의 표현 공간

　『진달래』는 6년을 채 이어가지 못한 채 해산되었지만, 1950년대 당시의 변화하는 국제정세 속에서 이념이나 정치성을 띠는 조직 자체가 이합집산을 반복하던 당시의 상황을 감안하면 결코 짧은 기간이라고 할수 없다. 더욱이『진달래』에 투고된 많은 시들이 지금까지 한 번도 시를 창작해보지 않은 사람들이 열정으로 노래한 것임을 생각하면 1950년대 재일조선인의 생활의 '기록'으로서의 의미는 매우 크다고 할 수 있으며, 이들이 '시'라는 표현수단을 획득해가는 과정에서 보인 비평적 시선을 주의 깊게 읽어낼 필요가 있다. 전후 일본사회에서 재일조선인이 어떠한 목소리를 담아내고 있었는지,『진달래』의 주된 내용을 살펴보자.

　『진달래』에 실린 시를 우노다 쇼야는 크게 두 종류로 나누어, 조국의 전쟁을 일본에서 지켜보며 노래한 '투쟁시'와 일본에서 조선인으로 살아가는 생활을 노래한 '생활시'로 구분해서 설명하고 있다.[6] 그런데 재일조선인 문학이 집단적인 성격을 띠는 데에는 정치성이나 사상, 민족, 생활 문제 등이 복합적으로 얽혀있기 때문에 '투쟁시'와 '생활시' 두 가지로 명확히 나누기 어렵다. 또한 작품의 소재가 개인의 이야기보다는 '재일'의 삶 속에서 생기거나 공동의 영역에 속하는 집단의 문제를 다룬 것도 많다. 그리고 한국전쟁을 계기로 GHQ의 점령에서 벗어나고 전쟁 특수로 인해 고도의 경제성장을 이루어가는 시점의 전후 일본에서, 재

---

6) 宇野田尚哉, 위의 책, p.23.

일조선인이 해방된 민족임에도 불구하고 조국에서 벌어지는 참상을 멀리서 지켜보며 마이너리티로 살아가야 했던 당시의 현실을 생각해 보면, 재일조선인에게 '투쟁'과 '생활'은 별개로 나뉠 수 없는 문제이다. 따라서 시 작품들을 위의 둘로 나눠서 성격을 구별 짓기보다는 해방 후에 재일조선인들이 낸 원초적인 다양한 목소리가 발현된 양태를 고찰해, 1950년대 재일조선인의 생활을 종합적으로 살펴보는 것이 중요하다.

『진달래』의 창간호 「편집후기」에서 밝히고 있는 바와 같이, 시 창작을 해보지 않은 아마추어 재일조선인을 포함해 '조선시인집단'으로 주체를 명확히 하면서 "오사카에 20만 여명의 동포"의 "생생한 소리"를 담아내는 장으로, "진리추구라든가 예술시론이라든가 하는 그러한 당치도 않은 기대가 아니라 우리들의 손에 의한 우리들의 모임으로서의 자부"로 『진달래』는 창간되었다. 즉, 스스로의 힘으로 자신들의 표현의 장을 만들어낸 자주적이고 주체적인 표현의 장을 마련한 것이 『진달래』 창간의 우선 주목할 만한 특징이라고 할 수 있다. 재일조선인이 왜 시를 쓰고, 어떠한 시를 써야하는지, 『진달래』 창간호(1953.2)의 「창간의 말」에 다음과 같이 적고 있다.

시란 무엇인가? 고도의 지성을 요구하는 것 같아서 아무래도 우리들에게는 익숙하지 않다. 그러나 너무 어렵게 생각할 필요가 없을 것 같다. 이미 우리들은 목구멍을 타고 나오는 이 말을 어떻게 할 수 없다.(중략) 우리들의 시가 아니더라도 좋다. 백년이나 채찍아래 살아온 우리들이다. 반드시 외치는 소리는 시 이상의 진실을 전할 수 있을 것이다. 우리들은 이제 어둠에서 떨고 있는 밤의 아이가 아니다. 슬프기 때문에 아리랑은 부르지 않을 것이다. 눈물이 흐르기 때문에 도라지는 부르지 않을 것이다.

노래는 가사의 변혁을 고하고 있다.(1호, 1권, p.13)[7]

위의 인용에서 보듯이, 연약하고 감상적인 서정성을 떨쳐내고 내면에서 분출하는 목소리를 표출해내려는 결연한 의지가 엿보인다. 흥미로운 것은 '우리'를 강조하고 있다는 사실이다. "우리들은 이제 어둠에서 떨고 있는 밤의 아이가 아니다"고 하는 말에서 어둠이 이미지화하는 내밀성에 침잠하는 약한 모습을 부정하고, 집단적인 연대로 변혁할 것을 선언하고 있다. 이는 『진달래』의 창간이 고립되지 않고 집단적으로 연대하는 결속의 장으로서 의미를 갖는다는 사실을 강조하고 있는 것이다. 대중적 기반의 저변을 확보하려는 서클지로서의 성격이 드러나는 부분이라고 할 수 있다.

3호에 「『진달래』 신회원이 되어」라는 에세이에서 김천리는 다음과 같이 이야기하고 있다.

> 짬이 없는데 시를 쓸 수 있을까? 그런 태평스런 일이 가능할 리 없다고 나도 생각했다./ 창간호를 낸 동무들이 함께 하자고 권유했을 때는 사실 귀찮을 짝이 없었다. 『진달래』를 보면 대단한 것도 아니고 이런 책을 들고 다니며 "저는 시인입니다"……하고 말하는 듯한 얼굴을 빈정거리듯 보고 있었다. 그러던 어느 날 밤 심심풀이 삼아 읽어 보았는데 뭔가 뭉클하게 가슴을 파고드는 것이 있지 않은가! (중략) 우리들은 시인이다. 우리들의 시는 고상한 시가 아니다. 현란한 사랑을 노래하는 시 또한 아니다. 그리고 시대의 주도권을 잡고 있는 자만이 한없이 큰소리로 웃을 수 있는 시이다./ 우리들은 시인이다!(3호, 1권, p.161)

---

7) 『진달래』에 실린 글의 인용은 모두 [재일에스닉연구회 옮김(2016) 『『진달래』오사카 재일조선인 시지 진달래·가리온』(1~5), 지식과 교양]에 의한 것이고, 오역이나 맞춤법 등 잘못된 표기는 수정해 인용했다. 이후, 서지는 인용문 뒤에 호수, 권수, 쪽수만 표기하기로 한다.

위의 인용에서 "우리들은 시인이다!"고 천명하고 있듯이 『진달래』에 담긴 시는 재일조선인의 집단의 노래 성격을 띤다. 문학적인 고상함이나 수준 높은 표현의 문제 이전에, 재일조선인의 동시대에 대한 노래이며 공동체로 이어지는 주체적인 노래인 것이다. 3호의 「편집후기」에서 김시종은 회원 9명으로 시작한 『진달래』가 30명이 된 것을 언급하며 "오사카 문학운동에 새로운 하나의 형태를 만들어 낼 것"(3호, 1권, p.174)이라고 각오를 이야기했다. 이어서 김시종은 시를 쓰고 활동하면서 확고한 주체로 연결되는 사명을 강조했다. 이와 같이 『진달래』를 통해 시인임을 천명하고 시를 써가는 활동은 재일조선인이 재일의 삶을 주체적으로 살아가려는 의지의 표명이었던 것이다.

재일조선인의 주체적인 표현에 대한 욕망은 여성 멤버의 증가에서도 확인할 수 있다. 5호에는 특집으로 「여성 4인집」을 구성했다. 감탄사를 연발하는 감상적인 어투나 일상을 담담하게 그리고 있지만, 재일조선인이라는 일본 내의 소수성 외에도 봉건제 하의 여성이라는 이중의 굴레를 짊어지고 살아가는 재일조선인 여성의 표현에 대한 욕망을 엿볼 수 있다.

1953년 7월에 한국전쟁 휴전협정이 조인된 후에 전술한 바와 같이 재일조선인 조직에 변동이 생겼고, 1954년 2월에는 『진달래』의 멤버가 축소 정리되었다. 제6호(1954.2)에서 김시종은 『진달래』 결성 1주년을 맞아 그동안을 되돌아보며, "거침없고 자유로운 집단"이고 싶다는 주체의식을 다시 확인했다. 6호의 목차에서는 누락되었지만 『진달래』의 활동을 기반으로 '조선문학회 오사카 지부'가 결성되었다는 소식을 전했다(6호, 2권, p.34). 이후 아동의 작품도 실리는 등, 『진달래』의 표현주체는 점차 다양화되었다. 반면에 강렬한 어조로 집단의 분출하는 목소리를 대변하던 성격은 점차 약화되고, 개인 시인의 특집이 연속적으로 구성되는 등 자주적이고 주체적인 집단의 목소리를 대변하고자 했던 취지는 점차 문예 동인지적 성격으로 변모해 갔다.

2) 재일조선인의 공동체적 로컬리티

『진달래』는 초기에 집단적인 연대를 주창하면서 창간되었고, 이는 조선 민족으로서 일본사회에 대한 항변의 노래로 이어졌다. 이성자는 시 「잠 못 이루는 밤」에서 "구 M 조선소학교/ ……/ 어디까지/ 우리들은/ 학대받을 것인가"(2호, 1권, p.65)라고 노래했고, 홍종근은 시 「I 지구에서 동지들은 나아간다」에서 "동지들이여/ 당신들/ 조국의 자유를 지키고/ 학대받은 인민의/ 역사를 개척하기 위해/ 새 임무를 맡고/ 나아간다"(2호, 1권, p.86)고 노래하고 있다. "I 지구"는 오사카(大阪) 시 이쿠노(生野) 구에 있는 일본 최대의 재일조선인 집락촌 '이카이노(猪飼野)'를 가리킨다. 1973년 2월 이후 행정구역상의 명칭은 지도상에서 사라졌지만 현재까지 재일조선인 부락의 원초적 삶이 남아있는 상징적이고 원향(原郷)과도 같은 공간이다. 조선 민족의 문제를 조국 한반도의 상황을 들어 노래하는 대신에 재일조선인 부락 '이카이노'로 노래하고 있는 것은 현재 살고 있는 재일의 삶 속에서 민족 문제를 인식해가려는 것을 의미한다. 한국전쟁 3년을 맞이한 3호에는 「주장-세 번째 6.25를 맞이하며」라는 글이 실리는데, 다음과 같이 이야기하고 있다.

우리는 일본에서 태어나 일본에서 자라 일본에서 생활하고 있다. 그리고 일본은 조국을 침략하는 미국의 발판이다. 우리들은 과거 3년 재일이라는 특수한 조건과 군사기지 일본이라는 조건 속에서 우리의 애국적 정열은 숱한 시련을 거쳐 굳게 고조되고, 크고 작건 간에 저마다 조국방어투쟁을 계속해왔다. 탄압도 고문도 감옥도 추방도 우리들의 젊은 정열과 애국심을 꺾을 수는 없었다.(3호, 1권, p.107)

위의 인용에서 보면, '재일'을 한국전쟁의 군사기지가 되어온 일본에 대항해 조국을 위해 투쟁하는 삶으로 규정하고 있음을 알 수 있다. 요컨대, '재일' 의식이나 정체성은 조국지향을 버리고 일본에서 정주하는 삶을 받아들이는 2세 때 시작되는 문제이기 이전에, 조국과는 다른 '재일'이라는 특수한 상황에 놓여 있으면서 민족적 위기에 어떻게 대처해갈 것인가 하는 초기의 문제의식이 우선 조명되어야 할 것이다.

이러한 점에서 3호의 지면 구성은 매우 흥미롭다. 「주장」과 「권두시」에 이어 시 작품을 「단결하는 마음」, 「생활의 노래」, 「거리 구석구석에서」의 세 가지 섹션으로 구분해 싣고 있다〈그림 2〉. 그 뒤로 「르포르타주」와 「편집후기」로 이어지는 구성이다.

〈그림 1〉『진달래』3호의 표지

〈그림 2〉『진달래』3호의 목차

먼저, 「단결하는 마음」은 일본의 감옥에 갇혀있는 동료에게 연대의 손길을 내미는 이정자의 시 「감옥에 있는 친구에게」와 같이 단결과 연대를 노래한 시를 두 편 실었다. 「생활의 노래」는 "우리는 노동자/ 우리는 투쟁가/ 우리는/ 내일을 위해/ 미래를 위해/ 오늘 하루하루를 사는 자/ 오늘 하루하루를 견뎌내는 자"라고 처음에 소개하고, 다섯 편의 시를 특집 구성으로 실었다. 이 중에서 권동택의 시 「시장의 생활자」는 다음과 같이 시작한다.

> 도로는 생선 비늘로 번쩍거리고 있었다/ 저고리 소매도 빛나고 있었다/ 우리 엄마는 삐걱거리는 리어카를 밀며/ 오늘도 중앙시장 문을 넘는다/ 생선창고 근처 온통 생선악취 속을/ 엄마는 헤엄치듯/ 걸어갔다// 여자아이가 얼음과 함께 미끄러져 온 물고기를/ 재빨리 움켜쥐고 달아났다/ 갈고리가 파란 하늘을 나는 고함소리와 함께// 어두운 쓰레기장에는 썩어 짓무른 생선더미, 생선더미/ 그곳은 파리들의 유토피아였다/ 엄마는 그 강렬한 비린내 속에 쭈그리고 앉아있다// (3호, 1권, p.121)

위의 시에서 보이는 '중앙시장'은 현재 오사카의 코리아타운이 있는 곳으로, 재일조선인의 공동체적 로컬리티를 보여주는 공간이다. 이어지는 홍종근의 시 「콩나물 골목」에서 "콩나물 판잣집이라/ 불리는/ 경사진 뒷골목//(중략)// 햇빛도 보지 못하고/ 비실비실/ 자라가는 콩나물/ 콩나물을 빼닮은/ 뒷골목의 삶"(3호, 1권, pp.123-124)에서도 보이듯이, 외부의 일본사회로부터 구획 지어진 재일조선인 부락의 곤궁한 삶이 잘 드러나 있다. 3호의 「르포르타주」에서는 「서오사카(西大阪)를 둘러싸고」(김호준)라는 제명으로 약 450만 가구의 동포가 살고 있는 서오사카를 다음과 같이 소개하고 있다.

그야말로 '돼지우리 같은' 곳이라 할 수 있는 판잣집, 목재와 판자를 어설프게 이어놓은 오두막집 등도 수도 없이 늘어서 있다. 청년이나 어른들은 물론 아주머니나 할머니 등이 넝마주이나 날품팔이 노동자로 집을 비우고 있어 낮에 들러도 부재중인 집이 많아 애를 먹었다.(3호, 1권, p.156)

앞에서 살펴본 시와 마찬가지로 위의 인용도 재일조선인 부락의 곤궁한 생활상을 표현하고 있는데, 「르포르타주」라는 글의 성격 상 재일조선인 부락에 대한 서술이 사실적으로 그려져 있어, 시의 표현과 비교해 일본사회에 대한 대항적 이미지로 구성되는 힘은 약하다. 즉, 『진달래』가 시지로 창간된 의의를 여기에서 찾을 수 있다. 전술한 「창간의 말」에서 살펴본 바와 같이, "목구멍을 타고 나오는" 원초적인 목소리를 시의 형식이 잘 표출해주고 있는 것이다. 재일조선인 부락의 공동체성이 내면으로 침잠하는 서정성을 부정하고 집단적인 결속과 연대의 노래로 힘 있고 강하게 표출되고 있음을 알 수 있다.

이와 같이 재일조선인이 집단으로 호명되는 기제로 재일조선인 부락이 언급되고 있는 예는 이후에도 계속 이어진다. 예를 들어, 4호에 김희구의 시 「쓰루하시역(鶴橋駅)이여!」에서 "조선인이 많이 타고 내리는/ 쓰루하시역은 먼 옛날부터……/ 조선 부락 이쿠노 이카이노(生野猪飼野)에 이르는 입구"라고 하면서, 어슴푸레한 홈 구석에서 살다간 아버지와 어머니를 호명하고 있다. 여기에서 '아버지'나 '어머니'는 대표성을 띠는 시어로, 대를 이어 생활해온 삶의 터전에 대한 재일조선인의 기억을 노래하고 있다.

집단으로서 '재일조선인'에 대한 인식은 대타항으로서 일본사회 속에서 구별될 때 더 분명해진다. 예를 들어, 13호(1955.10)에 실린 박실의

「수인의 수첩」에 다음과 같은 표현이 나온다.

> 일찍이 수험번호에/ 가슴 띈 적도 있었지만/ 이 수첩의 번호는/ 수인의
> 칭호를 연상시킨다./ 꺼림칙한 기억에 휘감긴/ 외국인등록증이여/ 그것은
> 수인에게 주어진/ 판결서인 것이다.// 제3국인이라고 불리는 까닭에/ 안
> 주할 땅도 없고/ 손발의 자유도 없다./ 단지 스스로의 뼈로/ 생활을 찾아
> 서 계속 살아가는 사람들/ 우리 재일동포여.(밑줄-인용자, 13호, 3권, p.37)

위의 시는 박실(朴實)이 수인(囚人)으로 겪은 체험을 노래한 것인데,
이 시를 썼을 당시는 1951년 2월에 오사카의 구치소에 갇혀 있던 때였
다고 시인 스스로 회고하고 있다. 죄목은 한국전쟁에서 미군이 심한 타
격을 받고 있다는 기사가 실린 신문을 소지해 연합군의 '정령325호'를
위반했다는 것이다(박실 「시와 나」, 『진달래』14호 3권, p.168). 박실은
이 시를 통해 미군기지화된 일본에서 조선인으로서 투쟁하는 모습을
보여주며 동포로서의 동질감을 호소하고 있다. '제3국인'이라는 말은 식
민지배에서 벗어난 조선인이나 대만인에 대해서 '일본인'도 아니고 전
승국 국민도 아니라는 의미에서 패전 직후 일본에서 불린 차별적 호칭
이다. 후지나가 다케시(藤永壯)는 '제3국인'이라는 호칭은 패전의 혼란
에 빠진 일본인이 과거 자신들이 식민지배한 민족에 대해 굴절된 반감
과 혐오감을 드러내는 말이라고 설명했다.[8] 해방된 민족이지만 패전
직후의 일본에서 차별받는 민족으로 살아가야 하는 데다, 조국의 전쟁
까지 겹친 1950년대 재일조선인의 삶의 복합적인 굴레를 박실의 수인
의 노래가 잘 보여주고 있다.

---

8) 후지나가 다케시, 「차별어(差別語)의 탄생, 그리고 그 기억-'제3국인(第3國人)'에
대하여-」, 『한국사연구』153호, 2011.6, p.282.

3) '노동'으로 연계되는 '우리'

재일조선인 시적 주체가 '나'를 노래하면서 동시에 '우리'라는 민족적 주체로 연결되는 가장 대표적인 예는 '노동'을 노래하는 시에서 나타난다. 이는 '노동'이라는 개념이 갖는 의미가 빈부격차나 소외를 배태하는 현실사회에 대한 비판을 수반해 집단성으로 표출되기 때문일 것이다. 더욱이 재일조선인들은 일제강점기에 징병이나 징용으로 강제 동원되어 일본에 건너간 사람들이 대부분이기 때문에 이들이 겪는 차별적인 노동 현장은 조선인이라는 민족적인 문제에서 비롯된 부분이 크다.

『진달래』에 노동을 노래하는 시가 다수 실려 있는데, 그중에서도 특히 재일조선인 여성의 노동 문제를 그리고 있는 시가 많다. 이는 재일조선인으로 느끼는 민족적 차별 외에 가부장제 하에서의 차별까지 이중의 굴레가 재일조선인 여성에게 씌어져 있기 때문이다. 시 창작의 동인은 이러한 이중의 차별에서 연유하는 부분이 클 것으로 추측되는데, 실제로 시에서 어떻게 표현되고 있는지 살펴보자.

7호(1954.4)의 이정자의 시 「노동복의 노래」는 "아프더라도 꾹 참으렴,/ 내 손 안의 노동복이여./ 내가 너의 천을/ 산뜻한 옷으로 만들어 주겠다/(중략)/ 나의 사랑하는 노동복이여/ 찢기는 것 따위는 신경 쓰지 않아도 좋다/ 꾹 참고 기다리렴/ 내가 너의 천을/ 새로운 강함으로 만들어 주마"(7호, 2권, p.69)고 노래해, 노동하는 여성으로서 느끼는 고통을 그리면서 동시에 강한 주체로 거듭나려는 결의를 그리고 있다. 같은 호에 실린 강청자의 시 「어린 재단공을 위하여」는 "암울한 나날의 노래를 혼자서 부르지 마라/ 어린 재단공인 너를 위하여/ 내가 힘껏 불러 주마/ 저 어두컴컴한 일터에서/ 힘겨운 생활로 내던져진/ 너의 어두운 소년시대의 노래를/ 나는 반드시 되찾아 줄 것이다"(p.73)고 노래하고 있다. 모두(冒頭)의 "암울한 나날의 노래를 혼자서 부르지 마라"는 프롤레타리아 문학자 나카노 시게하루(中野重治)의 "너는 노래하지 말아라"로 시작하는 시 「노래(歌)」(1926)와 유사한 2인칭 금지명령형으로 시작하고 있다. 즉, 연약하고 감상적인 모습을 떨쳐내려는 시적 화자의 결연한 의지가 보이는 시로, '너'와 연대하고자 하는 '나'의 의지표명을 통해 재일조선인 여성 노동자의 연대를 노래하고 있다.

위의 두 여성의 시가 물론 재일조선인 여성을 대표하는 것은 아니다. 그러나 위의 두 시는 재일조선인 여성에 씌워진 이중의 차별문제에 대한 자각이나 문제제기가 아직 미약한 한계를 노정하는 예로 읽을 수 있다. 1950년대가 해방된 지 얼마 지나지 않은 시점인데다 한국전쟁까지 일어나 정치적인 이슈가 큰 상황에서 재일조선인 여성들이 자신의 노동에 대해 주체적으로 자각하고 문제제기를 할 기회가 충분히 없던 시대상을 고려하면, 『진달래』가 재일조선인 여성에게 자신의 노동에 대해 그 의미를 인식하고 고통을 표출할 수 있는 장으로 기능했음을 알 수 있다.

한편, 11호(1955.3)에 실린 원춘식의 시 「파출부의 노래」에서는 24시간 일하고 있는 파출부의 노동을 이야기하면서 "그 파출부들 가운데/ 조선 할머니./ 할아버지는 제주도 고향에서 기다리고 있다던데/ 외동아들은 전쟁터에 잡혀가 서울에 있다던데/ 슬픔이란 슬픔 고생이란 고생을 모두 받아들인다는/ 그 주름을 꼭 뒤집어쓴 얼굴을/ 기쁨으로 터지게 하며/ 할머니는 떠들어대고 있다"(11호, 2권, p.335)고 노래하고 있다. 남편과 아들은 제주도와 서울에 있는데, 자신은 일본에서 하루 종일 일하는 파출부로 살아가는 재일조선인 1세 여성이 처한 현실의 슬픔을 노래하고 있다.[9] 시 속의 '조선 할머니'가 겪고 있는 노동의 슬픔은 식민에서 전쟁으로 이어진 한일 근현대사에 얽힌 문제가 초래한 것으로, 재일조선인 1세 여성의 노동을 통해 일본의 전후가 전전의 식민지배에서 비롯된 것임을 통시적으로 보여주고 있다. 개인이 처한 현실이 동시에 집단적인 문제로 등치되는 구조를 통해, 재일조선인 개인의 이야기가 개별적인 차원에 머무르지 않고 재일조선인 서사로 전환되는 것을 알 수 있다. 따라서 한 개인을 노래한 시이면서 동시에 재일조선인으로서의 자각을 일깨우고 있는 집단의 노래로 읽을 수 있다.

13호(1955.10)에 권경택 특집에 실린 노동의 노래는 재일조선인의 참혹한 노동현장을 잘 보여주고 있다. 「멀리서 개 짖는 소리가 들리는 한밤중에-공사장에서 낙하한 철골에 아버지의 어깨가 부서졌다」는 시를 비롯해, 「작업화」라는 시에서는 오사카역 앞의 공사에 동원된 동지들이 공사가 완성된 후에 모두 떠났는데, "와이어가 끊어지고/ 낙하하는 철골에/ 머리가 깨진 A"와 "신축빌딩 바닥에/ 고대시대의 조개껍질 속에/ 나의 찢어진 작업화가 묻혀 있다"고 노래한 부분에는 노동현장의 가혹한 현실과 노동자들의 참상이 잘 형상화되어 있다. 다만, 이러한 현실을 초래한 이유를 따져 묻거나 실천적 자각으로 동력화해가려는 심급이 아직 미진한 것은 아쉽다.

---

9) 권숙인은 재일조선인 1세 가족의 경우, 일본 이주 초기와 이후의 생존 자체가 목표가 되는 삶 속에서, 특히 경제상황이 좋지 않은 경우 남성뿐만 아니라 여성도 생존을 위해 일할 수밖에 없었던 상황을 설명하고 있다(권숙인(2017) 「"일하고 또 일했어요"-재일한인 1세 여성의 노동경험과 그 의미」『사회와 역사』113집, pp.71-72).

3 　재일조선인 '대중광장'의 공간으로서 『진달래』

『진달래』 발간 1주년을 맞이하여 김시종은 잡지의 발간 의의를 새삼
떠올리고 있다.

> 우리 집단도 결성한 지 어느덧 1주년을 맞이하였다. 어제와 같은 일이
> 지만, 어쨌든 작품집 『진달래』를 5호까지 발행하고 보잘 것 없지만 그
> 발자취를 이곳 오사카(大阪)에 남겼다. 오사카로 말하자면 우리 조선인에
> 게는 이국, 일본 땅에서 고향과 같은 곳으로, 거의 모든 재류 동포가 이곳
> 을 기점으로 모이고 흩어져가는 인연이 깊은 곳이다. 그런 만큼 더 정이
> 깊다. 이곳에서 태어나 자란 우리들이 서로 모여 사랑이야기와 같은 따뜻
> 한 이야기에서부터 왕성한 젊은 혈기로 국가를 걱정하고 사회를 논하는
> 이야기에 이르기까지 종류를 가리지 않고, 서로 문제제기를 할 수 있었던
> 광장이 바로 『진달래』였다는 것을 생각할 때, 질적인 평가는 제쳐두더라
> 도 그 큰 포부에 우리는 설레고 있다.(밑줄-인용자, 6호, 2권, p.11)

위의 인용에서 김시종이 지난 1년간의 『진달래』 발간을 되돌아보며,
"서로 문제제기를 할 수 있었던 광장"의 역할을 했다고 말하고 있는 부
분에 주목하고자 한다. 『진달래』는 재일조선인 최대의 거주지 오사카
에서 문예동인지의 성격이 아닌 서클지로 출발해 집단적 주체로서 재
일조선인이 당면한 문제들을 제기했기 때문에, 『진달래』가 일정 부분
재일조선인 집단의 공론장 역할을 한 것은 분명하다. 그런데, 전술한
바와 같이 6호 이후부터는 동아시아의 정세 변화와 일본 내 좌파 조직
의 노선 전환에 따라 재일조선인 조직이 조국의 당의 지도를 받는 체제
로 변했고, 점차 북한의 교조적인 사상의 통제를 받게 되었다. 이로써

내부 갈등과 논쟁이 심화되면서 멤버가 많이 이탈해 대중 공론장으로서의 '광장'의 역할은 그 성격이 변해 문학 동인지의 성격으로 점차 변모했다. 그런데 이렇게 잡지의 성격이 변화하면서 새롭게 마련된 지면 구성이 있다. 「합평회」가 바로 그것이다.

1954년 3월에 나온 『진달래 통신』을 보면, "진달래의 시가 재검토되기 시작한 것은 아무래도 제6호 합평회부터라고 말할 수 있다"고 바로 전 달에 나온 『진달래』 6호의 「합평회」에 대한 감상을 적고 있다. 사실 김시종이 6호의 권두에서 3호부터 5호까지 실린 시에서 몇 작품을 골라 감상을 적고 있는 것은 김시종 개인의 글이기 때문에 엄격히 말해 '합평회'라고 할 수는 없지만, 『진달래』 편집부에서 행해진 합평회의 의견을 정리해 소개하면서 자신의 의견을 적고 있기 때문에 공론장의 역할을 하고 있다고 볼 수도 있다. 정식으로 「합평노트」 코너를 구성해 편집부에서 전호(前號)에 대한 합평을 싣기 시작하는 것은 13호(1955.10)부터인데, 형식은 이전과 마찬가지로 편집부에서 대표자 1명이 서술하는 형식으로 진행되었다.

13호부터 특징적으로 달라지는 또 하나의 점은 개별 시인의 특집으로 구성되어 있다는 점이다. 13호는 권경택 시인 특집으로 구성되었다. 13호의 「편집후기」를 보면, "한 사람의 작품을 역사적으로 파헤쳐 보는 것도 결코 헛된 것은 아니다. 한 사람의 발표 경로는 좋은 의미든 나쁜 의미든 진달래 전체의 발표 편집과 연결된 것이라고 할 수 있다"고 하면서, 개별 시인의 특집이 어디까지나 『진달래』 전체의 발간 취지의 연속선상에서 이루어지고 있음을 밝히고 있다.

요컨대, 잡지 『진달래』는 일차적으로 오사카 재일조선인 시인집단의 시 창작의 공간이면서, 동시에 전호의 잡지에 소개된 시들에 대해 다음

호에서 합평된 논의를 소개함으로써 시와 시론에 대한 논의의 공간으로 기능한 것을 알 수 있다.

예를 들어, 13호의 「합평노트」를 보면, "홍종근 작, 동결지대는 조선인의 비참한 상태는 보이지만 너무 어둡고 희망이 없다", "김탁촌 작, 훌륭한 미래는 공화국 공민으로서 자랑스러움이 넘치는 것은 좋지만 관념적이다, 구체적 사상을 파악하는 것이 좋다", "정인 작, 미(美)는 작자 특유의 표현양식을 가지고 있는데 매너리즘의 경향이 있다", "김화봉 작, 어느 오후의 우울은 조선인의 생활이 나타나 있는데, 언어가 문어체와 구어체를 혼재해 사용한 것이 좋지 않다"고 하는 등, 각 작품에 대해 논의된 평가를 정리해 소개하고 있다.

그리고 이러한 시평은 오사카의 시인집단뿐만 아니라 다른 지역과의 연계를 이끌어내어 재일조선인 문단의 지형도를 만들어가는 역할도 하고 있다. 13호의 「편집후기」에 "도쿄의 아다치 시인집단으로부터 특별한 편지를 받았다"는 서술과 함께, "향후 회원 제군이 이 문제에 적극적으로 참가해 주셨으면 좋겠습니다"고 회원들을 공론의 장으로 유도하고 있는 사실을 확인할 수 있다. 14호(1955.12)의 「합평노트」에서 박실은 다음과 같이 적고 있다.

> 『진달래』 13호의 합평회를 통해 우리의 합평 내용이 종래에 비해 현격한 변화를 이룬 것이 분명해졌다. 시의 효용성과 사상성, 정치성, 시와 대중독자와의 관계에 대해 그 형상과 예술성, 확대하는 문제와 고양시키는 문제 등이 각각의 작품에 맞추어 보다 깊이 구체적으로 게다가 각자의 시작(詩作) 경험을 통해 의견을 내게 되었다. 이것은 분명 우리가 단순히 자기의 경험과 체계성 없는 순간 착상 식의 의견에서 벗어나 이론적으로 그리고 질적으로 고양되고 있음을 말해준다.(14호, 3권, p.171)

위의 인용은 전호에 특집으로 구성한 권경택 시인의 작품에 대해 합평한 내용을 박실이 정리해 적고 있는 부분이다. 「합평노트」는 특집 구성에 대한 내용만 평가하고 있지는 않다. 특집으로 구성한 시인의 작품을 먼저 평하고, 다른 작품 중에서 주목할 만한 점을 평가하며 『진달래』 전체에 연결되는 논리를 주장하는 방식이다. 「합평노트」는 회를 거듭하면서 시 창작 방법상의 문제를 포함해 에세이 등의 다른 장르의 글까지 전체적으로 합평의 대상을 넓혀간다. 『진달래』 지상에 실린 시에 대한 합평은 아니지만, 8호(1954.6)에는 시와 소설, 희곡, 아동문학에 걸쳐 북한문학 전반에 대한 평론을 편집부에서 싣고 있다. 그리고 "조국의 문학적 실체를 알고" "아울러 재일조선문학회"의 기관지도 같이 병행해서 읽어볼 것을 제안하고 있다.

이상에서 살펴본 바와 같이 『진달래』는 시 창작과 시론뿐만 아니라, 자신들의 시 창작에 대해 같이 논의하는 공동의 장을 마련해 의견을 공유하고 담론화해 간 공론장으로 기능했음을 알 수 있다. 그리고 이러한 공론은 재일조선인의 다른 잡지나 북한의 담론과도 연계해 시 창작의 수준을 높이고 거시적인 시각에서 『진달래』의 시 운동을 자리매김해가는 장으로 그 기능을 확대해갔다.

이와 같이 『진달래』는 「합평노트」를 통해 재일조선인의 대중공간으로서 논의의 장을 만들어갔을 뿐만 아니라, 다른 지역의 시인집단과 교류하는 재일조선인 연대의 장으로 기능했다. 13호에는 도쿄 아다치(足立) 시인집단이 공동창작해 보내준 「투쟁의 노래-동지K의 출옥을 맞이해서-」라는 시가 실렸고, 오사카 조선시인집단과 주고받은 왕복 서간도 소개되었다. 아다치 시인집단이 보낸 글 「시의 존재방식에 관하여」를 보면, 아다치 시인집단이 합평회나 토론회를 매월 개최하고 있다는 소개와 함께, 『진달래』 지상에서 오사카 시인집단이 '시'에 대해 토론한 내용에 대해 다른 의견을 제시하며 자신들의 시론을 전하고 있다. 이에 대해 오사카 시인집단을 대표해 정인이 「아다치시인집단 귀중」이라는 답신 형식으로 시를 통해 대중을 계몽하는 문제에 대해 오사카 시인집단 쪽의 의견을 밝히고 있다. 이상과 같이 『진달래』는 오사카 시인집단의 표현과 공론의 장이면서 동시에 다른 지역의 재일조선인과 소통하고 연대하는 공간으로 기능함으로써 재일조선인 집단의 대중공론의 장으로 기능했음을 알 수 있다.

 4   1950년대 재일조선인 집단적 총화로서의 『진달래』

이상에서 오사카 재일조선인의 대중적 기반이 된 잡지 『진달래』에 대해 살펴보았다. 『진달래』는 오사카 조선시인집단의 기관지로서, 서클지로 시작해 재일조선인 좌파조직의 변동과 노선 변화에 따라 점차 소수 정예의 문예동인지의 성격으로 변해갔다. 그러나 특히 전반부에 보여준 1950년대 재일조선인의 생활상에는 재일조선인의 다양한 목소리와 이들의 집단적 총화로서의 문화운동 성격이 잘 나타나 있다.

즉, 시를 한 번도 써보지 못한 재일조선인들이 자신의 표현을 획득해 가는 주체적인 공간이었고, 이러한 시 창작을 통해 재일조선인들의 공동체적 로컬리티를 만들어갔다. 이러한 과정 속에서 식민에서 해방으로, 그리고 다시 한국전쟁을 겪어야 했던 1950년대 재일조선인의 현실적인 생활과 민족 문제 등이 원초적이면서 집단적인 목소리로 표출되었다. 뿐만 아니라, 『진달래』는 서로의 시 작품에 대해 비평하고 시론에 대한 공동 논의하는 공론장이었으며, 또 타 지역 동포 집단과 소통하고 연대하는 매개가 되었다. 이와 같이 『진달래』는 전후 일본사회에서 식민과 전쟁으로 이어진 삶을 살아간 재일조선인들에게 창작과 공론의 장으로 기능한 대중적 기반의 원형이 된 잡지라고 할 수 있다.

동아시아연구총서 제5권
재일조선인 미디어와 전후 문화담론

재일 작가의 범죄학 서사
-정기간행물 『김희로공판대책위원회뉴스』를 중심으로-

임상민(林相珉)

한남대학교 일어일문학과를 졸업하고, 규슈대학 대학원에서 비교사회문화박사 학위를 받았으며, 현재 동의대학교 일본어학과 조교수로 재직 중이다. 재일조선인 문학/문화, 식민지 조선의 일본인 경영 서점 및 서적 유통을 연구하고 있다. 주요 논저에는 『전후 재일코리안 표상의 반·계보-〈고도경제성장〉 신화와 보장받지 못 한 주체』, 「동북아 해역의 서적 유통 연구」 등이 있다.

들어가며-사건에 커미트먼트하는 〈문화인〉 그룹

김희로 사건[1]이란 1968년 2월 20일에 재일조선인 김희로가 어음 관련 빛 독촉 문제로 시즈오카현(静岡県) 시미즈시(清水市)의 나이트클럽에서 조직폭력배 2명을 엽총으로 사살하고, 이후에 스마타쿄(寸又峽) 온천 마을의 후지미야(ふじみ屋) 여관에서 경영자와 숙박자를 포함한 13명을 인질로 잡고 88시간 동안 경찰과 대치한 사건이다. 특히, 당시 김희로는 신문 기자들과 약 20차례[2]의 기자회견을 반복적으로 전개하면서, 사살한 조직폭력배의 악행을 공표할 것과 고이즈미 이사무(小泉勇) 형사의 재일조선인 멸시발언에 대해서 텔레비전을 통해서 사죄할 것을 요구하는 등, 김희로가 생중계되는 동시대의 텔레비전을 교묘하게 이용했다는 점에서 극장형 범죄라고도 불린 사건이다.

또한, 당시 사건 현장에는 작가, 대학교수, 평론가, 변호사로 구성된 이른바 〈문화인〉 그룹이 동 사건을 단순 형사사건이 아닌 일본인의 재일조선인에 대한 민족차별이 원인이 되어 발생한 사건으로 인식하고 성명문 발표 및 설득을 위해 사건 현장까지 찾아가기도 해서 이슈화되기도 했는데, 김희로 체포 당일에 열린 마이니치신문의 좌담회에서는 동

---

1) 김희로는 체포 후, 8년간의 법정투쟁 끝에 1975년에 무기징역이 확정, 1999년에는 다시는 일본에 입국하지 않는다는 조건으로 70살에 가석방(귀국 후, 아버지의 성을 따라 「권」으로 변경), 이른바 강제송환의 형태로 한국으로 귀국하게 된다. 그리고 2010년 3월 26일, 지병인 전립선암이 악화되어 부산 동래의 봉생병원에서 사망하게 되고, 빈소는 동 병원의 장례식장 2호실에 차려지게 된다. 발인은 28일, 부산 영락공원에서 화장한 이후, 유골은 본인의 유언 "선친의 고향인 부산 영도 앞바다에 뿌려 주고, 반은 시즈오카현의 어머니 묘에 묻어 달라"(「한국인이라 서럽던 '전쟁 같은 삶」, 한겨레신문, 2010년 3월 27일)에 따라서 처리되었다.
2) 伊藤·川口記者(1968.3.8.) 「ライフル魔と人質たち」 『週刊朝日』, p.21

사건에 커미트먼트한 이른바 〈문화인〉 그룹에 대해서 다음과 같이 설명하고 있다.

    C 그런데 조선인 문제로 학자, 변호사 그룹이 "김희로를 구출하는 모임" 이라는 것을 만들어서 화제가 되기도 했는데.
    B 그것은 김희로가 교묘하게 짠 작전이 적중한 것이 아닐까. 살인죄를 인권문제로 정당화해서 그것을 유용한다는 것도 법치 국가에서는 말도 안 되는 이야기다.
    C 하지만 오쿠이즈미(奧泉)에 있는 수사본부에는 "김희로를 만나게 해 달라" "어떻게 해서든 도와주고 싶다"라고 말하는 팬들이 속속들이 모여들었다. 살인죄만 아니면 김희로는 태어나서 지금까지 상당히 고뇌하면서 악의 길로 들어선 것은 아닐까. 악랄한 행위를 고뇌하면서도 일본인의 마음속에 잠재되어 있는 오랜 상처를 푹 찔렀다고 생각하는 사람은 이외로 많았다고 생각한다.
    A 그것은 물론 그렇게도 생각할 수 있지. 하지만 살인을 그러한 테크닉으로 둔갑시키는 것은 절대로 용서할 수 없다고 생각한다.[3]

    위 좌담회에 참석한 기자는 사건 당시 시즈오카현의 현장에 취재를 나간 마이니치신문사의 기자들로 구성되어 있는데, '김희로를 구출하는 모임(金嬉老を助ける会)'을 조직해서 현장 설득 및 성명문 등을 발표하는 〈문화인〉 그룹의 일련의 행동은 결코 주체적이지 못하고, 오히려 김희로의 치밀한 '작전'에 걸려들었다고 분석하고 있다. 즉, 〈문화인〉 그룹은 일본인의 무의식 속에 잠재되어 있는 가해자성에 대한 죄의식

---

3) 現地記者座談会(1968.2.25.) 「「金」と対決88時間」『毎日新聞』. 동 좌담회에서는 인질로 잡힌 사람들이 기자들에게 "김희로는 친절하다"라고 말한 이유에 대해서, 김희로 앞에서 진실을 말하게 되면 기자들이 돌아간 후에 본인들에게 어떠한 일이 발생할지 모르기 때문에 그렇게 거짓 진술을 했다고 분석하고 있다.

을 자극하려고 했던 김희로의 '작전'에 순수하게도 걸려든 것이며, 〈문화인〉 그룹의 이와 같은 활동은 결과적으로 김희로의 단순 '살인죄'를 '인권문제'로 둔갑시키는 이론적 대응 논리를 구축하는 데 일조한 셈이라고 비난하고 있는 것이다.

물론 이와 같은 〈문화인〉 그룹에 대한 부정적인 평가는 마이니치신문에 그치지 않고, 김희로가 체포되기 이전인 1968년 4월 24일의 요미우리신문에서도 〈문화인〉 그룹의 성명문에 대해서 "김희로는 살인범이다. 인질을 몇이나 잡고 있다. 이러한 문제에 대해서는 생각하지 않는가. (중략)도대체 이 사건을 어떻게 생각하고 있는가"라고 비난하는 보도진과 〈문화인〉 그룹과의 대치 상황을 보도하고 있다. 또한 체포 이전까지 〈문화인〉 그룹의 방문에 김희로는 '울었다'[4] '감격해서 울었다'[5]라고 호의적이며 중립적인 자세로 보도했던 아사히신문조차도, 체포 후에 열린 기자좌담회에서는 〈문화인〉 그룹의 논리는 사건이 일어난 "시골 마을에서는 전혀 받아들여지질 못 했다. 후지미야 여관에서 기자회견을 했을 때는 이런 흉악범을 옹호하는가, 죄 없는 사람들에게 피해를 준 것과 당신들의 논리가 어떻게 연결되는가라고 추궁당하며 쩔쩔매는 모습이었다"[6]라고 〈문화인〉 그룹에 대한 부정적인 평가를 전하고 있다.

본고에서는 사건 발생 초기 단계부터 〈문화인〉 그룹에 참여하면서 현장까지 설득을 위해서 찾아가기도 하고 또한 재판 과정에서는 특별 변호인 자격으로 동 사건의 재판이 종료되는 마지막까지 깊이 커미트

---

4) 記事(1968.2.24) 「"弁護団"も説得─金氏ら知識人」『朝日新聞』
5) 記事(1968.2.24) 「ライフル男「金」逮捕」『朝日新聞』夕刊
6) 記者座談会(1968.2.25) 「「ライフル男」事件を考える」『朝日新聞』

먼트한 재일조선인 작가 김달수를 중심으로, 김희로공판대책위원회의 역할 및 문제점, 그리고 김희로 사건을 둘러싼 재일조선인의 자기 표상과 일본인의 타자 표상에 대해서 살펴보도록 한다.

2 〈문화인〉 그룹과 문학가의 '김희로는 우리들이다'

　먼저, 김희로공판대책위원회(이하, 대책위원회)의 전신으로서의 〈문화인〉 그룹의 결성 과정에 대해서 살펴보면, 1968년 2월 20일 사건 발생으로부터 이틀이 지난 2월 22일 심야에 도쿄 긴자의 도큐호텔(東急ホテル)에서 첫 회합을 갖게 되는데, 동 회합에 참석한 멤버는 히다카 로쿠로(日高六郎, 東京大学), 스즈키 미치히코(鈴木道彦, 一橋大学), 이토 나루히코(伊藤成彦, 中央大学), 오사와 신이치로(大沢真一郎, 평론가), 김달수(金達寿), 니시다 마사루(西田勝, 法政大学), 요시하라 다이스케(吉原泰助, 福島大学), 요코야마 마사히코(横山正彦, 東京大学), 변호사 사이토 고지(斎藤浩二), 스나미 슌스케(角南俊輔), 야마네 지로(山根二郎), TBS 기자 2명이다. 그리고 회합은 다음 날 새벽까지 이어지고 마침내 사건 현장의 김희로에게 '호소문(呼びかけ)'을 보내기로 합의하고, 초고 작성은 히토츠바시대학의 스즈키 미치히코가 담당하게 된다. 호소문 작성이 끝난 2월 23일 아침, 쥬오대학의 이토 나루히코와 김달수, 그리고 3명의 변호사는 바로 시즈오카현의 사건 현장으로 출발하게 되는데, 당시 호소문의 내용은 다음과 같다.

우리들은 당신의 이번 행동 전부를 인정할 수 없지만, 이와 같은 행동에 나선 당신의 마음을 이해하기도 한다. 그러한 당신의 심정을 보다 많은 사람들에게 정당한 방법으로 주장하기 위해서는 법정에 서는 길을 선택해 주세요. 당신이 당신의 주장을 법정에서 진술하는 길을 선택할 경우, 우리들은 변호인단을 조직하는 등, 가능한 모든 방법을 동원해서 당신의 힘이 되어드리고 싶습니다. 그리고 이를 통해서 조선인에 대한 편견을 일본인 속에서 없애도록 노력하고 싶습니다.[7]

위 호소문의 요지는 사건 발생 초기 단계부터 본인의 요구가 받아들여지면 자살하겠다고 주장한 김희로가 신속히 자수해서 법정 투쟁의 길을 선택한다면, 변호인단을 결성하는 등 모든 측면에서 서포트하겠다는 내용인데, 이와 같은 〈문화인〉 그룹의 주장은 앞서 소개한 바와 같이 동시대의 언론으로부터는 범죄자까지를 옹호한다고 비판적으로 평가를 받게 된다. 그리고 결과적으로 김희로 체포 후에는 〈문화인〉 그룹에 참가했던 사람들 사이에서도 균열 및 이탈자가 발생하게 되는데, 주목할 점은 대책위원회의 전신인 〈문화인〉 그룹의 재일조선인 참가자는 김달수가 유일하다는 것이다.

그런데 김달수가 동 사건에 커미트먼트하는 과정을 살펴보면, 사건 발생 이틀 후인 2월 22일 밤, 당시 문예평론가이자 호세이대학(法政大學)의 교수 니시다 마사루(西田勝)로부터 "아무래도 이렇게 넋 놓고 있을 수만은 없다. 다른 사람들과 함께 의논을 하고 싶으니 당신도 와줄 수 있겠는가"라는 연락을 받고 〈문화인〉 그룹의 회합에 합류하게 되는데, 김달수는 동 회합에서 적극적으로 발언하지 않고 어디까지나 '방청자(傍聽者)'의 포지션을 유지한다. 그런데 밤샘 토론을 통해서 김

---

7) 鈴木道彦(2007)「呼びかけ」『越境の時──一九六〇年代と在日』集英社新書, p.158

희로 사건을 단순 살인사건이 아닌 일본인 스스로의 책임 문제로 인식하려는 일본인들의 모습을 보면서, "당시 그곳에 모인 사람들에게는 매우 무례한 말이겠지만 〈정말일까〉라는 느낌이었다. 여기에는 많은 의미가 내포되어 있는데, 그곳에서 펼쳐진 광경, 그곳에서 논의되고 있었던 것은 그 전까지의 나로서는 도무지 믿겨지지 않는 일이었기 때문이다"[8]라고 말하고 있다. 따라서 동 회합에서 '방청자'의 포지션을 유지하던 김달수는 호소문 작성이 끝나고 사건 현장으로 출발하는 인선이 이루어지는 단계에 이르자, '나는 그곳에 있는 내내 감동이 휩싸이는 것을 기억하면서 침묵하며 그 광경을 옆에서 지켜보고 있었지만, 마지막에 가서 나는 더 이상 참을 수 없는 심정이 되었다'라고 말하며 '옵저버(관찰자)'의 자격으로 현장으로 동행하기로 결심한다.

여기서 주의할 점은 '방청자'와 '옵저버(관찰자)'의 포지션은 사전적인 의미에서는 비슷할 수 있지만, 호텔 회합에서의 '방청자'의 포지션과 각종 미디어에 노출되어 실시간으로 생중계되는 사건 현장으로 출발하는 '옵저버(관찰자)'의 포지션은 큰 차이가 있다는 사실이다. 특히, 김희로 사건의 첫 공판은 1968년 6월 25일부터 시작되는데, 변호인 측은 1968년 8월 21일 열리는 제3차 공판에 19명의 특별변호인을 신청하지만 시즈오카지방재판소에서는 다른 모든 사람의 신청은 기각하고 오직 김달수만을 유일하게 특별변호인으로 인정하게 된다.[9] 즉, 김달수의 포지션은 '방청자'에서 '옵저버(관찰자)', 그리고 '특별변호인'으로 변화하면서 그의 발언 자체에도 자연스럽게 무게가 실리게 되어 결과적으로 변호인단의 방향성 및 재판 과정에도 적지 않은 영향을 미치게 된다

---

8) 金達寿(1969.10) 「金嬉老とはなにか」『中央公論』, p.324
9) 記事(1968.8.15) 「特別弁護人に金達寿氏認める」『読売新聞』

고 볼 수 있다.

그렇다면 김달수 및 동시대의 문학가들은 김희로 사건을 어떻게 인식했을까. 주목할 점은 많은 문학가들이 '김희로는 우리들이다'라고 발언하고 있다는 것인데, 예를 들면 작가 오에 겐자부로(大江健三郎)는 1958년에 여고생을 성폭행한 후에 살해한 이른바 고마츠가와사건(小松川事件)의 범인 이진우(당시 18세, 1962년 교수형)와의 유사점에 대해서 다음과 같이 설명하고 있다.

> 나는 그들의 정신과 행동에 대해서 분석을 시작하기 전에 먼저 우리들이 도달해야 할 지점을 제시해 두고 싶다. 그것은 조선인에 대한 것을 말하는 것이겠지 라고 남의 일 말하듯이 인식되어서는 안 되기 때문이다. 이진우 소년은 우리들 일본인 자신이며, 김희로 역시 우리들 자신, 현대 일본인 자신임에 틀림없고, 우리들 자신이 강간을 하고 교수형에 처해졌으며, 우리들 자신이 다이너마이트 뭉치를 배에 감고 엽총을 난사하고 있는 것이라고 하는 것이 최종적으로 내가 도달해야 할 지점이다. (중략)어제 뉴스에서는 자유로운 김희로의 눈과 귀를 의식해서 재일조선인의 차별 문제에 비판적이었던 해설자가 지금은 그것에 대해서는 전혀 아무 말도 하지 않는다. 그럼에도 불구하고 역시 이진우 소년과 김희로의 좌절한 절망적인 행동에 의해서 새로운 상상력의 계기를 얻은 일본인이 반드시 다수라고는 할 수 없지만, 지금 일본인 자신에 대한 혐오와 부끄러움과 함께 역겨운 텔레비전 스위치를 돌려, 공백의 화면 속에 제2, 제3의 이진우 소년과 김희로가 어둠 속에서 섬뜩 몸을 일으키는 것을 보고 있을 것이라고 나는 믿는다.[10]

오에 겐자부로는 이진우와 김희로는 '남의 일'이 아니라 바로 우리들

---

10) 大江健三郎(1968.4) 「政治的想像力と殺人者の想像力―われわれにとって金嬉老とはなにか?」 『群像』, pp.161-169

일본인 및 일본 사회가 만들어 낸 사건이라는 의미에서 '김희로는 우리들이다'라고 말하고 있는데, 이와 같은 일본인의 발화 포지션에 대해서 김달수와 함께 〈문화인〉 그룹에 참여한 쥬오대학의 이토 나루히코(대책위원회에는 참여하지 않고 니시다 마사루와 함께 이탈)는 사건 발생 이후에 이와 같은 일본인의 '김희로는 우리들이다' 발언에 대해서, 재일조선인 김희로와 일본인 사이에는 커다란 간극이 있고 그 결과 사건이 일어난 것이기 때문에, 섣불리 그와 같은 포지션을 착각해서는 안 된다고 하면서 다음과 같이 기술하고 있다.

> 결국 단적으로 말해서 우리들과 김희로의 관계는 좋든 싫든 상관없이 '국가'를 개입해서 가해자와 피해자의 관계에 있는 것이고, 이와 같은 관계에 있다는 것의 의미를 정말이지 충격적인 형태로 물어 온 것이 이 사건이었다. 내가 이 사건이 제기한 문제의 본질이라고 말한 것은 다름 아닌 이것을 가리킨 것이다. 즉, 재일조선인 문제란 실은 일본인 문제이며, 일본인 한 사람 한 사람이 그것과 관계된 자기 책임을 깊이 생각한다면 피해 갈 수 없는 문제라고 생각한다.[11]

이토 나루히코는 재일조선인과 일본인은 일제강점기라고 하는 역사적인 문제 때문에 필연적으로 가해자와 피해자의 이항대립적인 관계가 자동적으로 성립되기 때문에 섣불리 '김희로는 우리들이다'라고 말해서는 안 된다고 말하고 있는 것인데, 물론 오에 겐자부로가 이와 같은 관계성을 인식하지 못했다고는 볼 수 없고, 오히려 위의 문장 마지막 부분에서 '재일조선인 문제란 실은 일본인 문제'라고 말하고 있다는 점에서는 오에 겐자부로의 '김희로는 우리들이다' 발언과 크게 다르지 않

---

11) 伊藤成彦(1968.5) 「秩序の論理と人間の原理ー金嬉老事件についての報告ー」『展望』, p.99

다고도 해석할 수 있다(오에 겐자부로 역시 문장의 마지막 부분에서 재일조선인과의 비대칭적인 관계성을 바로잡기 위한 일본인의 '정치적 상상력'을 촉구하고 있다). 그렇다면 김달수는 김희로 사건을 어떻게 인식했을까. 그는 사건 현장에서 김희로가 자라온 환경과 '모멸과 멸시'의 역사에 대해서 이야기를 들었을 때, 설득을 위해서 찾아간 〈문화인〉그룹의 다른 사람들은 몰라도 본인은 그가 무엇을 말하고 있는지 쉽게 이해할 수 있었다고 하면서 다음과 같이 기술한다.

> 그는 마흔 살이고 시미즈에서 태어나 자랐다는 것만으로도 나에게 바로 그의 모습이 눈에 보이는 듯 알 수 있었다. 왜냐하면 그것은 그가 태어난 바로 2년 후에 열 살 나이로 재일조선인이 된 나 자신의 경험일 뿐 아니라, 재일조선인이라면 많든 적든 누구나가 겪고 있는 경험이었기 때문이다. 다만, 김희로의 경우에 조금 다른 점이 있다면, 그럼에도 불구하고 이것이 오히려 중요한 것인데, 그는 너무나도 '일본인'이 되어 있었던 것은 아닐까 라는 것이다. 즉, 그는 너무나도 '가려진 인간'이었다고 말할 수 있다. 그 때문에 오히려 후일에는 "니놈들 조선인은……"라는 둥의 고이즈미 모씨의 그런, 그와 같은 형사에게는 대수롭지 않은 그런 욕설도 용서할 수 없게 된 것이다.[12]

김달수 역시 김희로의 자라온 환경은 '나 자신의 경험'과 같다고 말하고 있는데, 사건 이후 많은 재일조선인들이 이와 비슷한 발언을 하고 있다는 점에서 김희로와의 유사성을 설명하는 이러한 발언 자체는 특별하다고는 볼 수 없다.[13] 다만, 주목해야 할 부분은 김달수는 김희로 사건이

---

12) 金達寿(1969.10) 「金嬉老とはなにか」『中央公論』, p.326
13) 鄭貴文(1968.5) 「金嬉老との一時間」『民主文学』, p.130. "조선인의 경우, 시즈오카 현 산속과의 사이에 거리감을 두고 사건의 전개를 지켜본 사람은 거의 없었던 것은 아닐까라고 나는 생각한다. 왜냐하면 단적으로 말해서 김희로는 우리들 자신

발생한 결정적인 이유는 일본 사회의 재일조선인에 대한 차별적인 사회 구조라고 하는 외부적인 환경보다도 그러한 환경에 대해서 노력하지 않은 자신의 문제, 즉 '가려진 인간'이 되어버린 자기 구축의 실패에 대한 스스로의 책임을 지적하고 있다는 점이다. 이와 같은 발언은 사건 직후에도 신문 인터뷰에서 "김희로가 말하는 조선인 문제에 변명을 하는 면이 전혀 없다고는 할 수 없다. 그러나 조선인 문제가 김희로라고 하는 인간을 만들었다는 사실은 부정할 수 없다. (중략)보통 사람 이상으로 머리가 좋은 김희로, 바른 길을 걷지 못한다면 탈선할 수밖에 없다. 억압된 자기 과시욕은 굴절된 형태로 표출된다. 승부욕이 강한 김희로는 평소에 차별 대우에 대해서는 세상 사람들에게 호소하려 하지 않았다. 그러한 만큼 그 폭발이 극단적으로까지 치솟았던 것은 아닐까"14)라고 말하고 있는 것처럼, 사건의 본질을 평소에 재일조선인으로서의 자기 구축에 실패했기 때문에 극단적인 형태로 '표출'폭발'되었다고 설명하고 있다.

이상과 같이 김희로 사건을 둘러싼 동시대의 문학가들의 발언에 주목해 보면, 오에 겐자부로와 이토 나루히코는 표현상의 차이는 있지만 결과적으로는 일본인의 전후 책임을 지적하고 있고, 김달수는 이와 같은 일본 사회의 문제보다는 재일조선인 스스로의 외부적 환경에 대한 내부적 노력에 방점을 찍고 사건을 해석하고 있다는 것을 알 수 있다. 그렇다면 김희로 사건을 재일조선인 스스로의 자기 구축의 실패로 해석하는 김달수는 대책위원회에서는 어떠한 역할을 담당했고, 또한 동 위원회의 방향성과 어떠한 측면에서 충돌했는지를 살펴보도록 하자.

이며 분신이기 때문이다. 같은 조선 민족이기 때문이라는 어설픈 이유에서만은 아니다. 보도된 김희로의 경력과 환경을 보는 것만으로도 그것은 그대로 우리들이 지나온 것과 거의 같은 종류의 것이다"
14) 記事(1968.2.27.)「88時間の対決＜下＞」『朝日新聞』

3 김달수와 스즈키 미치히코·발화 포지션과 착종하는 자기 구축

대책위원회는 사건 발생으로부터 약 한 달 반 이후인 1968년 4월 12일에 결성되어, 1968년 6월 24일(1호)부터 동 대책위원회의 기관지 「김희로공판대책위원회뉴스」(이하, 「뉴스」)를 재판이 완료되는 1976년 10월 2일까지 총 40호를 발간하게 된다. 「뉴스」 1호에는 대책위원회의 업무와 역할에 대해서 다음과 같이 기술하고 있다.

> 하나, 재판 비용을 모으고 노동력을 제공하며 변호인단을 물질적으로 지원한다. 이것이 최우선적으로 〈피고〉로서의 김희로의 권리를 보장한다. (재판 비용은 제1심에서 최소한 500만 엔이 필요하다)
> 하나, 이 〈사건〉의 과정과 그 배경을 철저하게 조사한다. 이를 통해서 일본인과 재일조선인의 근본적인 문제를 탐색하고, 문제에 대한 이론적인 어프로치를 심화시켜서 법정 투쟁의 논리를 충실히 한다.
> 하나, 그 밖의 필요한 모든 것(팜플렛 간행 등)을 통해서, 변호인단을 전면적으로 보좌하며 돕는다.
> 1968년 4월 12일 김희로공판대책위원회[15]

대책위원회의 업무와 역할은 크게 두 가지인데, 첫째는 홍보 및 비용적인 측면에서 변호인단을 서포트하는 것이고, 둘째는 재일조선인에 대한 철저한 조사와 이를 통한 법적 대응 '논리'를 구축하는 것이다. 그리고 「뉴스」 1호에는 김희로 재판을 효율적이며 다각적으로 서포

---

15) 金嬉老公判対策委員会(1968.6.24.) 「委員会の仕事」『金嬉老公判対策委員会ニュース』 1号, p.3

트하기 위해서 대책위원회 후원회원, 변호인, 특별변호인(신청인)이 결성되어 그 명단이 소개되어 있는데, 먼저 대책위원회 후원회원에는 오사와 신이치로, 가지무라 히데키(梶村秀樹, 일본조선연구소), 구보 사토루(久保覚, 본명 정경묵), 사토 가츠미(佐藤勝巳, 일본조선연구소), 사토미 미노루(里見実), 스즈키 미치히코, 미하시 오사무(三橋修), 미야타 세츠코(宮田節子) 등의 8명이며, 변호인은 가이노 미치타카(단장), 야마네 지로(주임), 니시야마 마사오(西山正雄, 부주임), 김판엄(金判嚴, 민단 변호사), 권일(権逸, 민단 변호사) 등 26명이다. 그리고 특별변호인(신청인)은 오카무라 아키히코(岡村昭彦), 김달수, 히다카 로쿠로, 스즈키 미치히코, 기노시타 준지(木下順二), 고바야시 마사루(小林勝), 츠루미 슌스케(鶴見俊輔), 노마 히로시(野間宏) 등 19명의 이름이 소개되어 있다.

위의 명단을 보면, 사건 초기의 〈문화인〉 그룹과는 달리 많은 멤버들이 추가적으로 참여하고 있다는 사실을 알 수 있는데, 특히 대책위원회에는 일본조선연구소의 가지무라 히데키와 구보 사토루(재일조선인 2세, 사상/철학 전문 출판사인 세리카서방 초대 편집장) 등 재일조선인 전문가가 참여하고 있다. 또한, 변호인에는 김판엄과 권일 등의 민단 소속 변호사가 참여하고 있고(민단 소속 두 변호사는 이후 대책위원회에서 중도 하차해서 별도의 노선을 걷게 되는데, 이 점에 대해서는 후술), 특별변호인(신청인)에도 작가 및 평론가 등 많은 문학가들이 이름을 올리고 있다. 그런데 앞서 언급한 바와 같이, 재판소로부터 최초로 특별변호인으로 인정받은 것은 김달수가 유일한데, 「뉴스」 5호에서 대책위원회는 재판 초기부터 특별변호인의 필요성을 '통감'한다고 강조하면서 김달수가 시즈오카현지방재판소에 제출한 특별변호인 신청서를 다음과 같이 소개하고 있다.

이번에 발생한 '김희로 사건'에 대해서 말하자면, 이것은 실로 복잡한 배경과 동기가 얽혀 있다고 생각합니다. 피고가 저지른 살인이라고 하는 행위가 엄정한 법에 비추어 밝혀져야 하는 것은 물론이지만, 동시에 피고 김희로가 제기한 이른바 민족문제 또한 그것과 함께 밝혀져야 할 성질의 것이라고 생각합니다. (중략) 재일조선인을 가장 잘 아는 사람이라 한다면 그것은 당연 재일조선인 이외에는 없습니다. (중략)나는 일본어로 소설 작품을 쓰고, 그것을 통해서 일본인에 대해서 재일조선인 및 조선인 일반을 이해해 주길 바라기 때문입니다. 그 목적은 말할 것도 없이, 서로를 바르게 이해하고 양 국민의 우호와 친선을 위해서입니다. 내가 이번 '김희로 사건'의 공판에서 단지 법정의 한 사람의 증인으로서가 아니라, 피고의 희망에 따라 이른바 특별변호인이 되려고 하는 것도 그 목적은 같은 것입니다.[16]

위의 특별변호인 신청서를 보면, 김달수가 특별변호인 자격으로 공판 과정에 참가하게 된 것은 김희로 '피고의 희망'에 따른 것이라는 점에서, 〈문화인〉 그룹 당시의 '방청자'와 '옵저버(관찰자)'의 포지션과는 또 다른 의미에서 재판의 방향성에 무게가 실리게 된다고 할 수 있다. 본래, 특별변호인이란 법률 전문가는 아니지만 어느 특정 분야에 전문적인 지식을 가진 사람이 재판소의 허가를 받아서 변호인으로서 선임되는 경우를 말하는데, 앞서 소개한 바와 같이 대책위원회에서도 재일조선인 문제에 전문성을 갖춘 특별변호인의 필요성을 '통감'했다고 말하고 있는 점을 생각하면, 김달수의 발언은 김희로 사건의 법적 대응 논리를 구축하고자 했던 대책위원회의 방향성은 물론, 재판 그 자체에도 크게 영향을 미쳤을 가능성이 높다.

---

16) 金達寿(1968.12.15)「特別弁護人の申請にあたって」『金嬉老公判対策委員会ニュース』第5号, pp.12-13

따라서, 이와 같은 포지션의 변화에 주의하면서 다시 한 번 김달수가 제출한 특별변호인 신청서에 주목하면, 김달수는 김희로 사건을 둘러싼 해석학적 측면에서 당사자성을 강조하면서 일본 사회의 차별적인 '민족문제'를 지적하고 있는데, 이것은 지금까지의 김달수의 김희로 사건 해석과는 방점의 위치가 상당히 이동했다는 사실을 알 수 있다. 앞서 설명한 바와 같이, 김달수는 사건 발생 직후의 신문 인터뷰와 각종 미디어에서 김희로 사건의 결정적 원인을 자기 구축의 실패라는 측면에서 설명하고 있는데, 위의 특별변호인 신청서에서는 그와 같은 재일조선인 내부의 문제를 은폐하는 형태로 피해자로서의 재일조선인을 초점화시키고 있다. 그런데 〈문화인〉 그룹의 호소문 초고 작성 및 대책위원회의 핵심인물로 활동한 스즈키 미치히코는 김희로를 법정에서 피해자(=고발자)로 변호하는 것과 재일조선인의 주체 구축과의 관계성에 대해서 다음과 같은 문제점을 지적하고 있다.

> 대책위원회는 발족 성명 때부터 「고발자로서의 김희로를 진정으로 변호하는 길」을 탐색한다고 하는 방향성을 분명히 했다. 사실, 그의 존재와 행위는 마치 거울과도 같이, 그를 만들어낸 추악한 일본 사회를 비추고 있고 이를 고발하고 있었다. 우리들의 일은 그것을 정확히 인식하고 문제의 근원에 있는 것을 밝혀내는 것이었고, 그것은 일찍이 내가 주장했던 민족책임과 전후책임과도 연동되는 것이었다. 그러나 나는 제1심이 진행되던 도중에 경우에 따라서는 그러한 주장이 김희로라고 하는 한 명의 재일조선인을 점점 더 타자에 의해 만들어진 주체가 될 가능성이 있다는 것, 달리 말하자면 우리들이 단순히 일본의 책임만을 강조한다면 오히려 재일조선인의 주체 상실에 일조하는 경우가 있다는 사실을 깨달았다.[17]

---

17) 鈴木道彦(2007)『越境の時――一九六〇年代と在日』集英社新書, 2007年4月, p.203

대책위원회의 업무 중 하나는 재일조선인에 대한 철저한 조사와 이를 통한 법적 대응 논리를 구축하는 것이었다고 본다면, 대책위원회는 공판 초기 단계부터 '고발자로서의 김희로'라고 하는 법적 대응 논리를 구축했다고 볼 수 있다. 그런데 스즈키 미치히코는 이와 같은 논리는 일본인의 '민족책임'과 '전후책임'을 묻는다는 의미에서는 유효하지만, 재일조선인의 자기 구축에는 직접적으로 도움을 주지 못한다고 말하고 있다. 즉, 일본인의 자기 비판은 경우에 따라서는 재일조선인의 '주체 상실'로 이어질 수 있다는 점에서, 발화 포지션의 역설적 구조를 지적하고 있다고 해석할 수 있다.

그리고 스즈키 미치히코는 이와 같은 재일조선인의 역설적 구조를 해결하기 위한 하나의 방법으로, 1971년 12월 17일 공판에 증인으로 출석한 재일조선인 시인 김시종의 자기 구축 방법을 소개하고 있다. 김시종은 "자신의 모든 불행이 일본인에 의해서 만들어졌다"라고 하는 김희로의 생각을 비판하면서, "자신을 이렇게 만든 것은 외부뿐만 아니라, 그것을 수동적으로 받아들인 자기 자신에게도 있다고 하는 곳까지 의식이 미쳤으면 좋겠다. (그것만이)진정한 조선을 알게 되는 행위라고 생각한다"[18] 라는 증언에 대해서, 스즈키 미치히코는 '방청석에서 감동하면서 듣고 있었다'고 기록하고 있다. 즉, 재일조선인의 자기 구축에는 자기 비판과 타자 비판이 동시에 이루어져야 한다는 것인데, 이것은 김희로 사건의 본질을 일본의 차별적인 사회에 '가려진 인간'에 의한 범행이라고 파악했던 김달수의 발언과 크게 다르지 않다.

그런데 흥미로운 점은 고마츠가와 사건과 김희로 사건을 회상하면서 정리한 『월경의 때-1960년대와 재일』(2007년)에서 스즈키 미치히코는

18) 鈴木道彦(2007) 『越境の時――一九六〇年代と在日』 集英社新書, 2007年4月, p.211.

김달수에 대해서는 가급적 말을 아끼고 있다는 사실이다. 두 사람의 관계는 〈문화인〉 그룹의 첫 회합부터 '김희로를 생각하는 모임(金嬉老を考える会)' 구상19), 대책위원회 결성에 이르기까지 재판이 종료될 때까지 오랜 기간 함께했던 사이였음에도 불구하고, 위의 책에서 김달수에 대한 평가는 단 한 곳에서만 언급되고 있다. 예를 들면, 1971년 9월 30일에 시즈오카지방재판소 제47회 공판에 증인으로 출석한 고이즈미 이사무(小泉勇) 형사가 몇 차례 말을 바꾸며 위증한 사실이 발각되자, '특별변호인 김달수는 완전히 화가 난 듯했다. 큰 소리로 "그게 맞는다고 생각해? 거짓말만 하고"라고 윽박지르며, 큰 몸을 부르르 떨면서 "까불지 마!"라고 호통을 쳤다. 순간, 법정 전체가 찌릿하고 진동하듯이 김달수의 분노가 에워쌌다. 검찰관은 주춤주춤하면서 "모욕적인 발언입니다"라고 말하고, 당황한 재판관이 "큰 소리를 내지 마세요"라고 주의를 주었지만, 이 분노야 말로 재일조선인에게 공통적인 것이라는 것을 그때 법정 안 방청객들에게는 전해졌다'라고 '고발자'로서의 김달수에 대해서 회상하고 있다. 스즈키 미치히코가 회상하는 김달수의 '이 분노야 말로 재일조선인에게 공통된 것이다'라는 문장은 김달수의 '분노'를 긍정적으로 평가하고 있는 것처럼 보이기도 하지만, 사실은 공판 당시에 김달수는 스즈키 미치히코의 발화 포지션에 대해서 강도 높게 비판한

---

19) 鈴木道彦(2007)『越境の時──一九六〇年代と在日』集英社新書, 2007年4月, pp.162-167. 스즈키 미치히코에 의하면, 대책위원회가 결성되기 이전에 김달수, 오사와 신이치로, 이토 나루히코, 니시다 마사루 5인이 '김희로를 생각하는 모임'을 발족시키고자 했고, 이에 뜻을 같이 하는 찬동자는 약 40명에 이르렀다고 한다. 그런데 동 모임의 활동 내용 중에 '변호단과 연락을 취하며 그 활동을 지지한다'라는 부분에 대해서 아라 마사히토(荒正人)가 반대하여 결성에는 이르지 못했다고 한다. 이후, 아라 마사히토는 '편견과 차별을 생각하는 모임(偏見と差別を考える会)'을 조직하게 되지만(이에 이토 나루히코와 니시다 마사루도 동조), 구체적인 활동과 성과는 확인되지 않는다고 말하고 있다.

적이 있는데, 위의 책에서는 이러한 두 사람의 논쟁 및 의견 차이에 대해서는 전혀 기술하지 않고 있다.

1969년 9월 24일에 열린 제17차 공판에서 김희로가 사살한 야쿠자 소가 유키오(曾我幸夫)를 옹호하려는 나이트클럽 밍크스의 호스티스의 말맞추기 증언에 대해서, 당시 가이노 미치타카 변호인(단장)은 그녀에게 고압적인 자세로 화를 내며 엄포를 놓는데, 이에 대해서 스즈키 미치히코는 다음과 같이 비판한다.

> 가이노 변호인은 위증하면 10년형에 처해진다고 하는 의미의 말을 내뱉고 이것을 고압적으로 위협한 것이다. 말할 것도 없이, 이 호스티스는 적의 증인이며, 그녀가 연기하려고 한 역할은 권력에 의해 준비된 것이었다. 그러나 이 '적'에게 위증죄를 빌미삼아 위협으로 상대하려고 한 순간, 이미 가이노 변호인은 싸우기 전에 패배했다고 나는 생각한다. 그의 말은 권력의 말이었다. 적어도 그것은 검사에 걸맞은 말이며, 민중의 말은 아니었다. 따라서 그러한 위협을 호스티스가 엄중히 받아들여 자신이 본 대로를 말하고 있다고 대답했을 때, 나는 순간 이 호스티스에게서 민중을, 그리고 변호단에게서 권력의 번견(番犬)을 엿본 것 같은 느낌마저 들었다. 참으로 문화란 지배자의 문화이다. 변호단도 대책위원회도 적을 쓰러트리는 것이 동시에 스스로의 내부에 내재된 권력의 말, 권력의 문화에 대한 투쟁을 도전해 가야 한다는 것을 끊임없이 확인할 필요가 있는 것은 아닌가. 적어도 그것이 김희로 재판에 참여하면서 우리들이 스스로를 위해서 준비했던 과제였던 것은 아닐까.[20]

스즈키 미치히코는 변호인단과 대책위원회의 '내부에 내재된 권력의 말, 권력의 문화', 즉 평소 검찰 측이 사용하고 있는 고압적인 위협 등의

---

20) 鈴木道彦(1970.1.19.) 「法と人間または検察官の精神構造」『金嬉老公判対策委員会ニュース』13号, p.29

지배자의 말을 어느 샌가 피해자에게로 전위되어 무의식적으로 사용하고 있는 권력성을 문제화하고 있는데, 이에 대해서 김달수는 다음과 같이 강도 높게 스즈키 미치히코의 발화 포지션을 비판한다.

첫 부분의 그러한 문장은 계속 이어지고 있는데, 사람들은 이와 같은 문장을 보고 어떻게 생각할까. 우선 스즈키 씨는 여기에서 '말'이라는 것을 문제시하고 '적'을 말하고 있다. 그렇다면 우리 측 변호단장인 가이노 미치타카는 도대체 어느 쪽의 인간이란 말인가. 아군일 것이다. 그러한 아군의 말꼬리를 잡고 "이것을 고압적으로 위협한 것이다"라고 치부하는 것, 이것은 도대체 어디의 어떠한 곳에서 나오는 '말'이란 말인가. "변호단에게서 권력의 변견을" 이라는 등의 말 역시 같다. (중략)하지만 스즈키 씨의 문장은 나에게 이러한 반성을 촉구한 것이기는 하지만, 그럼에도 불구하고 여전히 여기에는 큰 문제가 있다고 나는 생각한다. 그것은 스즈키 씨의 이러한 방법, 방식의 문제이다. 무엇보다 가이노 씨 및 변호단에 대해서 스즈키 씨는 이러한 비판이 있다고 한다면, 먼저 그것을 변호단과 대책위원회과의 회의에서 말해야 했던 것이 아닐까. (중략)그러한 문장을 기관지 '뉴스'에 발표함으로써 느닷없이 보이지 않는 곳에서 기습 공격한 것과 다를 바 없다. 기습은 적에게 해도 비겁하다는 소리를 듣는데, 하물며 이쪽은 아군이다.[21]

김달수는 스즈키 미치히코의 피해자에 내재된 권력성에 대해서 두 가지 측면에서 비판하고 있는데, 첫째는 단어 하나하나의 '말꼬리'를 잡으며 변호인을 비판하는 스즈키 미치히코의 발화 포지션이고, 둘째는 이와 같은 가이노 변호인에 대한 비판을 대책위원회의 기관인 「뉴스」에 싣는 '방법, 방식'을 문제시하고 있다. 달리 말하자면, 김달수는 전위

---

21) 金達寿(1970.3.11.)「「金嬉老裁判」のために―武茂氏と鈴木氏の一文を批判する―」『金嬉老公判対策委員会ニュース』14号, p.5

되는 권력성의 구조에 대한 스즈키 미치히코의 지적 그 자체에 대해서
는 납득할 수 있지만, 법정이라는 공간에서 이와 같은 내부적 비판은
유효하지 못하고 또한 이것을 기관지 「뉴스」에 싣는 다는 것 역시, 앞으
로의 법정 투쟁에서 긍정적으로 작용하지 않을 것이라는 입장에서 발
화 포지션을 문제삼고 있다고 볼 수 있다.

　물론 스즈키 미치히코의 이와 같은 발화 포지션은 대책위원회 내부
에서만 이루어진 것은 아니고, 김희로와의 개인적인 관계에서도 일관
되게 보이는 자세이기도 하다. 예를 들면, 스즈키 미치히코는 김희로와
100여 통이 넘게 서신을 주고받은 사이였는데, 점점 공판이 진행될수록
"김희로는 처음에 내가 생각했던 인간과는 달랐고, 어느 시점부터 나는
그에게 매우 비판적으로 변했고 도중부터는 면회도 가지 않게 되었습
니다"[22]라고 결별에 대해서 언급하고 있다. 그리고 결별의 결정적인 이
유에 대해서, '너무나도 사적인 인간관계와 관련된 사항'이기 때문에 구
체적으로 말할 수는 없다고 하면서, '역시 최종적으로 그의 주체적인
선택이 문제되는 관련 사항을 둘러싸고, 우리들의 의견은 또 다시 분명
히 갈렸다. (중략)이처럼 법 권력에 저항해서 지키려고 했던 동 사건의
본인과의 사이에 납득할 수 있는 관계를 구축하지 못했다는 것은 나에
게는 대단히 유감스러운 사건으로 남았다'[23]라고 말하고 있듯이, '주체
적인 선택'을 둘러싸고 김희로와 의견이 일치하지 않고 결과적으로 갈
등이 심화되었음을 추측할 수 있다.

　물론, '주체적인 선택'이 구체적으로 무엇을 말하고 있는지 알 수 없

22) 上野千鶴子・鈴木道彦(2005.5)「対談 プルーストと＜在日＞のあいだ」『青春と読
　　書』, p.11
23) 鈴木道彦(2007)『越境の時――一九六〇年代と在日』集英社新書, 2007年4月, pp.208-
　　210

지만, 위의 글 다음에는 고마츠가와사건의 이진우가 자기의 범행에 모든 책임을 지면서 '주체 탈환'을 위해서 노력하는 모습에 감동을 했다는 부분이 이어지고 있다는 점을 생각하면, 스즈키 미치히코가 앞서 지적한 대책위원회의 운동 방향성과 재일조선인의 '주체 상실'과의 관계를 이야기하고 있는 것만은 분명하다. 즉, '고발자'로서의 자기 구축이 아니라 재일조선인 스스로의 자기 비판을 통한 '주체 탈환'을 둘러싸고 김희로와 의견이 갈렸다고 볼 수 있고, 이러한 자기 구축 방식은 앞서 설명한 김시종의 증언에 대한 평가와도 일치한다.

그렇게 생각하면, 이와 같은 '주체 탈환'의 방식은 김달수가 말하는 자기 구축에 실패한 '가려진 인간'이라는 지적과도 전혀 무관하지 않다. 다만, 그럼에도 불구하고 스즈키 미치히코가 김달수를 적극적으로 평가하지 않는 이유는 이와 같은 문제의식과는 달리, 김달수는 법정 및 기관지 「뉴스」에서는 철저하게 일본과 재일조선인을 이항대립적인 관계에서 '가려진 인간'을 만들어낸 일본의 차별적인 사회 구조와 책임 문제에 방점을 찍고 있기 때문이다. 즉, 김달수의 입장에서는 법정이라는 공간에서는 재일조선인의 자기 비판은 쉽게 김희로 '범죄자'설과 연동된다는 사실을 알고 있기 때문에 그 유효성을 확보하려고 했다고 볼 수 있는데, 이와 같은 김달수의 발화 포지션은 김희로의 자기 구축 측면에서는 김희로 스스로의 자기 비판이 결락되어 있다는 점에서 결과적으로 '주체 상실'로 이어지는 역설적인 구조를 만들어냈다고 해석할 수 있다.

4 한국 외교문서와 김달수

마지막으로, 2000년부터 일반 공개되기 시작한 김희로 사건 관련 한국 외교문서를 중심으로, 한국 정부는 동 사건을 어떻게 인식하고 있었고 또한 김달수에 대해서는 어떠한 입장을 취했는지를 살펴보도록 하자. 현재 김희로 사건 관련 외교문서는 1970년도에 생산된『재일교민 김희로사건, 1970』(2000년, 외교통상부)와 1971년에 생산된『재일교민 김희로사건, 1971』(2000년, 외교통상부), 그리고 1972년에 생산된『재일교민 김희로 사건, 1972』(2002년, 외교통상부), 1978년부터 1979년 사이에 생산된『재일본 교민 김희로 사건, 1978-1079』(2010년, 외교통상부. 본 파일은 CD-ROM 형태로 공개)가 마이크로필름 형태로 일반 공개되어 있다.

다만, 일반 공개된 김희로 사건 관련 외교문서는 사건이 발생한 1968년도의 파일은 존재하지 않고 사건 발생 2년 후인 1970년도 이후에 생산된 문서부터 확인되고 있는데, 먼저 한국정부가 동 사건을 어떻게 인식하고 있었는지에 대해서 살펴보도록 하자.

1. 그간 당관에서 조치한 바에 의하면 "김희로 공판 대책위원회"는 일인들이 주동이 되어 일인 변호인단의 후원을 목적으로 결성된 집단이며 취지는 사상을 초월하여 김희로 구출운동을 하기 위한 것이라고 하나 동 "대책위원회" 구성성분을 보면 좌익계열로 되어있으며 동 후원을 받고 있는 일인 변호인단 자체도 공산당, 좌익계열로 되어있음.
2. 다만 민단계 변호인으로서는 권일, 김판남 양씨가 관계하고 있으나 일인 변호인단과는 보조를 같이하지 않고 독단적인 입장에서 움직이고 있으며 김판남 변호사가 김희로의 협정영주권을 신청시켜 현

재 영주권을 취득케한 사실이 있음.

3. 상기 사실을 참작하여 "김희로 구출서명운동 추진위원회"가 "김희로 공판대책위원회"와 직결되게 된다면 좋지 못한 결과를 초래할 우려가 있는 바 필요하다면 상기 민단측 변호인과 상호 연락을 취하도록 함이 가하다고 사료됨.

4. <u>따라서 금번 권애라 등의 도일의 필요성은 없는 것으로 사료됨</u>.[24]

위의 외교문서에서 주목해야 할 부분은 밑줄 부분인데, 이것은 필자에 의한 것이 아니라 원문 그대로를 옮겨놓은 것이다. 발신자가 일본 주일대사이며 수신자가 한국 외교무 장관이라는 점을 생각하면, 당시 외교 수장이 동 사건의 어디에 중점을 두고 인식하고 있었는지를 알 수 있는데, 먼저 주목할 점은 김달수도 깊이 관여하고 있는 대책위원회를 그 구성 인원의 정치적인 성향을 기준으로 '공산당'과 '좌익계열'로 구분하면서 견제하고 있다는 사실이다.

그리고 또 한 가지 주목할 점은 당시 한국 정부는 대외적으로는 동 사건에 개입하지 않는다고 말하면서도, 권애라(전 국회의원 고 김시현의 부인)가 중심이 된 한국의 '김희로구출서명운동추진위원회'(이하, 추진위원회)의 일본 방문을 검열 및 차단하고 있었다는 사실이다. 권애라는 김희로 구명 운동을 위해서 서울 광화문 네거리에서 간이 책상을 내다놓고 '100만인 서명'[25] 운동을 펼치기도 했는데, 이와 같은 한국의 추친위원회와 일본 대책위원회와의 접촉을 '좋지 못한 결과를 초래할 우려'가 있다고 판단하고 일본 방일을 사전에 차단하고 있다. 물론 여기

---

24) 외교부문서(2000)「수신 : 장관, 발신 : 주일대사, 1970년 3월 17일, 번호 : JAW-03208」『재일교민 김희로사건, 1970』외교통상부

25) 기사(2009.12.1.)「여열사 竹稚 권애라의 생애【24】」『안동권씨종보 능동춘추』제130호, p.11.

에서 말하는 '좋지 못한 결과'라는 것은 일본 대책위원회의 '공산당'좌익계열'과의 접촉에 대한 우려라고 볼 수 있는데, 즉 동 사건에 대한 한국 외교문서를 통해서 알 수 있는 것은 〈반공〉이라는 입장에서 한일 양국의 위원회를 검열하고 있었다는 사실이다. 그리고 다음 외교문서를 보면, 이와 같은 이데올로기 속에서 김달수 역시도 검열 대상으로 구체적으로 이름이 올라와 있다는 사실이다.

> 가. 김피고는 사건 발생 직후 많은 한국 사람들이(조총련포함) 자기 주변을 감싸고 변호 및 각종 친절을 베풀어 주었으나 당시는 자기자신 누구의 도움을 받아야 할 것인지에 대한 올바른 판단을 할 수가 없었다. 그러나 자신은 계속하여 한민족의 한사람으로서의 긍지를 자각하고 있으며 현재는 조총련의 친절이 한, 일 양국 간의 우호관계를 저해하고 있다는 점을 정확히 자각하고 있다. 따라서 현재에 도 <u>김달수 등이 변호인단에 가입되고 있으나 그의 발언이 앞으로라 도 한, 일 양국 간의 우호증진 면에서 방해가 될 적에는 그를 변호 인단에서 제명토록 요구하겠다.</u>
> 나. 총련계에서는 <u>김일성전기 및 모택동 전기 등을 비롯하여 각종 공산 계 서적 및 잡지를 차입해주고 있으나 김피고는 이러한 간행물을 일체 보지 않을뿐더러 차입 접수마저 하지 말도록 관계 간수에게 연락을 취하였다고</u> 하였음.[26]

위의 외교문서 속의 밑줄 역시 원문 그대로인데, 김희로는 사건 발생 직후에는 '올바른 판단'을 할 수 없어서 민단과 조총련 양쪽으로부터 도움을 받았지만, 지금은 '한민족의 한사람으로서의 긍지를 자각하고 있으며

---

26) 외교부문서(2000)「제목 : 진정에 대한 조사보고」「수신 : 장관, 발신 : 영사국장, 1971년 3월 18일, 번호 : 725-206」『재일국민 김희로사건, 1971』외교통상부

조총련의 친절이 한, 일 양국 간의 우호관계를 저해하고 있다는 점을 정확히 자각하고 있다'고 말하고 있듯이, 김희로는 한국 정부가 요구하고 있는 〈반공〉에 맞추어 조총련 소속의 김달수의 발언 및 조총련 관련 모든 차입물까지도 꼼꼼히 보고하며 공조하고 있었다는 사실을 알 수 있다.

그리고 당시 한국 정부가 김희로 사건을 어떠한 정치적인 한일 관계 속에서 이해했는지에 주목하면, 앞서 소개한 외교문서 〈2〉에는 재판 중에 있는 김희로가 민단 출신 변호사(김판엄과 권일)의 도움을 받아 '협정영주권'을 신청해서 취득했다고 보고하고 있다. 위의 외교문서가 생산된 것은 1970년 3월 17일인데, 한일 양국은 1965년 국교정상화 이후에 한일법적지위협정을 체결하고 재일조선인의 외국인등록증명서의 국적란에 '조선'에서 '한국'으로 변경하는 이른바 국적변경운동을 전개한다. 이와 같은 협정영주권을 취득한 재일조선인은 중범죄를 저지르지 않는 한 본국으로 강제 송환되지 않고, 또한 본인의 의지에 따라 한국으로 귀국하는 경우에는 재산을 가지고 갈 수 있으며, 교육 및 생활 보호, 국민건강보험 등의 제도적 측면에서 일본인과 동등한 대우를 받을 수 있다는 점에서 다른 재일 외국인과 비교해서 특혜를 받게 된다.[27]

그런데 문제는 동 협정영주권 신청의 최종 마감일이 1971년 1월 16일인데, 당시 약 60만 명의 재일조선인 중에 협정영주권 체결을 통해서 '한국' 국적을 취득한 사람을 절반도 미치지 못했다는 사실이다. 따라서 한국 정부는 일본 정부에 부탁을 해서 일단 '한국' 국적으로 변경한 사

---

27) 外務省条約局(1965)「在日韓国人の法的地位協定」『日本外交主要文書・年表(2)』, pp.596-598. 1965년에 체결된 협정영주권은 그 대상이 자식 세대까지 한정되어 있었기 때문에, 손자/손녀 이후의 세대에 대한 문제점과 '조선' 국적의 재일조선인 및 대만 국적의 영주자들에 대한 근본적인 처우 개선이 필요했고, 이를 위해 1991년 11월 1일에 '한국' 국적의 재일조선인에 한정하지 않는 '특별영주권' 제도가 시행되었다.

람에 한해서는 재차 '조선' 국적으로 변경할 수 없게 하는 등의 다양한 회유책을 전개했다.[28] 따라서 이와 같은 동시대의 국적 변경 문제에 주목하면, 한국 정부의 지시에 따라서 움직인 민단 출신 변호사를 통해서 김희로가 '한국' 국적을 취득하게 된 것은 이데올로기 측면에서는 〈반공〉 입장을 취하고 있다고 볼 수 있고, 또한 김희로를 '한국' 국적으로 포섭함으로써 대외적으로는 북한에 대한 한국의 우월성을 강조하는 사건으로 유용하려 했다고 해석할 수 있다.

5 나오며

본고에서는 1968년 2월 20일에 발생한 김희로 사건과 동 사건에 적극적으로 커미트먼트한 〈문화인〉 그룹과 김희로공판대책위원회의 역할에 대해서 분석을 시도했다. 특히, 사건 발생 초기 단계부터 설득 및 특별변호인 자격으로 재판의 마지막까지 깊이 관여한 재일조선인 작가 김달수를 중심으로, 대책위원회의 역할 및 문제점, 그리고 김희로의 자기 구축을 둘러싼 일본인과 재일조선인의 발화 포지션의 문제점에 대해서도 함께 고찰했다.

그 결과, 김달수는 〈문화인〉 그룹 및 설득을 위한 현장 방문 당시에는 어디까지나 '옵저버(관찰자)'의 입장으로 참여한다고 말하고 있지만, 호텔 회합에서의 '방청자'의 포지션과 각종 미디어에 노출되어 실시간으로 생중계되는 사건 현장으로 출발하는 '옵저버(관찰자)'의 포지션,

---

28) 林相珉(2011)「金嬉老事件と＜反共＞－映画「金の戦争」論」『日本文化学報』第51輯, pp.11-14

그리고 '특별변호인'으로의 포지션 변화는 그의 발언 자체에도 자연스럽게 무게가 실리게 되어 결과적으로 변호인단의 방향성 및 재판 과정에도 적지 않은 영향을 주었다고 볼 수 있다.

특히, 스즈키 미치히코와의 논쟁에 주목해 보면, 김달수는 김희로의 자기 구축의 실패의 원인에 대해서 인지하고 있었음에도 불구하고, 법정 및 기관지「뉴스」에서는 철저하게 일본과 재일조선인을 이항대립적인 관계에서 '가려진 인간'을 만들어낸 일본의 차별적인 사회 구조와 책임 문제에 방점을 찍고 있다. 즉, 김달수의 입장에서는 법정이라는 공간에서는 재일조선인의 자기 비판은 쉽게 김희로 '범죄자'설과 연동된다는 사실을 알고 있기 때문에 그 유효성을 확보하려고 했다고 볼 수 있는데, 이와 같은 김달수의 발화 포지션은 김희로의 자기 구축 측면에서는 김희로 스스로의 자기 비판이 결락되어 있다는 점에서 결과적으로 '주체 상실'로 이어지는 역설적인 구조를 만들어냈다고 볼 수 있다.

그리고 한국의 김희로 사건 관련 외교문서를 살펴보면, 한국 정부는 대외적으로는 동 사건에 간섭하지 않겠다고 말하면서도 대책위원회를 〈반공〉이라는 이데올로기의 잣대로 분류/검열하고 있었고, 대책위원회에서의 김달수의 포지션과 노력에 대해서는 평가하지 않고 오직 〈반공〉이라는 문맥에서 김희로와의 접촉을 검열/차단하려고 했다는 점에서, 당시의 한국 정부는 재일조선인의 특수성에 대해서는 전혀 고려하지 않았다고 해석할 수 있다.

이 논문은『김희로 사건과 김달수-정기간행물「김희로공판대책위원회뉴스」를 중심으로-』(『일본어문학』제72집, 한국일본어문학회, 2017)을 기초로 수정 보완하여 작성한 것이다.

동아시아연구총서 제5권

재일조선인 미디어와 전후 문화담론

제2부

재일조선인 신문 미디어와 교육·문예

동아시아연구총서 제5권
재일조선인 미디어와 전후 문화담론

해방 직후 착종하는 재일조선인 미디어
－조선문화교육회와 「문교신문」을 중심으로－

엄기권(嚴基權)

한남대학교 일어일문학과를 졸업하고, 규슈대학 대학원에서 비교사회문화박사 학위를 받았으며, 현재 모교를 중심으로 강의를 하고 있다. 박사학위의 주제는 「경성일보의 일본어 문학」으로 경성일보에 수록된 문학관련 기사와 작품들의 DB구축과 함께, 경성일보라는 미디어와 문학과의 관계에 대해서 연구하고 있다. 최근에는 경성일보가 발행된 동시대의 외지와 내지의 신문들까지 시야를 넓혀서 폭넓게 자료를 수집 및 분석하고 있다. 또한 전후에 일본에서 재일조선인들이 발행한 신문들에 대해서도 관심을 갖고 자료 수집과 함께 재일조선인들의 미디어 활동의 전개 양상을 연구하고 있다. 주요 논저에는 『기억과 표상으로 보는 동아시아의 20세기』, 「중일전쟁하의 제국일본의 검열시스템의 균열에 대하여」 등이 있다.

1 들어가며

　전후 일본에서는 재일조선인에 의해 많은 신문과 잡지들이 창간되고, 또 폐간되는 등 재일조선인들의 활발한 미디어활동을 볼 수 있었다. 하지만 전후 재일조선인의 미디어활동에 관한 연구는 지금까지 충분히 이루어져 왔다고는 말할 수 없다. 그 주된 이유로는 일차자료의 산일에 의한 자료입수의 어려움과 오래된 1차자료의 자료판독의 어려움을 들 수 있다. 이러한 가운데 한일 모두 2000년대에 들어가 겨우 전후 재일조선인이 발행한 신문과 잡지에 관한 연구가 주목을 받아, 연구가 현재에 이르고 있다.

　해방을 일본에서 맞이한 재일조선인들은 귀국 준비나 동포 구제 등을 목적으로 하는 여러 단체를 창립했다. 그 중에서도 '친일파우파'를 제외한 좌파 중심의 단체인 '재일본조선인연맹'(이하, '조련')과, '조선건국촉진청년동맹'(이하, '건청')과 '신조선건국동맹'(이하, '건동')을 통합한 형태로 창립된 '재일본조선거류민단'(이하, '민단')을 중심으로, 각 단체의 다양한 미디어를 통해서 재일조선인의 생활권 등을 주장했다.

　본 연구에서는 전후 재일조선인에 의해 창간된 신문·잡지 미디어 중에서도, 1947년 9월 15일에 최선을 회장으로 하는 조선문화교육회의 기관지로서 창간된 「문교신문」에 초점을 맞춘다. 1949년 4월 11일자 제57호까지 발행된 「문교신문」에 게재된 기사를 데이터베이스화하여, 창간의 배경과 전개를 살펴보며, 당시의 미디어 공간에서 재일조선인들의 미디어 활동의 단면을 그려보고자 한다.

2 조선문화교육회와 「문교신문」의 창간

문교신문에 관한 선행연구로는 미야모토 마사아키가 문교신문이 수록되어 있는 『재일조선인관계자료집성〈전후편〉 제8권』[1]에서 문교신문에 대해 언급하고 있는 '해제'를 들 수 있다. 또한 조선문화교육회를 '한국계 단체의 이단아[2]로 평가하며, 기관지인 문교신문에 대해 간단히 서술하고 있는 송혜원의 저서 정도이다. 본고는 앞에서 언급한 문교신문의 선행연구로부터 출판정보를 재확인하고, 더불어 문교신문의 지면을 검토하면서 아직 구체적으로 밝혀지지 않은 문교신문의 구체적인 전개 양상과 그 의미에 대해서 살펴보고자 한다.

문교신문은 1945년 9월 15일에 창립된 조선문화교육회의 기관지로서 1947년 9월 15일에 제1호를 발행하였다. 조선문화교육회가 창립되고 2년이 되는 날에 기관지를 발행한 것이다. 1945년 9월 15일에 동경의 오모리에 있는 우마고메의 초등학교에서 김두원을 주창자로 하여 제1회 대회가 열렸다. 대회 5일전의 아사히신문에는 '조선문화적 교육지도원 모집'이라는 제목으로 다음과 같은 광고가 게재되었다.

조선청년 여러분. 열혈의 날이 왔다.
신조선건국의 첫발의 출발이 시작되었다. 조선문화발달에 매진하는 우리 열혈청년이여. 일본건설과 함께 조선문화지도에 매진할 각오는 오늘이다. 일본의 정신교육을 받은 여러분 야마토다마시로 조선문화 지도자를 희망하는 열정을 갖고 있는 분들은 왼쪽의 주소로 와 주십시오 도쿄도

---

1) 朴慶植編(2001) 『在日朝鮮人関係資料集成 戦後編』第8巻, 不二出版
2) 宋恵媛(2014) 『「在日朝鮮人文学史」のために』, p.225

오모리구 우마고메쵸 히가시2쵸메 955반치(오는 길 우스다 사카우에를
올라와서 바로, 쇼선 오모리역 하차)김두원 참가기일 1945년 9월 11일부
터 7일까지 올 것3)

　이렇게 선전된 제1회 대회에는 약 300명의 청년들이 회장을 채웠다.
한 때 회원 수는 3000명을 넘었지만 항상 자금난에 허덕이며 귀국동포
들의 원조활동을 계속했다. 같은 해 12월 16일에는 임시총회가 개최되
어 전시 중의 경력 등을 이유로 신임 회장에 최선이 취임하게 된다.
그 후 조선문화교육회는 본국으로 특파원을 보내거나, 1910년 이후 일
본에 의해 수탈되어온 고미술품의 조사 및 목록을 작성하는 활동 등을
진행해 왔다. 1947년 2월 1일에는 건청의 요청에 의해 회장 최선이 건
청의 문화부장으로 취임함과 동시에, 조선문화교육회의 회원 13명이
건청으로 자리를 옮기게 된다. 하지만 최선은 건청의 다른 간부들과의
문화이념의 차이와 재정적인 원조가 없다는 것 등을 이유로 건청을 뒤
로 하게 된다. 조선문화교육회로 돌아간 최선은 같은 해 7월 31일에는
건청과의 관계를 끊기에 이른다. 새로이 조직을 정비한 조선문화교육
회는 7월 4일에 이케부쿠로 니시구치에 사무소를 새롭게 설치하고 5일
에 제1회 여론조사, 17일에 재일조선문화단체연합회 탈퇴, 8월 15일에
문화간담회 개최, 그리고 9월 15일에는 중앙기관지「문교신문」을 발행
하게 된다.

---

3)「朝日新聞」1945年9月10日付, 2面

「문교신문」 제1호 1면	「문교신문」 제1호 2면

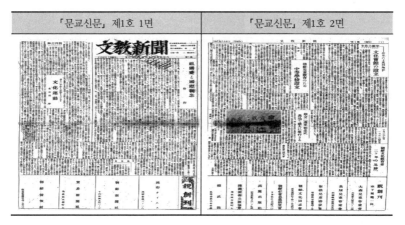

〈그림 1〉「문교신문」 창간호 1면과 2면

이러한 경위를 거쳐 발행된 문교신문의 발행 겸 편집인은 사장 최선이 담당했다. 가격은 정가 2엔으로 매주 월요일에 간행되는 주간신문으로 발행되었다. 지면은 총 4면으로 1면에는 주로 최선이 '주장'등의 기사를 썼고 2면과 3면에는 국내외의 정세를 알려주는 내용으로 채워졌다. 4면에는 문화란이 개설되어 조선의 문화에 관한 기사나 장편소설, 수필, 시 등이 게재되었다. 1947년 9월 15일자 문교신문 제1호 지면에는 전년도에 결성된 건동의 단장인 박열의 '조국애와 국제관념'을 비롯하여 최선의 '창간사'를 볼 수 있다. 창간사에서 최선은 문교신문에 대해서 '창조와 진리의 조선문화를 수립하여 문화국가조선을 건설'할 것을 주장하면서, 조선문화교육회가 '항상 어떠한 기성정치이념에도 정치운동에도 편중하지 않을 것'이며, 기관지 문교신문도 '어떠한 주의주장을 고집'하지 않는 신문임을 강조하고 있다. 또한 1면에는 신문의 창간을 축하하는 신문사로 '국제타임즈', '조선신문사', '무역신문사', '조선정보사'의 이름을 볼 수 있다. 2면에는 조선문화교육회의 산하단체의 이름도 기재되어 있는데 '오모리 아동계몽회', '이바라키 아동계몽회', '이타바시 아동계몽회' '조선문화동지회', '조선사회사상연구회', '고려출판사', '한국도서출판협회', '한무관'이 그것이다. 3면에는 조선문화교육회의 '오모리지부', '호야지부', '류가사키지부', '오가사지부' 등의 4개 지부의 이름이 게재되어 있어, 문교신문 창간시의 조선문화교육회의 규모를 가늠해 볼 수 있다.

3 최선의 교육관과 「문교신문」의 논조

문교신문에 대해서 고바야시 소메는 'CCD에 의해 민족주의적이고 반소, 반공, 반미적인 경향의 신문으로 여겨졌다'고 말하고 있다.[4] 또한 미야모토도 앞서 언급한 '해제'[5]에서 '반공·반조련의 자세를 볼 수 있지만, 한편으로는 남북협상을 지지하는 논조도 엿볼 수 있다'고 해설하며 문교신문은 '반소, 반공, 반미'의 성격을 갖는 신문으로 여겨져 왔다. 이러한 문교신문의 성격은 문교신문의 사장이며 주필이기도 했던 최선에 대한 후대의 평가와 무관하지 않다. 문교신문의 사원이었던 박경식이 편찬한『부조리에 대한 반항』은 최선이 생전에 쓴 문장을 모아 출판한 것으로 최선의 약력을 다음과 같이 소개하고 있다.

60년의 학생혁명 후 복권하여 재일한국, 조선의 문화인을 총망라한 '조

---

4) 小林聡明(2007)『在日朝鮮人のメディア空間』風響社
5) 전게서 주1), p.3

국평화통일 남북문화교류촉진 재일문화인회의'를 주재하여 통일운동사에 역사적 역할을 다했다. 61년 박정권에 의해 제명. 반공산, 반군정, 남북교류의 건필을 휘둘러 남북통일해외민족회의를 주창[6]

최선 사후에 출판된 최선의 문집 중에서도 이것은 문교신문사 사장이었던 최선에 대해서 '반공산, 반군정'이라 평가했던 것이다. 최선에 대한 이러한 평가는 문교신문에도 그대로 되풀이되어, 문교신문 또한 '반소, 반공, 반미'경향의 신문으로 분류된 것이라 생각된다. 하지만 문교신문 안에는 그러한 정치적인 평가와는 별개로 많은 집필자들의 다양한 분야의 기사를 볼 수 있다.

문교신문에 게재되어 있는 구체적인 기사를 보기 전에 최선이 문교신문에 쓴 문장을 보도록 하자. 1947년 10월 6일자 제4호 문교신문의 지면의 '먼저 인간을 만들어라 교육이야말로 조국건설의 버팀목'이라는 기사에서, 전후 미국과 소련이 견인하고 있는 상황 하에서 조선과 같은 '약소국가민족의 나아가야할 길이 무력이 아니라 교양이어야 한다'고 주장하며, '민족문화'의 중요성을 강조하고 있다. 그 때의 교육의 자세는 '편견적인 사상교육을 주입하기보다도 인간 본래의 휴머니티로부터 출발하는 것이야 말로 가장 바람직하다. 또한 당면한 목표여야 한다'고 말하고 있다. 이듬해의 제22호[7] 문교신문의 '주장 재일단체통합의 가을'이라는 기사에서도 최선은 조련과 민단의 대립을 비난하면서 '우리들이 요망하고 있는 것은 주의주장을 지양한 무조건 단결이고 우리들의 권위와 이익을 옹호해 주는 강력한 일원적 조직체의 출현이다'고 주

<hr />

6) 朴慶植編(1968) 「崔鮮略歷」『背理への反抗』新興書房
7) 「主張 在日団体統合の秋」「文教新聞」第22号, 1948年2月9日付, 1面

장하고, 재일조선인이 분열되어 있는 현 상황을 지적하며 '일원적 조직체'의 필요성을 피력하고 있는 것이다.

더욱이 일본정부에 의해 조선학교 폐쇄령이 내려졌을 때에도 조선문화교육회를 '재일 유일의 순문화단체'로 평가하면서, '교육은 이데올로기로 움직이는 정치단체에 위임해서는 안 되고', '재일동포 자녀의 교육은, 조련, 민단, 혹은 건청과 같은 단체에서 완전히 분리되지 않으면 안 된다'며 자신의 교육관을 재차 주장하고 있다.[8] 이런 최선의 교육관은 문화신문이 휴간을 하는 1949년 1월의 '신년사'에서도 재확인할 수 있다.

> 대한민국 정부를 지지해야 한다는 일파가 있다. 공산주의 국가야말로 목표라고 생각하는 단체도 있다. 진실을 그 둘의 중간에서 찾아야 한다는 사람들도 있다. 주의나 사상인 이상 논의는 자유지만 우리들에게 주어진 명제는 우익이라든가 좌익이라든가 중도라는 것이 아니라 완전해방이며 완전독립이고 완전한 자주자립체제의 실현이다.[9]

이렇게 문교신문사의 사장이었던 최선은 해방 후의 조선의 민족교육의 중요성을 강조하며, '조국의 번영'과 '동포의 행복'을 제일의 목표로 하는 문교신문을 창간한 것이었다. 무력보다 교양, 교육이 강조되었고 '편견적 사상교육'보다 '인간 본래의 휴머니티'를 교육의 방침으로 하였다. 또한 그 때의 민족교육은 좌파, 우파, 또는 중도라는 한 쪽에 치우친 자세가 아니라, '강력한 일원적 조직체'에 의한 '완전해방', '완전독립', '자주자립체제'의 실현을 지향한 것이었다.

---

8) 「朝鮮人学校問題 教育を政治団体から切り離せ 文教崔鮮会長記者団に語る」 「文教新聞」 第32号, 1948年5月3日付, 2面
9) 「物質革命と並んで精神革命を！」 「文教新聞」 第54号, 1949年1月3日付, 1面

4 문교신문의 게재기사와 집필진

다시 문교신문의 지면구성을 확인해 보면 문교신문의 지면은 전부
4면 구성으로 되어 있고, 1면에는 주로 사장 최선이 쓴 문장을 포함해
'주장', '풍향계'와 같은 사설과 한 컷 시사만화가 게재되어 있다. 2면에
는 교육과 교육에 관한 현황, 또한 한반도의 정치상황과 같은 국내외의
사정을 보도하는 기사로 채워져 있다. '문화'를 주로 게재하고 있는 3면
은 조선의 역사, 문학뿐만 아니라, 세계 각국의 교육관련 기사와 함께
일본문학을 소개하는 기사도 빈번히 게재되었다. 또한 조선인 작가와
화가에 의한 연재소설과 콩트도 거의 매일 지면을 장식하고 있었다. 창
간호부터 휴간이 되는 1949년 4월 11일자 제57호까지 집필자의 이름이
있는 기사들만을 정리해보면, 〈표 1〉과 같다. 그 중에서도 주된 집필진
은 아래와 같다.

- 정치 및 교육 : 박가주(朴佳秋, 사원), 임죽송(林竹松), 산호인(山虎
  人), 송양(宋諒), 김인수(金仁洙, 재일조선거류민단 도요시마지부
  단장), 윤쾌병(尹快炳), 최훈(崔勳), 최준(朴峻, 사원), 김창환(金昌
  煥, 동경대학생), 아카가미 료조(赤神良讓, 정치학박사), 이춘봉(李
  春逢, 동경거주 회사원)
- 문학 : 홍만기(洪滿基, 사원), 명화춘(明華春), 정의정(鄭義禎, 사
  원), 김창규(金昌奎, 사원)
- 문화 및 그 외 : 김영우(金永佑), 정달현(鄭達鉉), 최선(崔鮮, 사원),
  이케지마 시게노부(池島重信), 채수인(蔡洙仁, 조선체육협회회장),
  조정한(曹廷漢, 사원), 이순자(李順子), 박경식(朴慶植, 사원), 도다
  모리나가(土田守長)

사장 최선이 산호인이라는 필명으로 '주장'등의 정치 및 교육에 관한 기사를 주로 담당하고 있고, 앞에서 언급한 최선 사후에 그의 문집을 편집한 박경식은 박가추와 박준이라는 필명으로 정치와 교육뿐만이 아니라 문화면 기사도 담당했다. 박경식은 문교신문에서 일하던 당시를 다음과 같이 회상하고 있다.

> 당시, 단기간 문화부장을 하던 최선이 사임하고 '조선문화교육회'를 조직하여 나에게 함께하기를 권유했기에, 같은 해 9월쯤부터 조선문화교육회의 기관지 '문교신문'의 발행에 협력하기로 하였다. 이 조선문화교육회는 문화단체로 회장 최선의 독선적인 성격이 강하게 반영되어 있었다. 여기에서 나는 조정한, 김철수, 정의정, 김창규(김일근)를 알게 되었고, 또한 홍만기도 합류하여 정치문제, 사상, 문화 등에 대해서 활발하게 논의하였다. 특히 최선과 나는 격렬히 논쟁을 하였다. 최선은 후에 민단의 간부, 조선장학회의 이사로서 활동하였다. 그는 민족주의자로서 후에 통일운동에 열정을 불태웠지만 49세의 젊은 나이로 유명을 달리했다.[10]

위의 회상에서 다시금 최선에 대한 박경식의 평가와 함께 문교신문 발행 당시의 모습을 엿볼 수 있다.

정치와 교육에 관한 기사 이외에도 당시 와세다대학 문학부의 학생으로 「민주신문」에도 K·F추·효추의 필명으로 문예평론을 쓴 김윤규와 이순자의 사이에서 일어난 '개성'을 둘러싼 논쟁도 눈에 띈다. 또한 문학 면에서는 일제강점기 때 조선에서 일본으로 밀항한 형제의 고난의 생활을 그린 홍만기의 소설 '별똥별'도 주목할 만하다. 1948년 3월 22일에 게재된 '별똥별'제22회를 마지막으로 29일에는 "별똥별'중단에 대해서'라는 다음과 같은 공고문이 게재되었다.

---

10) 朴慶植(1981) 『在日朝鮮人－私の靑春』 三一書房, p.84

이 작품은 처음에 '밀항'이라는 대단히 짧은 작품으로 집필할 신문사 측의 추천으로 계속 연재를 하게 되었습니다. 하지만 일본어에 자신도 없고 도저히 마음이 내키지 않는 작품이었습니다…… 어쨌든 짜른 두부는 재미가 없고 안 되는 것이지만, 가난한 월급쟁이로 고생하며 공부한 사람이라 울적한 마음을 풀 수가 없다.(후략)

홍만기가 최초 문교신문에 투고하려고 했던 것은 '밀항'이라는 단편소설이었지만, 문교신문사의 요구에 의해 일본어로 장편소설을 쓰게 되었다고 말하고 있다. 이 작품이 갑자기 연재가 중단된 후, 동화 '플란더스의 개'가 새롭게 연재되었다.

〈표 1〉「문교신문」 게재기사목록

호수	날짜	지면번호	기사제목	집필자
第1号	1947年9月15日	1面	祖国愛と国際観念	朴烈
		1面	吾らに平和と幸福をもたらす文化運動	会長 崔鮮
		4面	文化 民族抗争と文学運動	林和
第2号	1947年9月22日	1面	朝鮮文化国の樹立	金景軾
		3面	連載小説 流れ星(1)	洪萬基 作 明華春 画
		4面	文化 朝鮮演劇の危機	金克愼
		4面	詩 抒情詩人	金慶植
第3号	1947年9月29日	1面	社会革命を断行せよ 自己批判を徹底せよ	朴佳秋
		3面	長編小説 流れ星(2)	洪萬基 作 明華春 画
		4面	詩 空を見よ	鄭義禎
		4面	随想 秋	金永佑
		4面	随想 自己を悟れ	鄭達鉉
		4面	随想 小さな努力	崔鮮
第4号	1947年10月6日	1面	先づ人間をつくれ 教育こそ祖国建設の支柱	崔鮮
		4面	文化 朝鮮古代の音楽	朴佳秋
		4面	長編小説 流れ星(3)	洪萬基 作 明華春 画

第5号	1947年10月13日	4面	長編小説 流れ星(4)	洪萬基 作 明華春 画
第6号	1947年10月20日	1面	青年の指導を誤るな 文化運動層に提言す	林竹松
		3面	長編小説ｗ 流れ星(5)	洪萬基 作 明華春 画
第7号	1947年10月22日	1面	民族幽久発展のために叡智を注げ 開天節の所感	山虎人
		4面	日本における高勾麗族の分布	朴佳秋
		4面	小説 流れ星(6)	洪萬基 作 明華春 画
第8号	1947年10月25日	1面	文化建設の諸問題 民主文化創建を目指して	崔鮮
		3面	啓蒙家の必要	池島重信
		4面	小説 流れ星(7)	洪萬基 作 明華春 画
第9号	1947年11月10日	1面	在日学生諸君! 中国の学生運動に続け	朴佳秋
		4面	文化 文学の対象と表現	金昌奎
		4面	小説 流れ星(8)	洪萬基 作 明華春 画
第10号	1947年11月17日	3面	マラソンの三選手を語る	大島 氏
		4面	体育と学生	蔡洙仁
		4面	小説 流れ星(9)	洪萬基 作 明華春 画
第11号	1947年11月24日	1面	本末の顛倒を切にいましめよ	宋諒
		4面	文化 随筆 その路	金昌奎
		4面	小説 流れ星(10)	洪萬基 作 明華春 画
第12号	1947年12月1日	1面	教育に対する認識を深めよ	在日朝鮮居留 民団豊島支部 団長 金仁洙
		4面	小説 流れ星(11)	洪萬基 作 明華春 画
第13号	1947年12月8日	1面	米・ソの同時撤兵と我等の態度	尹快炳
		4面	小説 流れ星(11)	洪萬基 作 明華春 画
第14号	1947年12月15日	1面	ぢつくり物事を考へて悪いところは直していきませう	山虎人
		4面	小説 流れ星(13)	洪萬基 作 明華春 画

第15号	1947年12月22日	1面	朝鮮と体育の問題について	朝鮮体育協会 会長 蔡洙仁
		4面	文化 随筆 一つの動機	金昌奎
		4面	小説 流れ星(14)	洪萬基 作 明華春 画
第16号	1947年12月29日	1面	一年を省みて	会長 崔鮮
		1面	紫煙抄 随想 "ざんげ"	山虎人
		4面	小説 流れ星(15)	洪萬基 作 明華春 画
第17号	1948年1月5日	1面	新年を凝して	金昌奎
		2面	民族反省の史的考察 汝自身を知れ	林竹松
		3面	年頭所感	尹快炳
		3面	本年も又思う	曹廷漢
		3面	紫煙抄 省みて	鄭義禎
		3面	折にふれて	李順子
		3面	年頭所感	朴慶植
第18号	1948年1月12日	1面	国際連合と朝鮮独立問題	崔勲
		4面	随筆 空席	宗諒
		4面	僕の恋	金海流
		4面	小説 流れ星(15)	洪萬基 作 明華春 画
第19号	1948年1月19日	1面	祖国独立の障害となる利己主義の根絶に努めませう	朴峻
		4面	随想 鼠(上)	金昌奎
		4面	小説 流れ星(17)	洪萬基 作 明華春 画
第20号	1948年1月26日	1面	嫉妬こそ最大の悪	山虎人
		2面	在日朝鮮学生同盟 今後の在り方について	金昌奎
		4面	随想 鼠(中)	金昌奎
		4面	小説 流れ星(17)	洪萬基 作 明華春 画
第21号	1948年2月2日	4面	随想 ガンジーと私	崔鮮
		4面	小説 流れ星(18)	洪萬基 作 明華春 画
第22号	1948年2月9日	1面	権威もつて素志を貫け	崔鮮
		4面	随想 鼠(下)	金昌奎
		4面	小説 流れ星(18)	洪萬基 作 明華春 画

第23号	1948年2月16日	1面	独立への新方途も前提は米ソ両軍の撤退	朴峻
		4面	紫煙抄 随想 龍膽花(上)	石川迪夫
		4面	小説 流れ星(20)	洪萬基 作 明華春 画
第24号	1948年3月1日	1面	朝鮮民族と3・1運動	朴峻
		4面	吾々の運命を吾々の手で切拓け	崔鮮
		4面	三・一革命の烈士に続け	金哲洙
		4面	三・一運動とフユーマニズム(上)	鄭達鉉
		4面	三・一革命運動と我等の任務	尹快炳
		4面	三・一革命を迎えて	鄭義禎
第25号	1948年3月8日	1面	大同団結して国難を打開せよ	尹快炳
		2面	教育の厳正を望むや切	李春逢
		4面	三・一運動とフユーマニズム(下)	鄭達鉉
		4面	紫煙抄 随想 龍膽花(下)	石川迪夫
		4面	小説 流れ星(21)	洪萬基 作 明華春 画
第26号	1948年3月15日	1面	朝鮮は一つなり	崔鮮
		3面	「個性」を知ろう	李順子
		4面	紫煙抄 随筆「茶碗」	田村アツ
		4面	宴	張鐘錫
		4面	小説 流れ星(22)	洪萬基 作 明華春 画
第27号	1948年3月22日	1面	惰性を清算し生活に設計図を	金仁洙
		2面	アメリカの働く女性	田村アツ
		4面	失意	張鐘錫
		4面	小説 流れ星(22)	洪萬基 作 明華春 画
第28号	1948年3月29日	1面	デモクラシーの骨子-本会の研究講座速記録より-(上)	政治学博士 赤神良譲
		4面	海棠	金億
		4面	「流れ星」中断に際して	洪萬基
第29号	1948年4月5日	1面	デモクラシーの骨子とは-本会の研究講座速記録より-(下)	政治学博士 赤神良譲
		3面	日本国民に寄す	朴烈
		3面	精神犯罪者の話	医学博士 土田守長
		4面	紫煙抄「エツセイ」哲学の領域	夫太昌
		4面	森の細道	洪万基

第30号	1948年4月12・19日	1面	朝鮮の文庫について	朴太石
		3面	「個性を知ろう」の封建性…李順子氏に…	金胤奎
		3面	女性の新しき生態=金胤奎氏の反発に答えて=	李順子
		4面	コント「朝鮮語をしやべる女」	洪昶完
		4面	私	金順愛
第31号	1948年4月26日	1面	人間の心の中に平和の城塞を築け	崔鮮
		2面	第五回臨時総会を省みて 会員諸氏に苦言を呈す	山虎人
		3面	日政の同胞子弟教育問題干渉は「不完全な法律」が根拠だ	曹廷漢
		4面	地下道の夜	山虎人
第32号	1948年5月3日	1面	「政治と哲学」	赤神良譲
		3面	アイケル・バーカー中将の声明に答う朝鮮人を与太者扱いは以ての外	崔鮮
		4面	春の巻(1) 田舎の道を歩む	画と文 洪亀城
		4面	映画随想 デュヴィヴイエと『旅路の果て』	張鐘錫
		4面	〔童謡〕子雀	鄭義禎
第33号	1948年5月10・17日	1面	学校問題闘争を通じて	山虎人
		2面	婦人の声 時間の合理化	李順子
		4面	コント 或る青年の反省	林栄一
		4面	小鳥	洪最義
第34号	1948年5月24日	1面	社会主義とヘーゲル弁証論(上)	赤神良譲
		4面	コント 薄のろ	金昌奎
		4面	個性	金起林
第35号	1948年5月31日	1面	社会主義とヘーゲル弁証論(下)	赤神良譲
		2面	朝鮮人学校問題に関し自主性を欠く日本同胞に	佐山彰子
		3面	マルクス主義批判(1)	成常煥
		4面	コント 可愛い嘘付き	鄭達鉉
		4面	詩 禁断の現実	張鐘錫
第36号	1948年6月7日	3面	「記憶すべき二つの日」伊太利と朝鮮国民のために	ウオルター・ブラッグ
		3面	マルクス主義批判(二)	成常煥
		4面	創作『ひるのひとゝき』	洪昶完
		4面	自画像	張鐘錫
第37号	1948年6月21日	2面	マルクス主義批判(三)	成常煥
		4面	創作 真実の巨火	洪萬基

号数	日付	面	タイトル	著者
第38号	1948年6月28日	3面	マルクス主義批判(四)	成常煥
		4面	人生航路	木版画 金無 文 怪童
第39·40合併号	1948年7月12日	なし	なし	なし
第41号	1948年7月19日	2面	オリムピツク雑記　其の歴史や吾が選手団のことども	在日朝鮮体育会会長 蔡洙仁
		3面	マルクス主義批判(五)	成常煥
第42号	1948年7月26日	2面	マルクス主義批判(六)	成常煥
第43号	1948年7月26日	3面	朝鮮歴史学の再出発	朴慶植
		3面	マルクス主義批判(七)	成常煥
		4面	文化　人間としての小説家-太宰治の死について	張鐘錫
		4面	鹿	盧天命
第44号	1948年8月15日	1面	今こそ民族総反省の秋	朝鮮文化教育会会長 崔鮮
		4面	記念日に憶う	崔淑子
第45号	1948年8月23·30日	3面	朝鮮歴史学の再出発(下)	朴慶植
		4面	コントコンクール　微風	権祥順
		4面	春子	金奇龍
		4面	嫉妬	崔萬貴
第46号	1948年9月6日	4面	コント　せゝらぎ	金和子
		4面	雲二つ会はんとして(1)	文興甲 作 明華春 画
第47号	1948年9月20日	1面	偉大なる創立精神を体し常に民衆の先頭に立て	崔鮮
		2面	救国の唯一の道は文化の育成にあり	李康勲先生
		2面	青年の希望となれ	朝鮮新聞社 林竹松氏
		2面	民族の期待に背かぬよう健闘を祈る	居留民団 李海龍氏
		2面	偉大なる事業に共に協力しよう	文連委員長 姜渭鐘氏
		4面	随想　朝鮮と日本の漢字問題	成正建
		4面	デマについて釈明	崔鮮
		4面	雲二つ会はんとして(2)	文興甲 作 明華春 画

第48号	1948年10月11日	3面	ハングル普及新しい課題	張鳳仙
		4面	新制作派 一水会展評	洪城
		4面	詩 遠砧	異河潤
		4面	雲二つ会はんとして(3)	文興甲 作 明華春 画
第49号	1948年10月25日	3面	朝鮮歴史講座(1)	朴慶植
		4面	緑の祖国	盧時春
		4面	短編 うたうカナリヤ(上)	洪吉童
第50号	1948年11月8日	3面	朝鮮歴史講座(2)	朴慶植
		4面	非力の詩	柳致環
		4面	短編 うたうカナリヤ(2)	洪吉童
第51号	1948年11月15日	3面	朝鮮歴史講座(3)	朴慶植
		4面	文化 文化失格-真に反動的非進歩的なもの-	金光洲
		4面	瓦片	趙重洽
第52号	1948年12月6日	3面	朝鮮歴史講座(4)	朴慶植
		4面	文化 エゴイストの挽歌を奏る偏狭詩人の再考を望む	T·T·生
		4面	オペラ『春香』	成正夫
		4面	秋に泣く	鄭夢滲
		4面	性文化の問題(上)	鄭世美
第53号	1948年12月27日	1面	より大きな中へ-一九四八年を送る言葉	崔鮮
		1面	論評 祖国統一独立の成否は外国軍隊の撤退にかゝる	曹廷漢
		3面	朝鮮歴史講座(5)	朴慶植
		4面	文化 新しい朝鮮文学	鄭達鉉
		4面	一九四八年の挽歌	山虎人
		4面	暮	夢滲人
		4面	性文化の問題(下)	鄭世美
第54号	1949年1月3日	1面	「年頭の辞」	崔鮮
		2面	随筆 齢と人生	山虎人
		2面	文化団体統合を望む	文連委員長 姜謂鐘
		2面	古い日記帖	鄭義禎
		2面	今年こそはの言葉も今年まで	金哲洙
		4面	文化 キリスト教と私	曹廷漢
		4面	随筆 「歳拝」	鄭夢滲
		4面	若人の春	張相根

第55号	1949年2月14日	1面	悲壮な頑張りも遂に空し 捲土重来して再刊を期すのみ	主筆 崔鮮
		2面	南北内戦の危機を前にして 社会民主々義民族戦線確立の要	山虎人
		4面	"我々の口はもう一つ塞がれた" 文教新聞一時 休刊に際して	文教局長 鄭達鉉
第56号	1949年2月28日	1面	声明書	朝鮮文化 教育会本部
		2面	早急に解決すべき問題 日本週報誌(第一一〇 ～一一一号)まで	崔秉昊
		3面	対馬島の朝鮮レイ属について-己亥征東をめ ぐる一断面-	石湖山人
第56号	1949年2月28日	4面	随筆 無垢の美しさ	洪吉童
		4面	狂へる若者	山虎人
第57号	1949年4月11日	2面	抉るは当座の恥・抉らぬは未来の恥	事務局次長 羅日相
		3面	指導 社会民主々義の基礎(其の一)	山虎人
		4面	朝鮮文芸評論 形式と内容の問題	白鉄
		4面	"三十八度線"	洪昶完
		4面	マルクス主義批判の根本点ー本会研究講座 速記録よりー	曹寧柱

 5 나가며

　1947년 9월 15일에 조선문화교육회의 기관지로 창간된 문교신문은
'조국의 번영'과 '동포의 행복'을 주된 강령으로 하여, 적극적으로 재일
조선인의 교육에 대해 발언해 왔다. 특히 사장인 최선은 문교신문의 지
면을 이용하여 특정한 이데올로기에 치우치지 않는 교육방침을 주장하
였고, 정치면에서도 조련과 민단을 통합하는 '강력한 일원적 조직체'의
창립을 요구했다. 이와 같이 문교신문은 조련과 민단의 대립 속에서 좌

파와 우파라는 이항대립적인 도식으로는 수렴되지 않는 하나의 이데올로기에 치우치지 않고 전후 일본에서 꿋꿋하게 살아가려 했던 재일조선인 문화단체의 가능성과 한계를 동시에 보여주고 있다.

이러한 문교신문은 1949년 4월 11일에 발행한 제57호를 마지막으로 휴간에 들어가고 그 후 재발행되는 일은 없었다. 같은 해 2월 28일에 발행된 제56호 지면은 문교신문사 내의 사원들끼리의 금전횡령에 관한 기사와 사고(社告)로 채워졌다. 당시를 회고하며 박경식은 아래와 같이 쓰고 있다.

> 1949년에 들어가서도 갖고 있던 책을 계속 팔며 어떻게든 생활을 이어가고 있었지만, 힘들었던 것은 대학 수업료였다. 수업료는 5천엔(일년치)으로 당시의 나에게는 매우 큰 금액이었다. 두세 명의 친구에게 부탁해 보았으나 모두 힘든 상황이라 어찌 할 수가 없었다. 나는 바로 전해 12월에 조선문화교육회와는 인연을 끊고 있었는데, 조선문화교육회의 김철수 군과 정의정 군을 비롯하여 몇몇의 사람들은 회장 최선과의 의견대립으로 인해 일을 그만두고 그 보상으로 용지의 할당권을 팔아서 생활비로 사용하였다. 이 일로 최선으로부터 교육회의 재산을 횡령하였다고 한바탕 소란이 일어났으나, 그들은 그 중에서 나에게 5천엔을 대학 수업료로 하라며 주었다. 이러한 친구들의 우정으로 나는 어떻게든 대학 졸업증을 받게 되었다.

문교신문사의 사무국장이었던 김철수와 정의정이 신문용지의 할당권을 팔아 자신들의 생활비를 위해 사용했다. 최선과 신문사 측은 문교신문 지면에 위와 같은 사원들을 규탄하는 '성명서'를 발표하게 되고 경영난으로 인해 문교신문은 어쩔 수 없이 휴간을 하게 된다.[11]

---

11) 전게서 주10), pp.106-107

동아시아연구총서 제5권
재일조선인 미디어와 전후 문화담론

미군정기 재일조선인 신문 미디어의 담론

이행화(李杏花)

동의대학교 대학원에서 국제학박사 학위를 취득하였으며 현재 동의대학교 동아
시아연구소 연구원으로 재직 중이다. 동의대학교 인문사회연구소 연구원을 역임하
였고, 한국일본근대학회 편집이사로 활동하고 있다. 동아시아의 근대여성과 재일
조선인 마이너리티에 관심을 갖고 연구하고 있다. 「일제강점기 조선의 신여성에
관한 담론 형성」, 「일제강점기의 직업여성에 관한 담론」, 「미군정기 재일조선인
발행 신문의 사설 고찰」 등 다수의 논문이 있다.

1 들어가며

1945년의 해방과 동시에 찾아온 조국의 분단은 잠정적인 구획으로 받아들이는 것이 조선인 대다수의 인식이었다. 재일조선인들은 38선 이남과 이북으로 나뉘는 상황이 오래 지속되리라고 보지 않았다. 당시의 재일조선인들은 스스로를 해방된 민족이고 오히려 일본인들에 대해서는 정복당한 민족이라고 생각하였다. 그러나 일본의 패전 직후 일본에 남아 있던 재일조선인들은 전쟁이 종식됨에 따라 처지가 바뀌게 된 국가의 국민으로도 언급된 바 없는 특이한 상황에 처하게 되었다.[1]

전후의 혼란스러운 상황 속에서 일본에 남은 조선인들은 자신들을 위한 조직을 만들어야 했다. 조국은 해방이 되었지만 곧바로 조국에 돌아갈 여건이 되지 못했고, 미군이 점령하고 있는 일본에서 자신들의 정치적, 경제적 이해관계를 대변해 줄 수 있는 조직이 필요했기 때문이다. 이 조직 중에서 가장 영향력이 큰 조직은 좌파 성향의 재일본조선인연맹이었고, 두 번째 조직은 우파 성향의 재일조선거류민단이었다. 조선의 남쪽과 북쪽에 각기 다른 이념의 정부가 들어서면서 같은 민족이라는 정서를 공유했던 일본의 조선 사회는 조국의 분단 현실의 영향을 받으면서 이들 두 조직은 점차 대립적인 성향을 나타내게 되었다. 이들 재일조선인 조직과 산하단체들은 각기 독자적인 간행물을 발행하기 시작하여, 수많은 신문과 잡지가 창간되고 폐간되는 등 재일조선인들의 미디어 활동이 활발하였다.[2]

---

1) 윤희상(2006)『그들만의 언론』천년의시작, p.11
2) 嚴基權·李京珪(2017)「戦後在日朝鮮人のメディア活動とその展開について -朝鮮

전후의 조선은 미·소 군정 하의 분할 주둔으로 신탁통치에 대한 좌우익간의 찬반 갈등이 극심한 상황이었다. 이러한 상황에서 1948년 8월 15일 남조선 단독정부가 수립되었는데, 재일조선인의 입장에서 보면 두 개의 조국이 생겨나는 결과가 된 셈이다. 이에 그 당시에 발행된 신문의 사설을 통해서, 재일조선인들은 당시에 그들이 처해 있는 상황과 조국의 현실을 어떻게 인식하고 있었는지, 그리고 그들이 지향하고자 했던 문제의식은 무엇에 있었는지 등을 살펴보고자 한다.

2 재일조선인 신문의 발행과정

다음에는 재일조선인 발행 신문 가운데 이념적인 성향을 달리하는 『民主新聞(民團新聞)』과 『朝連中央時報』, 『文敎新聞』 등에 대한 개괄적인 사항을 살펴보기로 한다.

1) 民主新聞(民團新聞)

1945년 8월 일제강점기로부터 해방되어 재일조선인들 중에 공산주의를 반대하는 민족우파세력이 조선건국촉진청년동맹을 결성하고, 항일독립운동으로 투옥되었다가 석방된 박열, 이강훈, 원심창 등을 중심으로 신조선건설동맹을 창립하게 된다. 이어서 이들 두 단체가 통합하여 1946년 10월 3일 재일조선거류민단(이하, 민단)을 발족하기에 이른

文化敎育会と「文敎新聞」を中心に- 」『日本近代學硏究』第57輯

다. 그 후 민단은 재일동포들의 민생문제 지원과 귀국사업 진행을 위해서 앞장섰으며, 민단 본부의 정책을 적극적으로 홍보하기 위해 1947년 2월 21일 일본어판 신문인 『民團新聞』을 창간하였다.

『民團新聞』은 창간사에서 「거류민단은 어떠한 정치 이념이나 정치운동에 편중되지 않고, 민단신문도 어떠한 주의 주장에 고집하지 않으며 오로지 민생문제와 문화향상, 국제친선에 매진할 것」이라고 하였다.[3] 그러나 1946년 12월 5일 도쿄제국호텔에 머물던 이승만 박사의 「재일동포에 고함(在日同胞に告ぐ)」이라는 글과 더불어, 박열 단장과 회견하는 이승만 박사의 동정을 게재하면서 남조선만의 단독정부 수립을 지지하는 입장을 취하게 된다.[4] 제9호에는 단장인 박열이 「조선의 건국운동으로부터 공산주의를 배격할 것」과 「38도선의 철폐를 위해 남조선 임시정부의 출현을 바란다」는 내용의 글을 연재하였다.[5] 이처럼 민단의 창단 선언서 및 『民團新聞』의 창간사와 달리 남조선 단독정부 수립 지지 표명과 박열 단장의 이승만 지지 방침 등으로 내부 반발이 일어나 신문 발행이 중단되었다. 1947년 10월 25일 제20호를 마지막으로 종간되는데, 종간호에서 발행 및 편집인을 맡았던 박준은 『民團新聞』의 제호가 독자층에게 잘못된 선입관을 주는 등 그 한계가 있다고 판단하여 『民主新聞』으로 변경하여 독자층을 확대해야 한다고 주장하고 있다.[6]

이러한 과정 속에서 『民團新聞』은 제21호(1947년 11월 1일)부터 제91호(1949년 9월 24일)까지 내용과 구성을 새롭게 바꾸어 『民主新聞』이라는 제호로 발행되었다. 『民主新聞』은 새롭게 제호를 바꾼 이유로서

---

3) 「創刊の辭」『民團新聞』第1號, 1947年2月21日
4) 「在日同胞に告ぐ」『民團新聞』第1號, 1947年2月21日
5) 「朝鮮獨立と南鮮臨時政權の動き」『民團新聞』第9號, 1947年6月30日
6) 「民團新聞を改題し民主新聞創刊」「惜別の辭」『民團新聞』第20號, 1947年10月25日

「재일거류민단은 일본에 거류하는 조선인의 상호부조를 목적으로 하는 단체이다. 그러므로 일부 몇 사람에 의해 좌지우지되는 정당단체가 아니다. 민단은 올바른 민주주의를 통해 재일거류민의 자주자치, 상호부조를 위한 연합체인 것이다」라는 입장을 분명히 밝히고 있다.[7]

2) 朝連中央時報

해방 이전부터 일본에 거주하던 재일조선인들은 해방과 더불어 민족주의 진영과 공산주의 진영이 총결집하여 전국적인 규모의 재일조선인연맹(이하, 조련)을 결성하게 된다. 조련은 재일조선민주청년동맹, 재일조선민주여성동맹, 재일조선해방구원회, 재일조선유학생동맹 등의 산하 조직을 두었다. 조련은 기관지『朝連中央時報』를 1947년 8월 15일에 발행하기 시작하여 조련이 강제 해산되기 직전인 제135호(1949년 9월 6일)까지 발행되었다. 『朝連中央時報』는 조련 본부의 정책 홍보, 정치노선에 대한 이해, 지방조직의 활동성과 보고, 지도자의 선전자료 해설 등을 목적으로 발행되어[8] 재일본조선인연맹의 기관지로서의 역할을 하였다.

조련은 「일본제국주의와 봉건세력의 잔재를 청산하고 전민족의 정치, 경제, 사회, 문화의 기본요구가 실현될 수 있는 진정한 민주주의를 토대로 한 완전한 독립국가의 건설을 위해 매진하는 것이 재일동포의 나아갈 노선이어야 한다」고 선언하고 「재일동포의 권익옹호와 생활향상, 제국주의 잔재 청산과 진보적 민주주의국가 건설, 세계민주주의의

---

7) 「改題に際して」『民主新聞』第21號, 1947年11月1日
8) 「發刊의 말」『朝連中央時報』第1號, 1947年8月15日

모든 세력과 제휴하여 국제평화에 공헌할 것」을 강령으로 채택하고
있다.[9]

『朝連中央時報』는 초반에는 한국어판으로 발행되다가 제9호부터는
일본어판으로 바뀌게 된다. 다시 제86호부터는 기사의 일부를 한국어
판으로 발행하기 시작하였고 점차 한국어판 지면을 늘리기 시작하여
제133호부터는 신문기사 전체를 한국어판으로 발행하기에 이른다. 그
리고 창간 초기에는 주간(週刊) 발행으로 시작하였으나, 점차 일간화
(日刊化)를 목표로 발행주기를 점차 줄여나갔다.

3) 文敎新聞

1945년 9월 15일 조선문화교육회가 창설되고 2년 후인 1947년 9월
15일에 일본어판 신문인『文敎新聞』창간호를 발행하기 시작하였는데,
경영난으로 인하여 제57호(1949년 4월 11일) 발행을 끝으로 휴간되기
에 이른다.『文敎新聞』을 발행하기에 앞서 이념과 노선의 첨예한 갈등
으로 인해 조선문화교육회는 재일조선문화단체연합회를 탈퇴하게 된
다. 그리고 조선인은 일본인을, 일본인은 조선인을 무조건적으로 적대
시하는 사람이 많은 현실을 반성하고, 인종적 편견 없이 관용과 정의를
바탕으로 하는 새로운 문화국가 건설이 필요하다는 선언문을 발표한다.

1947년 9월 15일『文敎新聞』제1호가 발행되는데, 회장인 최선(崔鮮)
은 창간사에서「창조와 진리의 조선 문화를 수립하고, 문화국가 조선을
건설해야 한다」고 주장하면서「앞으로 조선문화교육회는 어떠한 기성
정치 이념에도 정치운동에도 편중되지 않을 것이며, 文敎新聞 역시 어

---

9)「宣言」,「綱領」,『朝連中央時報』第9・10合倂號, 1947年10月17日

떠한 주의나 주장에 고집하지 않을 것」이라고 신문의 성격을 강조하고 있다.[10] 조선문화교육회는 민단과 조련의 산하단체가 아니라는 점도 분명히 밝히고 있다.[11]

특히, 특정의 이념에 치우치지 않을 것이라는 중도파적인 교육방침을 주장하면서 정치면에서도 조련과 민단을 통합하는 「강력한 일원적 조직체」의 창립을 바랐다. 즉『文教新聞』은 조련과 민단의 대치 속에서 생겨난 좌파와 우파의 대립적인 구도가 아닌, 하나의 이념에 치우치지 않으면서 전후의 삶을 개척하고자 한 신문으로 재일조선인 문화단체의 가능성과 한계를 동시에 보여주고 있다.

3 재일조선인 신문의 사설

1) 民主新聞

『民團新聞』의 발행 초기에는 사설에 해당하는 글이 없었으며,『民主新聞』으로 제호를 바꾼 제21호부터 「主張」이라는 란을 만들어 사설이 게재되기 시작하였다. 그러다가 제29호부터는 「論壇」으로 바뀌어 사설 게재가 이루어졌다. 사설의 주요내용은 「独立の見解」, 「真正独立への路」, 「独立への信念の交流を切望」, 「真正独立解放への第一步」, 「南北統一と

---

10) 「<創刊之辞>吾らに平和と幸福をもたらす文化運動」『文教新聞』第1號, 1947年9月15日
11) 「文教は民團、朝連の傘下團體に非ず」『文教新聞』第56號, 1949年2月28日

完全独立の方途」에서 알 수 있는 바와 같이, 외세로부터의 독립에 대한 내용이 많았다. 그리고「反対の為の反対」,「学校閉鎖指令と共産主義」,「日常闘争の実体」,「不純分子を駆逐せよ」,「民主々義民族統一戦線と金日成政権」,「アジア赤化を防止せよ」,「朝連および民青の解散について」등과 같이 남조선 단독정부 수립을 옹호하면서 공산주의를 배격하는 내용이 사설의 주된 내용이었음을 확인할 수 있다. 『民主新聞』의 사설 목록은 『朝連中央時報』와의 비교를 위한 것이기 때문에 일본정부에 의해 조련이 강제로 해산당하는 시기(1949년 9월)의 제91호까지만 열거하기로 한다.

〈표 1〉『民主新聞』의 사설 목록

發行號	發行日	社說題目	其他
第21號	1947年11月01日	新聞のあり方	主張
第24號	1947年11月22日	所謂有能者を排撃す	主張
第25號	1947年12月06日	なし	
第26號	1947年12月13日	なし	
第28號	1948年01月03日	なし	
第29號	1948年01月10日	委員團をむかえて	論壇
第30號	1948年01月17日	反対の為の反対	論壇
第31號	1948年01月31日	「援助」の意義	論壇
第32號	1948年02月07日	独立の見解	論壇
第33號	1948年02月14日	不当収税問題	論壇
第34號	1948年02月21日	「血の粛正」の変貌	論壇
第35號	1948年02月28日	なし	
第36號	1948年03月06日	独裁を夢みる者	論壇
第37號	1948年03月13日	真正独立への路	論壇
第38號	1948年03月20日	太極旗の尊厳	論壇
第39號	1948年03月27日	二大潮流のうずまく世界	論壇
第41號	1948年04月17日	南北要人会談への疑問	論壇

第42號	1948年04月24日	なし	
第43號	1948年05月01日	学校閉鎖指令と共産主義	論壇
第44號	1948年05月08日	総選挙の効果を拡大せよ	論壇
第45號	1948年05月15日	独立への信念の交流を切望	論壇
第46號	1948年05月22日	総選挙の結果を見て	論壇
第47號	1948年05月29日	朝鮮を政争の具とする勿れ	論壇
第48號	1948年06月05日	真正独立解放への第一歩	論壇
第49號	1948年06月12日	南北統一と完全独立の方途	論壇
第50號	1948年06月19日	現段階における建国指標	論壇
第50號	1948年06月19日	なし	
第52號	1948年07月03日	特権に有するものに非ず	論壇
第52號	1948年07月03日	なし	
第53號	1948年07月17日	なし	
第54號	1948年07月24日	なし	
第55號	1948年07月31日	なし	
第58號	1948年08月21日	なし	
第59號	1948年09月11日	なし	
第60號	1948年09月18日	なし	
第61號	1948年09月25日	なし	
第62號	1948年10月02日	なし	
第63號	1948年10月09日	なし	
第64號	1948年10月16日	なし	
第65號	1948年10月23日	なし	
第66號	1948年11月06日	なし	
第67號	1948年11月20日	なし	
第68號	1948年11月27日	なし	
第69號	1948年12月04日	なし	
第70號	1948年12月18日	なし	
第71號	1949年01月01日	なし	
第72號	1949年01月22日	なし	
第74號	1949年02月19日	なし	
第75號	1949年02月26日	三・一烈士の精神を我等に	論壇
第76號	1949年03月12日	民團機構を刷新	論壇
第77號	1949年03月26日	矛盾を克服して行け	論壇
第78號	1949年04月02日	なし	

第79號	1949年04月22日	日常闘争の実体	論壇
第80號	1949年05月07日	五・一〇記念日を迎えての三顧	論壇
第81號	1949年05月14日	不純分子を駆逐せよ	論壇
第82號	1949年05月21日	二カ年人民経済計画の裏	論壇
第83號	1949年05月28日	民主々義民族統一戦線と金日成政権	論壇
第84號	1949年06月04日	なし	
第85號	1949年06月18日	統一運動の現実	論壇
第86號	1949年07月02日	なし	
第87號	1949年07月16日	「統一」への渇望と戦略	論壇
第88號	1949年08月06日	アジア赤化を防止せよ	論壇
第89號	1949年08月13日	解放の真意義を再確認せよ	論壇
第90號	1949年08月27日	下関事件をみて	論壇
第91號	1949年09月24日	朝連および民青の解散について	論壇

2) 朝連中央時報

　『朝連中央時報』는 1947년 8월 15일 창간호부터 「主張」이라는 사설을 게재하기 시작하여 조련이 강제 해산되기 직전인 제135호(1949년 9월 6일)까지 사설이 게재되었다. 사설의 주요내용은 「賣國賊의 再現封殺하라」,「時局対策要綱を駁す—軍政延長希望は反民族的行為—」,「反動の分裂策封ぜよ—組織内の機会主義的偏向を戒む—」,「単政に希望は持てるか?」,「大韓民国の傀儡政権を葬れ」,「亡国政府を葬れ」,「亡国政府打倒の実力を養え」 등에서 알 수 있는 바와 같이 남조선 단독정부 수립에 대해 강력하게 비판하는 내용과 「最大限の雅量を以て抱擁 -民族の総結集体具現のために-」,「一大愛国運動を展開せよ—民戦新三大原則の正しい意義—」,「祖国人民の蹶起に呼応—週間活動方針の完全遂行へ—」 등의 모든 동포들이 총결집하여 완전한 독립국가의 건설을 위해 매진하자는 내용이 많았다. 그리고 「日警の暴行断乎排撃」,「日政の陰謀を労

働祭で叩き」,「日政の陰謀粉砕せよ」,「教育斗争はかく斗われた」,「教育費獲得斗争を即刻に展開せよ！」,「教育費獲得闘争をあくまで闘い抜け」,「教育闘争に総蹶起せよ」 등에서 알 수 있는 바와 같이 소위 한신 교육사건12)에서 촉발한 일본정부에 대한 부당한 처우 개선과 재일조선인들의 권익옹호를 위해 투쟁해야 한다는 등의 강력한 메시지 성격의 사설이 차지하는 비중도 매우 높았다.

〈표 2〉『朝連中央時報』의 사설 목록

發行號	發行日	社說題目	其他
第1號	1947年08月15日	解放 二周年을 마지하야	主張
第2號	1947年08月22日	또 다시 難關에 逢着한 美쏘共委의 活路를 打開하라	主張
第3號	1947年08月29日	賣國賊의 再現 封殺하라	主張
第4號	1947年09月05日	財政確立을 爲하야	主張
第9·10號	1947年10月17日	第三年は内実の期	主張
第11·12號	1947年10月31日	最大限の雅量を以て抱擁 ―民族の総結集体具現のために―	主張
第13號	1947年11月07日	一大愛国運動を展開せよ ―民戦新三大原則の正しい意義―	主張
第14號	1947年11月14日	「時局対策要綱」を駁す ―軍政延長希望は反民族的行為―	主張
第17號	1947年12月05日	税金問題をとりあげよ ―敗戦負担は資本家に負わせよ―	主張
第18號	1947年12月12日	改正税法をあばく ―非戦災者税に反対せよ―	主張

---

12) 1947년 10월 GHQ는 일본 정부에 「재일조선인을 일본의 교육기본법, 학교교육법에 따르도록 한다」는 지시를 하달하여, 1948년 1월 24일 문부성은 지방정부 지사에게 재일조선인 자녀는 법적 기준에 합당한 학교에 취학할 것과 교사는 일본 정부가 정한 기준에 합당한 사람만이 강의하도록 하였다. 이에 일본 전역에 재일조선인의 민족학교에 대해 폐쇄명령이 내려지게 된다. 이와 같은 민족교육의 탄압, 즉 학교 폐쇄에 대해 야마구치, 히로시마, 오카야마, 효고, 오사카 등지에서 대규모 반대투쟁이 일어나게 되는데, 이를 계기로 효고현과 고베시 당국은 학교 폐쇄 명령을 철회하게 된다.

第19號	1947年12月19日	なぜ送金がおくれるか —三点を指摘し、奮発を要望す—	主張
第23號	1948年01月16日	反動の分裂策封ぜよ —組織内の機会主義的偏向を戒む—	主張
第24號	1948年01月23日	十三中委に与う —召集の意義について—	主張
第25・26號	1948年02月06日	十三中の教訓を生せ	主張
第27・28號	1948年02月20日	祖国人民の蹶起に呼応 —週間活動方針の完全遂行へ—	主張
第29・30號	1948年03月05日	人民共和国樹立促進について	主張
第33・34號	1948年04月30日	救国運動と教育斗争	主張
第35號	1948年05月14日	民族文化の危機	主張
第36號	1948年05月21日	教育弾圧に抗して	主張
第38號	1948年06月04日	六・十革命記念日、二十三周年を迎えて	主張
第39號	1948年06月11日	歴史は人民が作る	主張
第40號	1948年06月18日	確心をもって進め	主張
第41號	1948年06月25日	単政に希望は持てるか？	時論
第42號	1948年07月02日	なし	
第43號	1948年07月09日	北陸地方の被災同胞を救え	主張
第44號	1948年07月23日	芦田内閣の反人民的政策をつく	主張
第45號	1948年07月30日	第十五回中央委員会開催の意義	主張
第46號	1948年08月06日	八・一五記念日に際し同胞に激す	主張
第47號	1948年08月13日	八・二五総選挙の意義	主張
第48號	1948年08月20日	大韓民国の傀儡政権を葬れ	主張
第49號	1948年08月27日	国際ファッショを打倒せよ —第三九回国恥記念日に際して—	主張
第50號	1948年09月03日	定期大会に備えて新たな決意を固めよ	主張
第51號	1948年09月10日	総選挙とその教訓	主張
第52號	1948年09月17日	この政府を見よ！	主張
第53號	1948年09月24日	亡国政府を葬れ	主張
第54號	1948年10月01日	中央政府州立慶祝大会を前にして	主張
第55號	1948年10月08日	国連第三次大会に対する我々の態度	主張
第56號	1948年10月15日	なし	
第57號	1948年10月26日	前途は明るい、大胆に進もう	主張
第58號	1948年10月01日	外国人として正当に遇せよ	主張
第60號	1948年11月11日	戦犯はまだいる、厳重に処刑せよ —極東国際軍事裁判に望む—	主張

第61號	1948年11月16日	朝鮮侵略の責は？ ―天皇除外のA級戦犯判決につき―	主張
第62號	1948年11月21日	文盲退治に蹶起せよ	主張
第63號	1948年11月26日	不当弾圧の根本対策は先づ職場獲得斗争から	主張
第64號	1948年12月01日	機関誌を生かせ	主張
第65號	1948年12月06日	米軍駐屯要請の陰謀を粉砕せん	主張
第66號	1948年12月11日	我々はいかに斗うべきか	主張
第67號	1948年12月16日	十二月事件を忘れルナ！	主張
第68號	1948年12月21日	中国の進む可き道	主張
第69號	1948年12月26日	規律を重んぜよ	主張
第70號	1949年01月01日	なし	
第71號	1949年01月06日	なし	
第72號	1949年01月11日	対反動斗争に徹底せよ	主張
第73號	1949年01月16日	「経済九原則」とわれわれの態度	主張
第74號	1949年01月21日	ソ連との大使交換を祝す	主張
第75號	1949年01月26日	亡国政府打倒の実力を養え	主張
第76號	1949年02月01日	中国人民の勝利	主張
第77號	1949年02月06日	組織浄化運動を捲起せ ―財政問題を中心に二三の自己批判―	主張
第78號	1949年02月11日	なし	
第79號	1949年02月16日	なし	
第80號	1949年02月21日	なし	
第81號	1949年02月26日	現下の情勢と当面の任務	主張
第82號	1949年03月01日	三・一革命記念日を迎えて	主張
第83號	1949年03月06日	民青結成第二周年記念をむかえて	主張
第84號	1949年03月11日	外資政令問題に勝利して	主張
第85號	1949年03月16日	救援活動を強化せよ	主張
第86號	1949年03月21日	なし	
第87號	1949年03月26日	なし	
第88號	1949年04月01日	なし	
第89號	1949年04月06日	なし	
第90號	1949年04月11日	なし	
第91號	1949年04月16日	日警の暴行断乎排撃	主張
第92號	1949年04月21日	四・二四事件の一周年を迎えて	主張
第93號	1949年04月26日	日政の陰謀を労働祭で叩き	主張

第94號	1949年05月01日	平和擁護運動に希望と勇気を	主張
第95號	1949年05月05日	教育斗争はかく斗われた	主張
第96號	1949年05月10日	単選一周年を迎えて	主張
第97號	1949年05月13日	なし	
第98號	1949年05月17日	学生達を救え	主張
第99號	1949年05月20日	十八中委会議を成果あらしめよ	主張
第100號	1949年05月24日	なし	
第101號	1949年05月31日	なし	
第102號	1949年06月03日	教育費の要求、衆議院を通過	主張
第103號	1949年06月07日	機関誌月間を斗い抜け	主張
第104號	1949年06月10日	六・一〇斗争を継承しファシズム粉砕に総決起せよ	主張
第105號	1949年06月14日	吉田内閣の打倒は祖国の繁栄と直結	主張
第106號	1949年06月17日	反動の本質を見極めて中委決定を実践に移せ	主張
第107號	1949年06月21日	教育費獲得斗争を即刻に展開せよ！	主張
第108號	1949年06月24日	女盟第六回中央委員会に寄せて	主張
第109號	1949年06月28日	機関誌月間を終りながら	主張
第110號	1949年07月02日	なし	
第111號	1949年07月05日	なし	
第112號	1949年07月07日	なし	
第113號	1949年07月09日	全組織あげ財政確立へ	主張
第114號	1949年07月12日	祖国統一戦線の結成とわれ等当面緊急の任務	主張
第115號	1949年07月14日	教育費獲得闘争をあくまで闘い抜け	主張
第116號	1949年07月16日	組織破壊の陰謀に備えよ	主張
第117號	1949年07月19日	祖国統一戦線の綱領・宣言を凡ゆる闘争の中で大衆化せよ	主張
第118號	1949年07月21日	宣伝戦に勝て！	主張
第119號	1949年07月23日	敵の陰謀を粉砕せよ	主張
第120號	1949年07月25日	民青の壮途を祝す	主張
第121號	1949年07月28日	「太平洋同盟」締結の陰謀を断乎粉砕せよ！	主張
第122號	1949年07月30日	日政の陰謀粉砕せよ	主張
第123號	1949年08月04日	祖国戦線支持に蹶起の南半部労働者に続け！	主張
第124號	1949年08月09日	前進する祖国戦線と歩調を揃えて進め!!	主張
第125號	1949年08月11日	大会準備と草案に就いて	主張
第126號	1949年08月15日	なし	
第127號	1949年08月18日	なし	

第128號	1949年08月20日	百の声明より一つの行動を	主張
第129號	1949年08月23日	教育鬪争に総蹶起せよ	主張
第130號	1949年08月25日	言論の暴力と鬪え	主張
第131號	1949年08月27日	教同の大会によせて	主張
第132號	1949年08月30日	関東大震災第二十六周年にあたって	主張
第133號	1949年09月01日	失業反對鬪爭을 精力的으로 推進하다	主張
第134號	1949年09月03日	신학기를 마지하여	主張
第135號	1949年09月06日	風水害에 對한 復舊鬪爭을 組織하라	主張

3) 文敎新聞

『文敎新聞』는 1947년 9월 22일 제2호부터「主張」이라는 사설을 게재하기 시작하여 경영난으로 인해 휴간에 들어가는 마지막 제57호(1949년 4월 11일)까지 사설이 게재되었다. 사설의 주요내용은「在日團體統合の秋」,「在日同胞の團結」,「今こそ団結の秋」,「單獨政府樹立絶對反對」,「南北政治要人會談の成功を祈る」등에서 알 수 있는 바와 같이 조선인은 대동단결하여 조국의 위기를 극복하고 독립 국가를 건설해 나가야 한다는 내용과 「文化人總蹶起の秋」,「新文化の要望」,「民族的欠陷の是正」,「敎育の機會均等」,「實際的敎養」,「在日二世國民敎育の危機」등의 새로운 문화와 교육에 모든 역량을 결집하여 완전한 독립국가의 건설이 가능하다는 내용이 주류를 이루고 있다. 『文敎新聞』의 창간사에서 밝힌「창조와 진리의 조선 문화를 수립하고, 문화국가 조선을 건설해야 한다」는 내용을 더욱 구체화하려는 실천 의지를 담은 사설들로 이루어져 있음을 확인할 수 있다.

<표 3> 『文敎新聞』의 사설 목록

發行號	發行日	社說題目	其他
第1號	1947年09月15日	なし	
第2號	1947年09月22日	文化人總蹶起の秋	主張
第3號	1947年09月29日	新文化の要望	主張
第4號	1947年10月06日	生活の合理化	主張
第5號	1947年10月13日	敎育の機會均等	主張
第6號	1947年10月20日	靑年の奮起を要望す	主張
第7號	1947年10月27日	義士安重根を偲ぶ	主張
第8號	1947年11月03日	民族的欠陷の是正	主張
第9號	1947年11月10日	日進月步に遲れるな	主張
第10號	1947年11月17日	靑年運動の將來	主張
第11號	1947年11月24日	實際的敎養	主張
第12號	1947年12月01日	吾らの言ひ分	主張
第13號	1947年12月08日	學同臨時總會に寄す	主張
第14號	1947年12月15日	國連の叡智に期待す	主張
第15號	1947年12月22日	知識人は捨石となれ	主張
第16號	1947年12月29日	なし	
第17號	1948年01月05日	なし	
第18號	1948年01月12日	學童用敎書について	主張
第19號	1948年01月19日	國定敎科書の日本內飜刻發行權本會に許可ざる	主張
第20號	1948年01月26日	國連朝鮮委員團に期待す	主張
第21號	1948年02月02日	聖雄の屍を越えて行け	主張
第22號	1948年02月09日	在日團體統合の秋	主張
第23號	1948年02月16日	在日同胞の團結	主張
第24・25號	1948年03月01日	三一革命記念日	主張
第26號	1948年03月08日	單獨政府樹立絶對反對	主張
第26號	1948年03月15日	今こそ団結の秋	主張
第27號	1948年03月22日	人類愛に自覺めよ	主張
第28號	1948年03月29日	日本人の反省を促す	主張
第29號	1948年04月05日	學校閉鎖の惡令を卽時撤回せよ	主張
第30號	1948年04月12日/ 1948年04月19日	暴力行爲を排せ	主張
第31號	1948年04月26日	學校閉鎖令に再警告す	主張
第32號	1948年05月03日	南北政治要人會談の成功を祈る	主張

第33號	1948年05月10日/ 1978年05月17日	三つの朝鮮	主張
第34號	1948年05月24日	送電停止は民族自滅行爲	主張
第35號	1948年05月31日	南鮮總選擧と居留民團	主張
第36號	1948年06月07日	學同總會の對立鬪爭	主張
第37號	1948年06月21日	なし	
第38號	1948年06月28日	スポーツを通じて世界の朝鮮へ	主張
第39・40號	1948年07月12日	なし	
第41號	1948年07月19日	他山の石	主張
第42號	1948年07月26日	呂運亨先生を偲ぶ	主張
第43號	1948年08月02日	建靑に送る言葉	主張
第44號	1948年08月15日	なし	
第45號	1948年08月23日/ 1948年08月30日	五輪精神を體して	主張
第46號	1948年09月06日	李承晚大統領に望む	主張
第47號	1948年09月20日	なし	
第48號	1948年10月11日	死を賭してハングルを護れ	主張
第49號	1948年10月25日	北鮮指導者に寄す	主張
第50號	1948年11月08日	民族の恥を晒すもの	主張
第51號	1948年11月15日	吉田首相の反動性	主張
第52號	1948年12月06日	國軍反亂が教えるもの	主張
第53號	1948年12月27日	なし	
第54號	1949年01月03日	なし	
第55號	1949年02月14日	鄭翰鄕博士を迎えて	主張
第56號	1949年02月28日	なし	
第57號	1949年04月11日	在日二世國民敎育の危機	主張

4 나오며

지금까지 재일조선인 발행 신문 『民主新聞』과 『朝連中央時報』, 『文敎新聞』의 사설의 특징을 살펴보았다. 그 특징을 정리하면 대략 다음과 같다.

첫째, 1945년 8월 일제의 강점에서 해방되어 재일조선인들 중에 공산주의를 반대하는 민족우파세력이 조선건국촉진청년동맹을 결성하고, 항일독립운동으로 투옥되었다가 석방된 박열 등을 중심으로 신조선건설동맹을 창립하게 된다. 이어서 이들 두 단체가 통합하여 1946년 10월 3일 재일조선거류민단을 발족하게 되는데, 이들 단체의 기관지인 『民主新聞』의 사설은 외세로부터의 독립을 주장하는 민족주의적인 성향을 띠면서도 남조선 단독정부 수립 옹호, 공산주의 배격 등 우파적인 성향의 내용이 주류를 이루고 있음을 확인할 수 있었다.

둘째, 해방 이전부터 일본에 거주하던 재일조선인들은 해방과 더불어 민족주의 진영과 공산주의 진영이 총결집하여 전국적인 규모의 재일조선인연맹을 결성하게 된다. 이들을 중심으로 발행하는 『朝連中央時報』는 남조선 단독정부 수립의 강력 반대와 한신교육사건을 계기로 촉발한 재일조선인에 대한 일본정부의 정당한 대우 요구와 권익옹호 등을 내세운 민족주의적인 성향의 사설이 주류를 이루고 있음을 확인할 수 있었다.

셋째, 조선문화교육회는 『文敎新聞』을 발행하기에 앞서 이념과 노선의 첨예한 갈등으로 인해 재일조선문화단체연합회를 탈퇴하게 되는데, 조련과 민단의 대치 속에서 생겨난 좌파와 우파의 대립적인 구도가 아닌, 하나의 이념에 치우치지 않으면서 전후 재일조선인의 삶을 새롭게 개척하고자 하는 기치를 내걸었다. 조선문화교육회는 조련과 민단의 대치 속에서 생겨난 좌파와 우파의 대립적인 구도를 극복하기 위해 나름대로의 새로운 길을 모색하고 있었기 때문에 이들 단체의 기관지인 『文敎新聞』의 사설은 『民主新聞』과 『朝連中央時報』의 사설에 비해 상대적으로 중도적이고 이상주의적인 성향을 띠고 있다.

　요약컨대, 이들 세 신문의 사설은 민족주의와 반일적인 성향이 공통적으로 나타나고 있으면서도 상대 진영에 대해 첨예하게 대립하는 성향으로 나타나고 있음을 확인할 수 있었다. 이러한 사설 논조의 차이는 남조선 단독정부 수립이나 조선인학교 폐쇄령 등에 관련된 사설에서도 알 수 있듯이, 각 진영이 처한 입장이나 이념적 성향의 차이에 기인한 것으로 이해할 수 있을 것이다.

이 논문은 「미군정기 재일조선인 발행 신문의 사설 고찰」(『일본근대학연구』 제60집, 한국일본근대학회, 2018)을 기초로 수정 보완하여 작성한 것이다.

동아시아연구총서 제5권
재일조선인 미디어와 전후 문화담론

『조선민보』(1958년 1월~1959년 2월)에 나타난 재일조선인 문학의 양상

오은영(吳恩英)

성신여자대학교를 졸업하고, 일본 나고야대학 대학원에서 문학박사 학위를 취득했다. 나고야대학 대학원 국제언어문화연구과 학술연구원을 거쳐 현재는 아이치 슈쿠토쿠대학에서 상근강사로 재직 중이다. 저서로는 『재일동포문학과 디아스포라』(공저), 『재일조선인문학에 있어서 조선적인 것─김석범 작품을 중심으로─』가 있다.

1 서론

재일조선인문학은 일본어로 쓰여졌다고 생각하는 사람이 많은데, 한 글로 쓰여진 것도 적지 않다. 연구에 있어서도 일본어로 된 작품이 중심 이었는데, 최근에는 잡지를 비롯해 한글로 된 작품도 다루고 있어서 연구 대상의 폭이 넓어지고 있다. 한글로 쓰여진 작품은 총련(조련)과 관련된 작가의 작품이 대부분이다. 그들의 작품을 보면 언어와 민족에 대한 갈등이 많이 나타나고 있는데, 그 원인 및 계기는 바로 조직, 총련 의 영향이라고도 할 수 있을 것이다. 하지만 이면에는 여러 기관지 및 잡지를 발행하는 데에 있어서, 또 그들이 작품활동을 할 수 있게 장을 만들어 줬다는 것도 부정할 수 없다. 그만큼 그들에게 요구하는 것이 많았다는 의미로도 해석할 수 있을 것이다.

총련의 기관지로 발행하는 신문은 크게 두 가지로 나눌 수 있다. 하 나는 조선어[1])판『조선민보』이고 또 하나는 일본어판『朝鮮総連』(1961 년에『朝鮮時報』로 게재)이다.『朝鮮総連』은 재일조선인의 "정당한 요 구와 호소가" 일본인에게 바르게 전달되기를 바라며 발행된 것이다.

『조선민보』는 1957년 1월 1일에『해방신문』[2])을 게재해서 발행한 총 련의 기관지로 재일조선인에게 조선인으로서의 긍지를 갖게 하는 유일 한 신문으로 각인시키고 인식되고 있었다. 신문에는 북조선의 소식뿐

---

1) 본고에서는 혼동을 피하기 위해 편의상 '한글' 내지 '한국어'를 '조선어'로, '북한'을 '북조선'으로 통일해서 사용한다. 또 지면상『조선민보』의 인용문은 팔호 안에 날 짜만 표기하고, 인용문의 글자나 기호는 표기된 그대로 사용한다.
2)『해방신문』에 대해서 2016년 5월에 일본비교문화학회에서「在日朝鮮人文学にお ける朝鮮語文学の様相―総連と民団の機関紙を通して―」라는 제목으로 발표한 바가 있다.

만 아니라 문화면에서도 조선인으로서의 자각을 하게 하는 글들이 소개되고 있어, 당시에 활발하게 활동한 작가와 작품이 어떠한 것들이 있는지 알 수 있다.

전체적인 기사를 보면 여러 방면으로 조금씩 변화하는 모습을 볼 수 있다. 이전의 총련(조련)계 기관지에는 민족교육에 대한 기사가 많았다. 주로 아이들의 민족교육을 추진하고 있었는데 1958년대에는 아이만이 아닌 성인, 특히 여성에게도 교육의 필요성이 강조되고 있었다. 예를 들면『어머니와 소년』이 도쿄도 교육영화 콩쿨에서(1958년 8월 16일자) 금상을 받았다는 것을 전하면서 '어머니의 상', '여성'이 부각되고 있다는 것을 알 수 있다. 3)

그리고『해방신문』에「조선인민군 창건 5주년을 기념」해서「문학예술상」이 제정(1953년 2월 6일자)되었다는 기사가 있는데 그 이후에 어떤 작품이 선정되었는지에 대한 기사는 없었다.4) 한편『조선민보』에는「조선민주주의인민공화국 창건 10주년」(1958년 6월 21일자)을 기념으로 현상모집을 한다는 공고를 몇 차례에 걸쳐서 알리고, 이후에 당선된 작품이 일부 연재되기도 한다.

또『해방신문』에서『조선민보』로 바뀌면서 독자가 보기 쉽게 고안되고 있었다. 예를 들면『해방신문』에는 볼 수 없었던 전래동화『흥부와 놀부』가 그림과 함께 읽기 쉽고 이해하기 쉽게 쓰여져 있다. 이처럼『조선민보』에 실려 있는 기사 중 예술분야에서 주목할 사항들이 아주 많지만 본고에서는 재일조선인문학 양상을 재조명하는 하나의 단계로

---

3) 이러한 영향으로 인해 조선학교에서 여학생만 전통의상을 변형한 '치마·저고리'를 입게 되지 않았을까 한다.(졸저(2009. 10)「在日朝鮮人文学における「チマ·チョゴリ」の表象」『表現研究』第90号, 表現学会 참조.)
4) 1953년 이후의 자료를 좀 더 확인할 필요가 있다.

서 『조선민보』에 실려 있는 문학을 중심으로 작품과 그것에 관련된 기사를 소개하면서 작품에 대해 검토하도록 한다.

 ## 2 총련기관지(조선어판) 『조선민보』

먼저 본고에서 다루는 자료 『조선민보』가 발행된 1958년대 전후에 재일조선인의 상황을 살펴본 후에 조선민보사의 당시 상황과 『조선민보』의 역할을 검토해 보도록 한다.

1) 재일본조선인총련합회(총련)와 재일조선인의 상황

조선총련(재일본조선인총련합회)은 공산당의 지도 아래 있었던 민전(재일조선통일민주전선, 1951년 1월에 결성)이 노선전환해서 1955년 5월에 새롭게 결성한 조직으로, 조선민주주의인민공화국의 해외공민으로서 조선노동당의 지도방침에 따르게 되었다[5].

1958년 9월 2일자에 게재된 「총련강령」에는 「조선민주주의인민공화국」 하에 "조국의 평화적 통일 독립을 위하여 헌신"하고, 재일조선인이

---

5) "총련 중앙 한덕수 의장은 재일 六〇만 동포를 대표하여 프로레타리아 국제주의의 기빨 밑에 조선의 해방을 위하여, 해방 후 공동의 적-미제 침략자에 반대하는 투쟁에 조선 로동당 두리에 굳게 결집한 조선 인민과 일본 공산당을 선두로 하는 일본 로동 계습은 긴밀히 결부되고 있다"(1958년 7월 29일자)고 하는 「平和와 民主 위한 새 勝利를 向하여-內外의 期待와 支援밑에-日本共産党第七次大会進行」이라는 제목의 기사처럼 당시 조선노동당의 지도를 받는다고 해도 일본공산당과도 연계하고 있었다는 것을 알 수 있다.

가질 수 있는 권리를 지키고, "모국어와 글로써 민주민족교육을 실시하며 일반 성인들 속에 남아 있는 식민지 노예 사상과 봉건적 유습을 타파하고 문맹을 퇴하며 민족 문화의 발전을" 위해 노력하는 것이라고 명시되어 있다. 조선 총련은 강령 아래 '조국의 평화적 통일달성', '재일조선인의 생활 및 제반의 권리를 지킨다', '인권옹호', 그리고 '한일회담'(『朝鮮総聯』, 1956년 12월 8일자)을 반대해 왔다. 또 북조선으로의 귀국이나 외국인등록법에 의한 지문날인 반대운동 등, 재일조선인이 가지고 있는 여러가지 문제를 해결할 것, 민족교육을 비롯해 문학, 문화 등에 관한 사업도 진행하고 있었다.

1958년 무렵에는 북조선의 눈부신 경제발전과 함께 귀국사업을 추진하고 있던 시기였다. 「내가 보고 온 조선」이라는 제목으로 일본인(宮森繁 등)이 북조선에 가서 보고 온 조국의 발전된 모습을 계속 전하고 있었다. 예를 들면 "로후에 대한 보장도 철저하며 가족이 없는 로인은 휴양소에서 생활을 즐기게 된다", "공화국에서는 철저한 남녀 평등이 실시되고 있다. "동일 로동, 동일 임금" 제 밑에 녀성들은 모든 분야에서 남성과 어깨를 나란히 하여 건설에 참가하고 있으며 일할 수 있는 조건이 보장되여 있다"(1958년 11월 13일자), "힘껏 배울 수 있는 조건을 국가가 보장"(1958년 11월 15일자)한다는 기사가 계속 반복되어 보도되고 있었다. 이러한 기사는 재일조선인에게 희망을 안기기에 충분했다. 하지만 그 이면에는 '조국' 지향을 강요하고 있었다는 것과 이러한 현상에 의해 문화예술방면에도 크게 영향을 미치고 있었다는 것도 간과하기 힘들 것이다.

조국건설을 위해서는 무엇보다 교육이 제일 중요했을 것이다. 교육면에 있어서도 적극적으로 추진하고 있다는 기사를 많이 볼 수 있는데,

단지 학교에서만이 아니라 「가정교육에 많은 노역을 돌리자!」(1958년 3월 20일자)처럼 가정교육도 권장하고 있었다. 또 지역마다 조선 청년들에 의해 써클이 만들어지고 있었는데 이것을 통해 조선인으로서 자각하게 되기도 하는 것이다(1958년 5월 17일자). 또 「민주선전실」이라는 곳도 생겨 남녀노소가 자유롭게 출입하여 서적이나 신문을 보거나, 장기도 두면서 마을 사람들이 공동으로 사용하면서 군중문화와 오락을 즐기게 되었다(1958년 6월 28일자).

총련계에서는 재일조선인 누구나 교육을 받을 수 있게 야학을 비롯해 여러 시설이 만들어지고 민족적 자각을 할 수 있는 환경을 계속 만들고 있었다. 그런 환경에서 학생들이 조선어를 배움으로써 글을 쓰게 되고, 신문 등에 투고나 문예작품현상 모집에도 응모할 수 있었던 것이다. 이러한 작품은 기관지(신문, 잡지 등)에 실리면서 또 다른 재일조선인에게 민족적 자각을 불러일으키게 된다. 이러한 과정에서 나오는 성과 또한 기관지를 통해 알리고 있는 것이다.

2) 『조선민보』의 변화

『조선민보』는 당시 조선민보사에서 발행하는 총련 기관지이다. 『조선민보』는 『해방신문』(주 3회)에서 1957년 1월에 『조선민보』(주 3회)로 개제하면서 인쇄, 지면의 활용과 내용 등의 변화가 있었다는 것을 알 수 있는데 그 변화에 대해서 간략하게 검토해 보도록 한다.

『해방신문』에 이어 『조선민보』는 대부분 한글로 표기되어 있었는데 총련으로 바뀌면서 '조선어'로 쓰는 것이 당연시하게 되었다. 초기에 표제는 거의 한자와 한글이 혼용되는 경우가 많았다. 『해방신문』은 1953년

7월 중순부터 표제에 윗첨자를 사용하기 시작했다. 『해방신문』에 이어 「朝中校卒業生百名採用을 予定」처럼 『조선민보』에도 한자 위에 한글로 표기하는 윗첨자를 사용하고 있었다. 이것은 조선어를 강하게 의식하고 있고, 조선어를 잘 모르는 재일조선인에 대한 배려에서 윗첨자를 사용하고 있었다고 할 수 있을 것이다. 그런데 1958년 5월 무렵부터 조금씩 윗첨자가 줄고 한자 대신 한글로 표기하기 시작해, 같은 해 6월 말부터는 한자를 병용하기는 하지만 윗첨자를 사용하지 않고 표제를 비롯해 기사를 한글로 표기하고 있었다.

1958년 6월 12일자(제1280호)부터 활자가 일부 바뀌기 시작해 글씨가 이전 보다 선명해지고 전체적으로 지면이 깨끗해졌다. 「본지에 새 활자 조국의 배려에 의해」(1958년 6월 14일자)라는 기사에 "더욱 아름다운 지면을 독자들 앞에 제공함으로써 조국의 두터운 배려에 보답할 것입니다"라는 내용을 보면 신문을 발행하는 데 북조선의 지원도 있었다는 것을 알 수 있다.

또 한 가지는 『해방신문』에서는 볼 수 없었던 컬러면도 발행되기도 했다. 특집호(「조선민주주의인민공화국 창건 10주년 기념 특집호」 등)의 일부이기는 하지만 컬러로도 발행되고 있었다. 하지만 활자의 변화, 컬러 지면 등으로 눈에 띄게 발전된 모습이 보이는 이면에 재정적으로는 상당히 힘들다는 상황도 반복해서 알리고 있었다. 『해방신문』에도 신문사의 재정난을 호소하는 글이 개제되기도 했는데, 『조선민보』로 바뀌고 나서 재정난이 더 심각해졌는지 호소문의 횟수가 늘었고 독자와 활동가들에 대한 비난의 글과 함께 신문발송을 정지한다는 경고문까지도 게재가 되었다.

오늘날 급진적으로 변화되여가는 내외 정세 특히 당면 일본 각지에서 벌어지고 있는 귀국 운동을 성공적으로 추진하는데 있어서 본지의 역할은 비할 바 없이 중대하다. (1958년 10월 4일자)

九월부터 一〇월에 걸쳐 「조선민보」 지상에 조선민보사의 경영상 곤난한 립장이 거듭 호소되였다. 그중 一〇월부터 一九지, 분국에 대해서 발송 중지를 하였으며 총련 중앙 상임 위원회에서도 긴급 통달까지 내려 총련 각급 기관과 활동 간부들에게 간고한 지시를 하고 있다.

(1958년 11월 15일자)

조선민보가 재정적 위기에 직면하고 있다는바 지방에서 신문지대가 체납된 것을 살펴보면 활동가들의 八〇% 이상이 지대를 내지 않고 있다는 것을 알 수 있다. 지대를 내지 않아 신문의 발송이 정지 되여도 대금을 내고 다시 신문을 받아 읽으려고 하지 안는 일부 활동가들에 대하여는 엄격히 비판하여 그 그릇된 사업 작풍을 뜯어 고치게 하여야 할 것이다.

(1958년 11월 18일자)

재일조선인운동에 있어서 여러가지 정보를 알리는 『조선민보』의 역할은 크다고 할 수 있는데 신문을 발행하기 위해서는 무엇보다 재정적 문제가 해결되어야 한다. 하지만 1958년 11월 18일자의 「나도 한마디」(「민보지대를 안내는 활동가」)란처럼 독자뿐만이 아니라 '활동가'들도 구독비를 내지 않고 있어 재정적으로 상당히 어려웠다는 것을 짐작할 수 있다. "조선민보 사업의 발전은 직접 총련의 애국 력량의 확대를 의미하는"(1958년 1월 1일자) 것이지만, 재일조선인이 일본에서 오래 살았기 때문에 신문을 받아도 조선어를 몰라서 보지 않고, 또는 보지 못하는 사람도 적지 않았다는 모순이 나타난다. 김민화는 이러한 실정을 당연한 것으로 방치하여 둘 수는 없다고 '연두사'에서 강조하고 있었다. 하지만 재정적 문제는 오랫동안 해결되지 않은 채 계속 이어지고 있었던 것이다.

신문사가 외적으로는 전체적인 환경이 좋아지고 있다는 것을 보여주고 있지만, 내적으로는 여러가지로 미흡하고 신문사에 대한 독자의 불만도 적지 않았다는 것을 엿볼 수 있다. 조선민보 神奈川지국장 정성모(1958년 11월 20일자)는 독자가 내용이 재미없다, 읽기 어렵다 등의 불만을 토로하는 것에 "처음부터 완성된 신문을 만드는 것은 쉬운 일이 아니다"라고 해명한다. 좀 더 좋아지기 위해서는 통신활동과 편집을 할 수 있는 사람이 필요하고, 총련 및 각 단체 내에서 통신원을 반드시 선정하여 지국과 밀접하게 연계해서 통신활동을 강화해야 하고 모두가 적극적으로 참가하기를 바란다고 독자에게 협력을 구하기도 한다.

3 『조선민보』에 실린 문학 및 문화에 관한 기사

『조선민보』는 허남기, 남시우, 김민, 김달수 등이 일본 여러 곳에서 조선문학에 관한 강연회(1958년 8월 16일자)를 하는 모습, 북조선의 조선 작가, 미술가 동맹 등의 맹원으로서 북조선의 문학가, 예술가들과 조직적으로 연계하여 활동하고 있는 모습, 재일조선문학회의 기관지 《조선문예》를 비롯해 북조선에서 발행되는 작가동맹의 기관지 〈조선문학〉, 조선작가동맹의 기관지 《문학신문》 등을 소개하고 있었다. 《문학신문》 "특집에는 조국작가들과의 깊은 련계를 맺고 있는 재일조선문학회의 창조활동 정형과 아울러 작가동맹 정맹원들인 허남기의 시 《락동강》, 남시우의 수필 《첫가을 三題》, 김민의 《편지》 등 작품이 사진과 더불어 게재되고 있다(이상 작품은 "조선민보"에 게재되었음) "(1958년 2월 15일자). 이러한 기사를 통해 조국의 신문과 잡지, 창작집에는 허남기, 남시우, 김민, 류벽, 림경상, 조상선 등이 가장 많이 소개되며 '재일문학예술운동'이 활발하게 이루어지고 있고(1958년 12월 20일자), 같은 작가의 작품이 여러 곳에 중복되어 게재되고 있다는 것을 알 수 있다.

『조선민보』는 문학가들이 기량을 펼칠 수 있게 환경을 조성하려는 모습도 엿볼 수 있다. 1958년 3월 29일자에 재일조선문학회(이 시기 재일조선문학회의 위원장은 허남기)가 조선작가동맹이 주최로 조선민주주의인민공화국 창건 10주년을 기념해서 문학과 관련된 사업을 준비 중이라는 기사가 나오고 본격적으로 1958년 6월 21일자부터 재일동포들의 문예작품을 현상 모집한다는 기사가 몇 회에 걸쳐 게재되고 있었다. 모집부문에는 학술논문, 사진, 미술작품 등이 있는데, 「문예작품모집」에 "용어는 원칙적으로 국어로 한다", "입선작품은 조선민보에 발표하며 기념작품집에 수록한다. 조국의 출판물들에도 추천한다"고 응모 방법을 알리고 있었다. 이러한 기념행사에 의해서인지 1958년 12월 6일자의 「독자문예」를 보면 1958년도 무렵에 문학에 관심이 높았다는 것을 짐작할 수 있다.

국문으로 쓴 독자들의 문예작품 투고가 급속히 불었다. 특히 九·九를 중심으로 한 공화국 창건 一○주년을 맞이하는 기쁨과 감격, 그리고 교육비 원조, 재일 동포들의 귀국을 환영하는 조국의 따뜻한 배려에 감사하며 결의를 표명한 소박하고도 힘찬 작품들이 많았다. 또한 새로 국문을 배운 녀성들의 생활 수기가 많은 것도 주목된다. 쟌르별로 보면 시가 압도적으로 많고 이어 생활 수기, 수필, 평론, 소설(동화 포함)의 순서로 된다. 수십

매에 달하는 력작들도 있었으나 지면 관계상 시는 三매 이내 기타 산문은 六매 이내로(각 四〇〇자 원고지로) 앞으로도 더욱 많은 작품을 보내주기 바란다. (1958년 12월 6일자)

작가가 문학활동을 할 수 있는 장이 넓어지고 있지만, 작가가 되고 싶어하는 이들에게는 아직도 부족하다는 현실을 투고자에 의한 글을 통해 알 수 있다. 리동택이라는 투고자는(1958년 10월 2일자) 9·9 대회를 기념해서 작품모집을 하는 것에는 기쁘게 생각하고 있지만, 아직도 "발표할 기관—신인 등장의 마당이" 없다고 한다. 또 "『조선민보』에 오래 전부터 게재된 소설을 보더라도 수 명에 국한된 이름 뿐"이라는 것, "우수한 신인들을 양성 발굴하지" 못하고 있다는 것을 지적하면서, "우리들의 국문으로 씌여진 민족문화의 성격을 나타낸 작품들을 모집하여 그중의 우수한 인재들을 육성해 내는 기관을 정기적으로 설치"하기를 원한다고 한다. 이에 대해 편집국은 "매년 정기적은 아니나 조청, 녀맹, 문학회 등에서 문에 작품현상 모집이 있어 신인 발굴에 노력하고 있으며 각 지역에서 문화 써클지들도 발간"할 것이고, "앞으로는 매년 九·九를 기념하여 문화예술 각 분야에 걸쳐 자기 재능을 발휘할 수 있는 기회를 마련할 것"이라고 투고자의 요청에 응하도록 노력한다고 회답의 글을 남겼다.

『조선민보』에는 성인 작가의 작품을 소개, 연재하는 것만이 아닌, 학생들의 작품도 게재하며 작가 양성에도 전진하고 있다는 모습도 전하고 있다. 교동(教同) 주최로 한 재일조선학생(초·중·고급 학교 학생) 작품모집(1958년 4월 24일자)의 심사평에 있어서 정구일(당시 중앙 교육 문화부원)은 제1차 작품모집 때보다 나아지기는 했지만 "주제에 대한 체계성을 확립하여 의식적인 지도를 해야 할" 필요가 있다(1958년 4월

26일자)고 지적하고 있어, 체계적으로 작가를 양성하려 했다는 것을 엿볼 수 있다.

작가들의 활동에 있어서 출판사도 중요한 역할을 한다고 할 수 있는데 그 중간 역할을 하는 것이『조선민보』가 아닐까 한다. 신문에는 여러 출판사와 책이 소개되기도 한다. 그 중에서 '구월서방'에 대해서 기관지에 자주 소개되고 있다. 1958년 1월 28일자에는 구월서방의 신축사옥 낙성식을 하는 모습을 「祖国文化普及쎈터ㅡ」라는 제목으로 전하고 있다. 구월서방은 "조국의 도서를 일본에 수입 보급하며 일본의 도서 출판물들을 조국에 수출하는" 역할을 하고 있었다. 전철(만화가)이 쓴 「똘똘이 방문기1 九月書房 가득 싸인 조국 서적 부지런히 읽을터」(1958년 3월 1일자)에는 '구월서방'을 방문하여 조국에서 출판되는 책들을 보며 기뻐하는 모습이 그려져 있기도 한다.

량선석에 의하면 재일조선인은 "세계 각국의 진보적인 문학 작품을 선택하여 읽으면서 자기 나라와 민족의 문학에 대해서는 너무나 무관심할 뿐더러 경시하는 경향"이 있다고 한다. "조선사람이란 자각은 곧 조선말로부터 시작"되는 것이기 때문에 "우리 문학을 리해하려고 노력하는 속에서 우리 조국과 민족에 대한 사랑도 깊어질 수 있을 것이다"(1958년 5월 3일자). 자국의 도서를 접할 수 없었던 재일조선인은 세계문학작품을 읽고 무관심했던 것이 현실이었던 시기였다. 이 시기에 구월서방은 재일조선인에게 자국의 도서를 접할 수 있게 해 주는 역할을 하고 있었던 것이다. 이처럼 총련에 관련된 재일조선인작가는 조선어라는 제한이 있었지만 작품을 발표할 수 있는 기회와 출판사를 비롯해 문학활동을 할 수 있는 환경이 어느 정도 갖추어지고 있었다는 것을 알 수 있다.

1) 시·수필·소설에서 나타나는 재일조선인사회

『조선민보』에 게재된 작품을 장르별로 나누면 「독자문예」[6]란처럼 시가 제일 많다. 그 다음에는 수필, 소설 순이다. 시 중에는 남시우의 시가 8편, 허남기의 시(번역 등은 제외)가 3편, 조상선의 시가 3편 등이 실려 있다. 소설의 경우는 자료의 날짜가 일정하게 보관되지 않아 비교하기가 쉽지는 않지만 『해방신문』(1952년 9월~1953년 12월)보다 편수는 적은 편이다.

일본어판인 『조선총련』과 『조선시보』, 조선어판인 『해방신문』과 『조선민보』를 보면 시기별로 언어별로 활동한 작가가 조금씩 다르고 작품의 내용도 조금씩 다르다는 것을 알 수 있다. 또 조선어와 일본어로 작품활동 (시, 소설 등)이 가능한 작가(허남기, 김민, 김달수, 정백운, 전철 등)가 있는가 하면 그렇지 않은 작가들도 있다. 본고에서는 『조선민보』에 실려 있는 작품을 장르별로 나누어서 소개하고 작품의 내용을 검토하도록 한다.

(1) 시 부문

1952년 후반에서 1953년 12월 무렵까지의 『해방신문』에는 시보다는 소설이 많이 실려 있는 반면 1958년대의 『조선민보』에는 소설보다 시가 많이 게재되어 있다. 그 중에는 남시우의 「五월시초」(1958년 5월 10일자), 「학원시초」(1958년 7월 19일자)나 강순의 「나 이날에 살아 왔음을 반기여」(1959년 1월 8일자)처럼 장편시가 많은 편이다.

---

6) 「독자문예」(1958년 12월 6일자)에 정백운(神奈川) 「조국의 편지 받고」(詩), 맥림 (大阪) 「교사 증축의 싹」(詩), 김전식(大村收容所釈放者) 「벌레장」(詩), 진영대 (東京) 「따뜻한 손길」(隨筆)이 게재되었다.

먼저 허남기의 시를 살펴보도록 한다. 허남기는 『조선민보』에 3편의
시를 발표했다. 1956년 11월부터 『조선총련』(일본어판)에 창간준비를
하면서 조선어와 일본어로 시를 창작하기도 하고, 조선의 시를 번역하여
소개하기도 했다. 1957년에는 「재일조선문학회 제7차 대회」 개최 때 위
원장으로 선출되기도 하고, 1959년 6월에는 재일본조선문학예술가동맹
의 위원장으로 취임하여[7] 총련조직 활동을 적극적으로 한 시기이다.

허남기	「락동강」 (1958년 1월 1일) 「피비린내 나는 손이 아니라고--일본 정부에 대한 항의」 (1958년 2월 1일) 「대마도 기행」 (1958년 8월 16일)
조상선	「동이 튼다」 (1958년 1월 1일) 「바다가 보이는 오오무라」 (1958년 1월 18일) 「고향생각」 (1958년 9월 20일)
남시우	「솔직하게 고백한다면」 (1958년 1월 18일) 「우리 교실」 (1958년 4월 12일) 「五월시초」 (1958년 5월 10일) 「학원시초」 (1958년 7월 19일) 「회관에서 九·九를 맞이하여」 (1958년 9월 9일) 「당신의 아들은 당신의 딸은 -조국 전선 편지를 받들고-」 (1958년 11월 15일) 「新春序曲」 (1959년 1월 1일) 「원컨대 타는 심장의 불길아!」 (1959년 2월 7일)
김우철	「깃발」 (1958년 4월 26일)
박산운	「락동강」 (1958년 5월 3일)
고태순	「약속 -조청四전대회장에서」 (1958년 6월 21일)
김순석	「영원한 어머니」 (1958년 9월 9일)
김룡택	「곰보 할머니」 (1958년 9월 20일)
김형익	「九·九축전에서」 (1958년 9월 20일)
문봉구	「나비」 (1958년 9월 20일)
맥림	「가족 회의」 (1958년 9월 27일) 「교사 증축의 짝」 (1958년 12월 6일)
김주태	「어머니」 (1958년 11월 8일)
황인수	「귀국」 (1958년 11월 22일)
정백운	「조국의 편지 받고」 (1958년 12월 6일)
김전식	「벌레장」 (1958년 12월 6일)
전신애	「조국」 (1958년 12월 20일)
강순	「나 이날에 살아 왔음을 반기여」 (1959년 1월 8일)
신동철	「가야금」 (1959년 2월 7일)

---

7) 許南麒(2006) 『在日文学全集〈第2巻〉許南麒』 勉誠出版, pp.408-409

『조선민보』에 실린 「락동강」과 「대마도 기행」은 남조선이 고향인 경상도를 그리워하는 시이다. 「락동강」은 '흉악한 도적'처럼 남조선을 지배하는 미국을 암시하는 표현도 있지만, 새해를 맞이하여 조국에 대한 그리움과 조국의 암울함이 걷히기를 바라는 마음에서 노래한 시라고 할 수 있겠다.[8] 「대마도 기행」은 대마도 히다카쓰에서 부산, 거제도 쪽을 바라보며 조국을 그리워하는 시이다. 허남기의 시에는 남조선과 미국을 비판하는 시가 많은 편인데, 이 시에서는 자신이 아직 일본에 남아 있다는 자책감과 허무함이 내재하고 있어 한 재일조선인의 내면적인 갈등을 엿볼 수 있는 시라 할 수 있겠다.

『조선민보』에는 장편 서사시가 많은 편인데 그 중에서 남시우의 「五月시초」, 「학원시초」, 「新春序曲」은 부제가 2개 내지 3개로 나뉘어져 있는 것이 특징이라 할 수 있다. 남시우의 「우리 교실」과 「학원시초」는 조선학교에 다니는 아이들의 모습을 담은 것이다. 신입생의 설렘과 평화로운 교정과 순수한 아이들의 모습이 담겨져 있다.

조상선은 '大村수용소 억류 동포'로 '오오무라 조선문학회 회원'[9]이다. 조상선의 시가 소개가 될 때에는 이름 옆에 '오오무라' 또는 '오오무라(大村)수용소'가 따라 붙는다. 시의 주제 역시 '오오무라수용소'에 대해서이고, 수용소에서 느끼는 고통과 자유에 대한 수용자의 갈망이 그려져 있다. 「동이 튼다」에는 "북녘 어머니들은/ 5개년 계획 오늘의 책임량도/ 넘쳐 당에 충직하라고/ 아들 딸 발걸음도 가뿐하도록/" "남조선

---

8) 『在日文学全集 〈第2巻〉 許南麒』에 실려 있는 「낙동강 배를 끄는 노래(洛東江の舟曳きうた)」도 같은 '낙동강'을 소재로 한 시이다. 이 시는 시기도 다르고 언어도 다르지만 『조선민보』에 실려 있는 것보다 좀 더 강렬한 느낌을 준다.

9) 1956년 무렵에 수용소 내에서 문학써클이 생겼다. 주로 공화국 지지들이라고 한다.(宋惠媛(2014)『在日朝鮮人 文学史』のために』岩波書店)

어머니들은/ 메마른 젖꼭지 씨럽도록 애를 달래며/ 끼니 걱정―나물 캐려, 송기 베끼려…… "처럼 남북의 '어머니'를 경제적인 면으로 비교해서 나타내고 있다.

허남기도 「피비린내 나는 손이 아니라고―일본 정부에 대한 항의」를 통해 수용자들의 억울함을 호소하는 등 1958년대에 '오오무라 수용소'와 관련된 시가 많다. 당시 '오오무라 수용소'는 한국과 일본, 일본과 북한의 외교적 갈등으로 얽혀 있어 수용자들 사이에서도 대립이 있었는데, 이러한 상황이 시에 그대로 반영되어 있었던 것이다.

맥림의 「가족 회의」에는 "총련회의 갔다오신 아버지가 싱글벙글/ 녀맹회의 다녀오신 어머니도 싱글벙글", "청년회의 갔다가 온 삼돌형도 싱글벙글/ 중학교에 갔다가 온 정순이도 싱글벙글/ 저녁 밥상 둘러싸고 가족회의 벌어졌네", "행복스런 새살림이 우리들을 손짓하네"라는 총련에 종사하는 가족이 행복하게 지내는 모습을 그리고 있다.

이 이외에도 위의 표처럼 1958년대에 게재된 시는 귀국을 앞두고 설렘에 가득찬 마음, 조국 통일, 조국과 총련에 충성하는 내용으로 시대의 상황과 변화를 민감하게 반응하고 있다는 것을 알 수 있다.

(2) 수필, 수기 부문

본고에서 논하는 수필은 대부분 「수필」이라는 란에 실려 있는 글이고 그 대부분이 당시 총련계에서 종사하는 자, 또는 활동하고 있는 작가에 의해 쓰여진 것이다.

김달수의 「책 이야기」(1958년 1월 1일자)는 김달수가 고서점에서 사고 싶었던 책을 발견하고도 사지 못했던 이야기를 글로 옮긴 것이다. '나'는 「조선」이라는 책을 고서점에서 발견했는데 너무 비싸서 사지 못

했다. 그런데 岩波서점의 회의실에 「조선」이 있다는 것을 알게 되어 거기서 책을 빌린다. 친구 중에 유일하게 이 책을 가지고 있는 어당에게서 빌리려 하지 않고 이와나미 출판사에서 책을 빌린다. 그 이유는 언급되지 않고 있지만 당시 김달수와 어당이 대립하고 있었기 때문일 것이다. 어당은 "문학이 언어예술인 이상, 그 민족의 문학은 그 민족어에 종속해야"하는 것이다. "바꿔 말하면 조선어 없이 조선문학은 성립하지 않는다"[10]는 것이다. 이것에 일본어로 작품 활동을 하는 김달수는 『朝鮮文芸』에 「一つの可能性」(김달수, 1948년 4월)이라는 제목으로 반론을 제기하는 글을 남긴다. 이 둘의 대립은 10년 넘게 계속해서 이어지고 있었다는 것을 「책 이야기」를 통해 엿볼 수 있다.

허남기의 「위대한 선포사업 朝鮮中央芸術団과 같이 보낸 九日間」 (1958년 6월 28일자)은 제목에서도 알 수 있듯이 니이가타(新潟)현 니시요시다(西吉田)에서 조선중앙예술단과 9일 동안 지내면서 느낀 것을 쓴 것이다. 공연은 "바라에티-《영광》"과 "무용극 《춘향전》"이다. 여기에서 허남기의 역할은 "관서 지방이나 중부 지방과 달라 이제부터 찾아가야 할 동북지방이나 북해도 지방에서는 관객의 대다수가 일본 인민이기 때문에 연제 전부에 대한 충분한 해설이 있어야겠고 또 개연 중에도 대사를 일본말로 번역"하는 것이었다. 조선중앙예술단은 "여러 가지로 곤란한 환경과 불충분한 준비 속에서 개인적으로도 단 전체로도 많은 고민과 약점들을" 가지고 있었다. 하지만 이렇게 하는 것은 "우리 60만 재일동포의 가슴 속에 애국의 숭고한 감정을 깨우쳐" 주고 "일본 인민에겐 조선과 일본과의 참다운 국교 정상화를 촉진시키기 위한 위대한 선포사업"이기 때문이다. 허남기는 예술단의 모습을 보며 사업의 의미

---

10) 魚塘(1948.4)「日本語による朝鮮文学に就て」『朝鮮文芸』第2巻 第2号, pp.10-11

를 깨닫고 동포들에게 전해야겠다는 '의무감'으로 이 글을 쓴 것이다.

상기의 김달수나 허남기처럼 문학인의 글도 있지만 교원을 병행하는 작가(김민, 리시구, 리은직, 류벽 등)의 글도 있다. 김민의 수필은 2편이 실려 있다. 첫 번째 「어머니의 마음」(1958년 8월 16일자)에서는 김민과 허남기가 공화국 창건 10주년 기념 사업의 일환으로 어느 시에서 영화를 보는데 늦게 끝나 거기서 머무르면서 느낀 것을 글로 남긴 것이다. 그 마을에서 만난 한 아주머니가 7남매를 키우는데 모두 학교에 다닌다. 그 중 맏딸은 약과대학에, 둘째 딸은 농과대학에 다니며 아들들은 동경 조선 중·고급 학교와 O시의 소학교에 재학하고 있다. 김민은 이 어머니가 딸들을 둘씩이나 대학에 보내고 둘째 딸을 농과대학에 보낸 것에 놀라워했다. 아주머니는 자기가 겪어 온 설움을 딸들에게 쏟는 것이 아니라 키우는 자식들과 더불어 자기 스스로를 키워가는 기쁨이 있다고 한다. 김민은 이 아주머니를 숨은 공로를 세우는 조선의 한 어머니로 투영하며 감동하고 있는 것이다.

두 번째 수필 「행복의 길, 조국에로」(1958년 9월 27일자)는 재일동포들이 일본에서 어렵게 생활하고 있는 가운데에서도 조국이 발전하고 있다는 소식이 유일한 기쁨이고 그러한 조국에 돌아가려고 한다는 내용이다.

그리고 콩트 「전환」(1959년 1월 1일자)이 하나 실려 있는데 이것은 9·9경축대회장에서 「모범적인 활동가로」 선정되어 표창을 받은 반장 리오갑에 대한 이야기이다. 4년 전 리오갑은 회비를 받으러 박상우의 집에 들른다. 회비를 리오갑에게 건네고 나서 장부에 도장을 찍는 것 때문에 잠깐 실랑이를 한다. 박상우는 리오갑이 왜 자신에게 장부를 내미는지 이해가 안 갔는데 알고 보니 리오갑은 글을 전혀 몰랐던 것이다.

그 이후에 야학이 한창 설치되고 있을 시기에 리오갑이 앞장서서 이 지역에 야학을 설치하는 것을 추진한다. 그리고 그가 제일 먼저 야학생이 된다.

이 콩트는 여러가지 의미를 전달하고 있다. 조직, 활동가, 문맹, 야학교, 교원의 넉넉하지 않은 생활, 교원들이 민족교육의 교과 내용에 대한 토론이 이루어지고 있다는 것을 엿볼 수 있다. 위의 김민의 두 작품에서도 그려져 있듯이 김민은 재일조선인의 어려운 생활과 조직활동, 그리고 조국에 대한 것을 적극적으로 반영하고 있다.

그리고 리응문(21·공장노동자)의 생활수기 「역시 나는 조선사람이다—青年学校에서 배우고 나서—」(1958년 6월 7일자) 같은 노동자의 글도 적지 않게 게재되고 있었다. 이 수기는 리응문이 조선인이라는 신분을 속이고 일본인 회사에서 일하면서 경험한 것이다. 소학교에 다니는 아우와 누이동생은 일본 아이들에게 놀림을 받는다고 해서 어머니하고 다니기를 꺼린다. 이러한 일은 아이들뿐만 아니라 청년까지 그런 일이 많다. 리응문은 그 이유를 역사와 조선말을 모르기 때문에 비굴함을 느낀다고 한다. 신분을 속이고 일본인 회사에서 일하는 것은 일본인 속에서 일본인의 냄새를 자기 몸에 배이도록 하려고 생각했지만 시일이 지나면서 그것이 불가능하다는 것을 깨닫고 한없는 고독감에 빠지게 됐다. 역시 조선사람은 조선사람답게 살 수밖에 없다고 생각해 청년학교에 입학한 후 국어와 역사, 조선문학을 배우고 같은 조선청년들을 사귀게 되어 행복을 느낀다. 이 생활수기는 짧은 글이지만 이제까지 봐왔던 재일조선인문학에서 나타나는 차별, 동화, 정체성 등이 내포되어 있어 그들의 갈등, 고민이 이전보다 1950년대에 들어와서 더 심각해진 것이 아닐까 한다.

이외에도 류벽(작가, 조선대학 교원)의 「나의 행복」(1959년 2월 21일
자), 리시구(조선대학 교원) 「기쁨과 포부=재일 과학도로서=」(1958
년 9월 9일자), 전창자의 生活手記 「배움으로써 잃었던 희망을 바로 잡
았다」(1958년 9월 9일자), 리은직의 「공화국에 돌아가 자식들에게 즐거
운 설날을」(1959년 1월 1일자) 등이 실려 있다.

(3) 소설·희곡 부문

1958년 3월부터 1959년 2월 사이에 발표된 소설은 림경상의 「송서방」,
류벽의 「미완성의 자화상」과 「9·9기념문예작품 3등 입선」작으로 김영
철의 「탄광부락」과 오창근의 「희망의 길」이 연재되었다. 그리고 탁진
의 단막 희곡 「파도」가 1959년 1월부터 2월까지 연재되었다. 이전 자료
가 아직 확보되지 않아 단언하기는 힘들지만 이전까지는 문예작품 현
상모집을 해도 연재되지 않았는데 1958년대에는 입선된 두 작품이 연
재되었다. 그런데 여기서 한 가지 의문점은 1등이 아닌 3등의 입선이
선정되었다는 것이다. 먼저 작가와 작품 내용을 소개하며 검토해 보도
록 한다.

림경상은 1957년에는 재일조선문학회의 중앙위원회의 일원[11]으로,
1958년에는 『조선민보』의 사회부 기자로, 또 조선학교의 교사로 총련
계의 여러 분야에서 활동한 작가이다. 림경상의 단편소설 「송서방」은
1958년 3월 1일부터 1958년 3월 29일까지 5회에 걸쳐 연재되었다. 경북
출신인 송서방은 징용으로 일본 탄광에 끌려와서 해방된 후에는 찾아
갈 혈육이 없어 일본에 지금까지 머무르게 된 것이다. 어느 더운 날
송서방은 시끼리바(仕切り場)로 가서 달구지와 밑천을 주인에게서 빌

---

11) 宋恵媛(2014) 『「在日朝鮮人文学史」のために』 岩波書店, p.177

려 넝마장사를 나갔다. 이 날은 벌이가 좋아 흡족한 마음에 「신장개점」
의 빠찡꼬에 들른다. 게임하다가 아들 정남이 반에서 급장을 했다는 것
을 떠올리며 흡족해 한다. 빠찡코에서 나와 막걸리집으로 갔는데 거기
서 아이들의 담임선생님을 만난다. 김선생은 송서방에게 자녀들 교육
에 관심과 애정을 가져 주길 바란다고 하며, 자신이 일본에 와서 고학했
던 이야기, 조국의 눈부신 발전 모습과, 조국에서 보내 준 교육비로 고
등학교에 갈 수 있고, 조국으로 진학도 가능하다고 송서방에게 알려
준다. 송서방은 막걸리집에서 나가는 김선생을 뒤쫓아 나가 밀린 월사
금을 건넨다. 송서방은 아들이 대학에 갈 수 있다는 희망에 부풀어 집으
로 돌아오지만 빠찡코에 간 것, 내일 끼니도 없는 상황에서 아이들의
월사금을 냈다는 것에 아내는 화를 낸다. 이에 송서방은 "왈칵 울화가
치미는대로 저도 모르게 주먹"을 올리지만 김선생의 말을 떠올리며 마
음을 가라앉히고 김선생에게서 들은 이야기를 아내에게 전한다. 평소
에는 집에 들어가서 아내와 싸우기 일쑤였는데 이 날은 김선생과의 대
화로 기분 좋게 아내와 아이들을 대했다. 평소와 다른 송서방의 모습에
아내와 아이들은 어리둥절해 한다. 어른들의 전에 없는 화해를 엿보면
서 정남은 눈시울을 적신다. 부모가 오손도손 주고 받는 대화를 들으며
정남은 잠자리에 든다.

「송서방」은 평소 아내에게 폭력을 휘두르기도 하고 절망에 가까운
삶을 살고 있던 송서방이 김선생과의 대화로 가정이 평온해지고 희망
을 가지게 되었다는 이야기이다. 김학영이나 이회성의 작품처럼 아버
지의 폭력과 부모의 다툼으로 아이들이 어둡게 생활하고 있는 모습을
단편적이지만 엿볼 수 있다. 그리고 이 작품 마지막에는 부모는 배우지
못했지만 조국의 발전으로 인해 아이들은 공부를 할 수 있고 밝은 미래

가 있다는 것을 나타내고 있다.

류벽은 1950년부터 재일조선인의 민족교육에 종사하고, 도쿄 조선중고급학교 문학과 교원과 조선대학 조선문학과 교원으로 근무했다. 1957년 재일조선문학회 제1차 중앙위원회에서 상임위원으로 선출되고 초기 『문학예술』의 편집위원으로[12] 활동했다. 『朝鮮時報』(일본어판) 1961년 1월 23일자에 의하면 류벽은 허남기, 남시우, 김민에 이어 재일조선인 작가, 시인 중에서 4번째로 조선작가동맹의 맹원이 되었다고 한다. 류벽은 재일조선인의 교육사업에 종사하며 한편으로는 창작활동을 하고 있었고, 이후에도 『조선신보』, 문예동 기관지에도 다수의 작품을 발표했다. 재일조선인의 귀국을 테마로 한 《誇り》가 우수한 작품으로서 《文学新聞》에서 높게 평가되고 있었던 작가이다.

류벽의 단편소설 「미완성의 자화상」(재일조선문학회의 기관지 『조선문예』9호에도 게재)은 1958년 4월 5일부터 1958년 5월 17일까지 7회에 걸쳐 연재되었다. 이 소설은 앞에서 소개한 수필 「나의 행복」과 같이 조선대학과 관련된 내용인데 그가 경험한 것을 토대로 그리지 않았을까 한다.

「미완성의 자화상」의 차종하는 일본 고등학교를 졸업하고 이 사범전문학교에 와서 처음으로 민족교육을 받게 되었다. 차종하는 얼마 전에 문화제 준비로 동경에 나갔다가 교육실습 때 알게 된 김선생을 만났다. 김선생은 자기 학교에서 국어담당 교원에 결원이 생겨 종하를 배치해 달라고 사범학교에 요청을 해 두었다고 했다. 하지만 학교에 돌아오고 나서 얼마 후 최선생에게 '가미오까'로 가 달라는 말을 듣고 종하는 혼란스러워한다. '가미오까'는 400명이었던 학생이 현재는 30명이 다니는

---

12) 宋恵媛(2014)『「在日朝鮮人文学史」のために』岩波書店, p.306

야학이 하나 남아 있는 곳이다.

종하는 해방되던 해 봄, 열네 살로 소학을 졸업했으나 가정형편이 안 좋아 중학교에는 갈 수 없었다. 일본으로 가면 고학을 할 수 있다는 말을 듣고, 공을 들여 그 해 초여름 일본으로 건너오자 해방을 맞았다. 그는 고학을 하는 대신 조련 사무소에서 심부름을 하게 되었다. 점점 장성해 감에 따라, 민전 지부 상임과 민애청 지부 위원장으로도 활동했었다. 그러던 그가 노선전환의 격동기에 시련에 부딪히게 되어 점점 자신감을 잃게 되었다. 그러한 그를 그가 활동하고 있던 지역의 간부와 동포들의 도움으로 사범전문학교에 입학하게 된 것이다. 입학 후에도 그의 허무감은 쉽사리 가시지 않았으나, 점점 자신을 찾아가고 총련에 충실하려고 한다.

문화제 연습을 하기 위해 모인 학생들은 불공평한 학교배치에 대한 이야기를 하고 있었다. 종하 역시 불공평하다고 생각하고 있고, 그가 좋아하는 순례와도 떨어져 있어야 한다는 것에 혼란스러웠다. 순례는 자신과 의논도 없이 종하가 결정했다는 것에 서운해 한다. 국어학습조 모임이 끝나고 순례와 종하 둘만 남게 되어 서로에 대한 오해를 푼다. 순례가 참고서와 아직 완성되지 않은 자화상을 종하에게 선물로 준다. 언젠가 자화상이 완성하기를 바라는 장면에서 이 소설은 끝난다.

이 소설에서 나타난 것은 노선전환 시기에 조직원들의 갈등과 허무감, 그리고 학교배치에 불만을 토로하는 학생들의 모습이다. 그리고 조국에 가서 진학하려는 학생들이 적지 않았다는 것도 알 수 있는 작품이다.

김영철의 「탄광부락」은 1958년 9월 27일부터 1958년 11월 15일까지 7회에 걸쳐서 연재되었다. '돌째할머니'는 7년 전에 남편을 잃고 지금은 세 남매와 지낸다. 장남 정남은 고등학교를 우수한 성적으로 졸업했지만 취직하지 못했다. 그 이유는 조선사람이라는 것과 7월의 "오-스" 사건의 관계가 있었던 것도 취직의 걸림돌이 될 것이다. 돌째할머니는 남편의 친구였던 "후가자와"탄광의 유감독에게 정남의 취직을 부탁한다. 돌째할머니는 고등학교를 나온 정남에게 채탄부에 대해 어렵게 이야기를 한다. 정남은 고생하는 어머니를 생각해 채탄부 일을 한다고 했지만 자존심이 상했다.

돌째할머니는 딸 영숙과 온다께로 가다가 도중에 총련 "미즈나미"지부의 총무 라종남을 만났다. 라종남은 돌째할머니에게 "나고야" "오-스" 사건으로 체포령이 내린 동무가 있는데 사건이 해결될 때까지 맡아 달라고 부탁한다. 돌째할머니는 잠시 주저하다가 조직에서 부탁하는 사람이니 괜찮을 것이라고 믿으면서 승낙했다. 이튿날 부탁받은 리수철 (원래는 김철수)이라는 사람이 돌째할머니 집으로 왔다. 27,8세 가량 되는 젊은 청년으로 학식도 있을 뿐만 아니라 체격도 크고 점잖은 사람이었다.

어느 날 정남이 들어간 굴이 무너져 마을 사람들이 구출하기 위해 분주했다. 채탄부들은 일제시대부터 지금까지 이 탄광에 생명을 맡기고 생활비를 벌어 왔다. 그들은 돈이 없으면 품값을 미리 당겨 쓸 때가 많았다. 그런 관계로 굴 속의 설비가 불충분한 것을 알면서도 이것을 회사에 강력히 요청하지를 못하고 있었다. 노동조합은 고용주의 이익을 먼저 생각할 뿐 근로자의 입장에서 운동한 적이 없었다. 이런 상황에서 구조작업을 교대하는 인부 중에 리수철이 있었다. 탄광에 묻혀 있는 사람이 대부분 조선인이고 시간이 지날수록 상황이 위험해지자 리수철은 총련지부에 도움을 요청한다. 총련간부들이 사장을 찾아가 강력히 항의하고, "미즈나미"지부 사람들이 구조에 도움을 주어 채탄부들이 구출되었다. 얼마 후 정남은 건강이 회복되어 또 다시 굴로 들어가 일을 하기 시작한다.

이 소설은 탄광의 노동자들의 처지가 아주 열악하다는 점, 그리고 총련과 여맹의 역할이 재일조선인에게 있어서 얼마나 중요하고 크다는 것을 보여주고 있다.

오창근의 「희망의 길」은 1958년 11월 22일부터 1959년 2월 21일까지 11회에 걸쳐서 연재된 작품이다. '나'는 할머니와 숙부 내외와 그 아이들과 산다. 3년 전 고등학교를 졸업하자마자 조직 일로 외처에 나가려 했을 때 할머니가 반대했었다. 작년 봄에 나갈 때도 반대해서 신부인의 아들 망섭의 일터로 간다고 하고 나온 것이다.

조모와 숙부는 이번에 나가면 귀국을 감행할 것 같아서 오래간만에 집에 온 '나'에게 집으로 돌아와서 가족들과 같이 일하기를 원했다. 할머니와 숙부의 이야기, 그리고 집안 사정이 안 좋은 것 등이 '나'를 억누른다. 하지만 귀국을 단념한다는 것은 도저히 생각할 수 없었다.

단추공장에서 일을 하면서 공부에 대한 희망은 버리지 않고 있었지만 나날이 공장의 상황이 나빠졌다. 이러한 처지에서 수험공부는 불가능했다. 좌절하고 있는 어느 날 조선민보에 귀국한 학생이 조국에서 배우고 있는 사진을 보고 귀국을 결심한 것이다. 하지만 막상 귀국하려니 마음의 준비가 되지 않았다는 것을 깨닫는다. 일본에서 태어나 조국을 모르는 '나'는 학교를 졸업한 후 자연스럽게 혁명운동에 참가하였다. 그러나 활동 속에서 조직자나 혁명가로서는 적합하지 않음을 깨달았고 공부를 못했다는 것에도 무엇인가에 늘 쫓기는 기분이었다. 그러다가 노선전환이 되어 조국에 대한 희망을 가지고 배움의 길에 정진하려고 결의한 것이었다. 귀국을 앞두고 목적의식이 없었다는 것에 오랫동안 번민했었다. 번민 끝에 배움의 길과 조국의 건설에 참가하여 그 속에서 자기를 확립하고 장래를 유익하게 보내기 위하여 귀국을 결심하게 된 것이다.

밭에서 집으로 돌아오는 길에 '나'는 할머니에게 2,3년 후에 조선에 간다고 말한다. 3년 전 조직 일로 나갈 때 할머니는 반대를 많이 했었는데 지금은 크게 반대하지 않는다. '나'가 외지로 나가 있는 동안 할머니는 '나'를 이해하려고 평양방송을 귀담아 듣기도 하며 북반부의 모습을 자랑스럽게 생각하고 있었기 때문에 반대하지 않은 것이다. 숙부는 조선에 가는 것에 반대하지만 '나'는 조선에 가기로 결심한다.

오창근의 「희망의 길」은 구체적으로 집에서 어떤 일을 하는지, 왜 '나'는 집에 있고 싶지 않은지, 왜 귀국하려고 하는지 4회까지는 구체적으로 그려지지 않아 '나'의 심리를 명확하게 알 수 없다. 하지만 5회째에 그 이유가 조금씩 기술되기 시작한다. 10회의 내용은 9회와 11회 사이에서 이야기 전개가 부자연스럽고 전체적으로 흐름이 명확하게 그려져 있지 않다. 또 무엇인가 배우려고 한다기 보다는 '조국'에 가기 위해 '공부'라는 이유를 무리하게 설정하려 한 것처럼 구성이 매끄럽지 않다. 하지만 이 설정은 조국에 대해 막연한 희망을 가지고 있는 재일조선인이 적지 않았다는 것을 나타내기도 한다. 전체적인 표현방법에 있어서 다듬어지지 않은 부분이 있어 내용을 파악하기가 조금 어려운 작품 중의 하나인데, 다른 작품보다 등장인물의 인물과 심리묘사가 자세히 그려져 있어 재일조선인의 갈등의 일면을 보여 주는 작품이라 할 수가 있겠다.

탁진의 단막 희곡 「파도」는 1959년 1월 8일부터 1959년 2월 17일까지 16회에 걸쳐서 연재된 것이다. 이 작품은 위의 작품과는 달리 북조선에서 보내 온 것으로 1958년 태평양 연안에 있는 어느 작은 항구를 무대로 한 희곡이다. 내용을 간단하게 소개하자면 강상근은 아버지의 강요로 남조선 군대에 갔다가 힘들어서 일본으로 도망쳐 와서 숨어서 지낸다. 남조선의 힘든 경험으로 총련에서 하는 일들이 정당하다고 주위 사람들에게 이야기한다. 마지막에는 중년 노동자 김정호가 발전된 조국에 귀국하기를 호소하고 그것에 사람들이 동의하며 막이 내린다.

「파도」 1회가 연재되었을 때 「祖国作家同盟의 선물 연극 대본으로 利用토록 学校、地域 써클 등에서」(1959년 1월 8일자)라는 기사와 함께 게재되었다. 「파도」는 '조국작가동맹으로부터 재일동포들에게 보내 온' 것으로 "재일동포들이 자기들의 곤난한 생활 속에서 「민단」악질 분자들의 음모를 분쇄하며 룽성 발전하는 조국 – 조선 민주주의 인민 공화국에로의 귀국을 념원하여 싸우는 모습들을" 그린 작품이다. "매호 게재되는 부분을 오려 두었다가" "학교, 지역문화 써클에서의 연극 대본으로 유용하게 써 줄 것을" 희망한다고 한다. 위의 작품에서는 민단보다는 노선전환이나 총련 내의 활동에 대한 고민, 갈등이 그려져 있는데, 북조선에서 보내 온 「파도」는 민단과 거리감을 두어야 한다는 심리적 부담을 안겨 주는 작품이라고 할 수 있을 것이다.

1958년대에 『조선민보』에 연재된 위의 네 작품은 모두 조직, 또는 조선학교, 조국(북조선)과 관련된 주제로 희망의 메시지를 전하고 있다. 하지만 작품 속의 등장인물의 고향은 거의 남조선 출신이라 귀국문제에 대한 허무감, 자책감, 갈등이 보다 더 깊게 나타나고 있다는 것을 알 수 있다. 그런데 여기에서 한 가지 주목할 만한 점은 위의 작품 중에서 2편이 탄광을 소재로 하고 있다는 것이다. 「송서방」에서는 송서방이 징용으로 끌려와 탄광 일을 했다는 것만 언급하고 있지만, 「탄광부락」

의 경우는 탄광이 무대가 되어 노동자의 모습을 그리고 있다. 일본어로 쓰여진 재일조선인의 작품 중에서 탄광을 소재로 한 작품이 적은 편이라 할 수 있는데, 이러한 소재가 조선어로 쓰여졌다는 점에서 앞으로 좀 더 자세히 고찰할 필요가 있다고 생각한다.

또 한 가지 주목할 할 만한 점은 「9·9 기념문예작품」 중에서 왜 3등 입선작인 김영철의 「탄광부락」과 오창근의 「희망의 길」이 게재되었는가인데 이것에 대한 기사는 볼 수 없었다. 그 이유는 1, 2등에 해당하는 작품이 없었거나 내용에서 짐작할 수 있듯이 조국과 총련을 주제로 했기 때문이 아닐까 한다. 그런 면에서 오창석의 「희망의 길」처럼 전체적인 작품의 완성도는 떨어지지만 북조선에 귀국하려고 스스로 민족적 자각을 깨달으려고 노력하는 모습을 보이고 있다는 점에서 신문에 게재되었을 가능성도 있다고 생각한다.

2) 서평, 좌담회에서 나타나는 재일조선인작가들의 대립

1958년대 『조선민보』에 실린 서평과 좌담회는 중점적으로 김달수와 김시종에 대한 비판의 글이 여러 사람에 의해 게재되거나 연재된 것이다. 이들이 비판의 대상이 된 것은 민전이 1955년 5월에 총련으로 재결성하여 노선전환하면서이다. 일본공산당 아래 재일조선인운동을 했던 것이 조선민주주의인민공화국의 지도를 받기 시작하면서 문학활동을 하는 데에도 제약을 받게 된 것이다. 제일 큰 문제는 "조선인은 조선어로 조국을 불러야 한다"[13]는 것이다. 이것은 조선어를 잘 모르는 재일조선인에게는 아주 큰 장벽이라고 할 수 있겠다. 이에 대해 김시종은

---

13) ヂンダレ研究会(2010)『「在日」と50年代文化運動』人文書院, p.141

「소경과 뱀의 입씨름—의식의 정형화와 시를 중심으로」(『ヂンダレ』제 18호, 1957년 7월), 「제2세 문학론—젊은 조선 시인의 고통」(『現代詩』 (1958년 6월)) 등에 문제점과 새로운 방법론을 제안했다.[14] 하지만 김 시종의 발언은 "조선로동당의 문예 로선과 배치"되고 "일본어란 특수 조건을 구실로 조국의 문학전통을 옳은 관점에서"(김태경, 1958년 9월 20일자)[15] 보지 않았다는 점에서 비판이 이어졌다.

「생활과 독단＝재일조선문학회 내 일부 시인들의 경향에 대하여＝」 라는 제목으로 북조선의 조국작가동맹 기관지 〈문학신문〉 7월 10일호 에 실린 조벽암(시인, 〈문학신문〉의 주필), 윤세평(평론가), 김순석(시 인) 세 사람이 논평한 것을 1958년 8월 2일부터 3회에 걸쳐서 『조선민 보』에 연재했다. "재일본조선문학회는 재일본조선작가들이 처해 있는 특수한 처지를 고려하면서 조선로동당의 정확한 문예정책을 받들고 항 상 조국 문학과의 산 련계 속에서 정확한 창작방향을 제시하여 왔다." "작가들은 조국의 작가들과의 긍지와 영예를 간직하고 조국작가들과의 련계를 더욱 강화하면서 창조사업에 정진하고"(1958년 8월 2일자)있다. 1957년 7월 제7차 대회에서 작가의 주장과 주체의 확립, 창작태도, 방 법 문제 등이 구체적으로 논의되었고 재일본조선문학회는 사회주의적 사실주의 원칙의 고수를 다시 한번 지키도록 했다. 그 이후에 발행된 잡지 『진달래』18호에 게재된 김시종의 평론 「소경과 뱀의 억지문답」과

---

14) 재일조선인문학인들 사이에서 「재일」의 현실에서 출발해야할지/아직 보지 않은 조국을 지향해야 할지를 둘러싸고 김시종·정인·양석일과 홍윤표·송익준·허남 기가 대립하기도 했다.(宇野田尚哉(2008)「『ヂンダレ』『カリオン』『原点』『黄海』 解説」『ヂンダレ·カリオン』別冊, 不二出版, p.14)

15) 김태경(愛知中高級学校 교원)은 "나는 일본말로 시를 쓴다는 것이 그릇된 것이라 고 말하고 싶지 않다. 되려 장려하고 싶다. 그러나 그것은 어디까지나 공화국의 공민이란 견지에서 시가 창작되여야 한다"고 언급했다.

시 「대판총련」이 문제가 된 것이다.

세 사람의 논평자는 김시종이 일본어로 글을 쓴다는 것에 자기의 처지를 합리화시키려는 나머지 조선사람의 공민된 긍지와 입장이 희박함을 보여 주고 있고 일본의 풍토에서 자라난 "조선 청년들의 《렬등감》에 대하여 회심의 동감을 표시하였다"고 한다. 뿐만 아니라 그가 발행하는 『청동』창간호에 유아사의 소설 「갓난이」를 실었다는 것에 "아직도 정신적으로 일제의 기반에서 해방되지" 못한 것이라고 지적한다. "《일본》의 특수적 조건만 생각한 나머지 조선 로동당의 문예 로선과는 다른 창작 방법을 제기한 것도 "사회주의적 사실주의에 배치되는 형식주의와 모더니즘인 것이 명백하다"고 강조하고 있다.

「문화운동의 전진을 위하여 카프창건 33주년 기념 좌담회」(1958년 8월 23일자)에는 김시종에 대한 비판을 언급하면서 문화예술 부문의 움직임, 창작상의 문제에 대한 글이 게재되었다. 좌담회는 김민(작가), 남시우(시인), 정태우(연출가), 림경상(본사 기자사회) 네 사람으로 진행되었다.

김민은 김시종의 「二세대론」은 "조국을 상실한데서 생기는 고민"이고 "자기의 루랑민적 – 조국상실자의 사상을 합리화하려는 것에 지나지 않는다"고 비판한다. "젊은 층들은 우리들의 영향 밖에서 일본의 근대주의적 및 현대주의 사상의 독소 속에 묻혀 있기 때문에 사회주의를 지향하는 조국문화를 리해하기가"(정태우) 어려운 상황에서 김시종의 발언은 위험했던 것이다. "일본어 번역으로 외국문학을 읽고 외국영화를 보고 하여 그런 부르죠아 문화만이 문화인 것 같이 생각하고 있는 층들이 현재 조국 문화를 자기와 거리가 먼 이색적인 것으로 느끼게 된다. 이런 데서 세대론이 나온다." 이러한 세대론은 "조국문화예술의 발판이 되고 있는 카프문화 예술을 근기 있게 리해시키는 데서만"(정태우) 해결되는 것이다. 이에 남시우는 문학예술의 전통은 재일조선인운동과 관련된 점에서 극복되어야 한다고 덧붙인다.

한편 『조선민보』에 작품의 완성도가 떨어진다는 독자의 글이 실리기도 했는데, 이러한 독자에 답하듯이 김민은 "조선어 작품이 미숙하다고 해서 조선 문학 조선 연극 등을 무시 내지는 경시해서는 안된다. 특히 써클에서 나오는 생활기록, 시 등의 작품을 일본 또는 서구라파 문학과 비교 멸시해서는 안된다"고 강조한다.

림경상은 "우리 글을 못 읽는 문학 써클원들은 주로 일본 작품과 일본어로 번역된 외국 작품 밖에 못 읽는"다는 지적에 김민은 수긍한다. 하지만 조국의 작품을 읽어야겠다는 의지가 있으면 국어 공부도 하게 되는 것이고 창작에 있어서 "시사적인 것과 재일동포들의 생활을 정면으로부터 그리는 그런 작품을 자꾸 만들어내야" 한다고 김민은 주장한다.

다음은 김달수에 대한 기사를 살펴보겠다. 김달수에 대한 비판도 1958년 10월 25일자에 「김달수 《朝鮮》에 나타난 중대한 오유와 결함」 이라는 기사를 시작으로 남시우, 김종명을 비롯해 투고자에 의한 김달수에 대한 비판의 기사가 계속 실리고 있는데 그 내용을 한번 보도록 하겠다.

당시 김달수는 재일조선문학회 간부 및 조선문제연구소 소원이었다. 김달수의 『朝鮮—民族·歷史·文化』(岩波新書)이 1958년 9월에 간행되고 나서 조선문제연구소에서 서평회가 열렸다. 서평회에서 지적된 몇 가지를 1958년 10월 25일자에 「김달수 《朝鮮》에 나타난 중대한 오유와 결함」이라는 제목으로 소개하고 있다. "저작은 력사, 민족, 문화의 면으로 조선을 소개하고 있으나 그것들은 과학적 립장과 조선 민족의 혁명적 전통에 확고히 서 있지 못하고 있다. 뿐만 아니라 반동적 부르죠아사상 체계에 의하여 서술되고 있으며 조선인민으로서 주체성이 결여되어" 있다. 력사편 중에는 "1930년대 김일성 원수를 선두로 한 견실한 공산주의자들이 이룩한 혁명 전통을 외곡하였다", "또한 해방후 조선 현실을 소개하는데 「두개의 조선」을 용인하는 립장에서 조국의 분렬을 합리화하고" 조선인민의 통일 염원과 그것을 위한 투쟁을 무시하고 있고 "공화국 북반부에 창설된 민주 기지를 옳바르게" 파악하지 않고 있다. "문화면에서는 고전문학 전통을 무시하는 림화, 백철 등과 같은 재래 반동적 혹은 부르죠아적 평론가의 견해를 계승하고 있다."고 혹평하며 금후에도 "각 전문 부서에서 심오한 비판 사업이" 진행될 것이라고 림경상(사회부 기자)은 전하고 있다.

김종명(1958년 11월 8일자)은 김달수가 일본인 속에서도 영향력이 있고 岩波라는 '일류' 출판사에서 『조선』이 발간되어 조선을 소개한다는 점에서 기대하고 있었다. 그러나 『조선』을 읽고 나서 실망했다고 한다. "처음부터 끝까지 조선 사람의 립장으로 조선에 대한 진실을 일본인민들에게 알리기 위하여 쓴다는 기본 관점"이 결여되어 있다고 김종명은 지적하면서 다른 사람들보다 좀 더 구체적인 예를 들어가면서 비판한다.

이외에도 독자들의 김달수에 대한 비판의 투고(1958년 11월 15일자)가 이어지고 있었다. 전체적인 비판의 글을 보면 역사를 왜곡했고, 뒷받침하는 자료가 부족하고, "김일성 원수의 항일무력 투쟁과 결부된 카프 문학의 전통에 대해서는"(남시우, 1958년 11월 1일자) 하나도 언급하지 않았다는 것이다.

당시 재일조선인은 자신의 민족, 역사, 문화에 대해서 잘 몰랐을 것이고 의식할 여유가 없었을 것이다. 이러한 상황에서 이들뿐만이 아니라 일본인에게도 이해하기 쉽게 만들어진 것이 김달수의 『조선』이라 할 수가 있겠다. 윤건차는 김달수의 『조선』에 대해 "고대 이래 역사의 발자취나 유교, 불교, 미술 등의 개설"이나 지역의 명칭 등에 있어서는 바르지 않은 것도 있다고 지적한다. 하지만 "조선전쟁 후의 국제정세를 생각하고 미국제국주의, 이승만정권을 비판하고, 김일성 항일빨치산의 연장선상에서 공화국의 발전에 기대를 표명하고 있는 것은 당시의 사상 상황, 정치 상황을 나름대로 확실하게 반영한 것"[16]이라고 할 수 있을 것이다.

4 『조선민보』(1958년대)에 실린 재일조선인문학의 양상

본고에서는 재일조선인문학의 양상을 재조명하는 하나의 단계로서 『조선민보』에 실려 있는 문학을 중심으로 작품과 그것에 관련된 기사를 소개하고 작품에 대해 간략하게 검토해 봤다.

『조선민보』(1958년 1월~1959년 2월)는 『해방신문』보다 인쇄의 질이 좋아져 글씨가 보다 선명해졌고, 독자가 읽기 쉽게 여러가지로 고안해서 지면을 활용하고 있었다. 반면 조선민보사가 재정적으로 상당히 어려웠고 그로 인해 '활동가', 그리고 독자와의 갈등도 심했을 것이라고 생각한다.

---

16) 尹健次(2015) 『「在日」の精神史2』 岩波書店, pp.63-64

기사의 내용은 1958년대에는 북조선으로 귀국하는 사업을 추진하는 시기였기 때문에 그것과 관련된 기사가 많았고 그것을 소재로 한 작품도 많았다. 시, 수필 부문에서는 소설보다 글이 짧은 점도 있어 '오오무라 수용소', 조선학교, 귀국 등 다양한 소재가 다루어지고 있었다. 소설 부문에는 노선전환으로 인한 갈등과 번민, 북조선으로 귀국할 것이라는 희망, 조국이 지원해 주는 교육비로 교육을 받을 수 있다는 기쁨, 교원이 되는 과정 등이 그려져 있다. 소설 부문은 시, 수필보다 작품의 완성도는 떨어지지만 그들의 삶을 보다 자세히 엿볼 수 있다.

문학면에서 전체적으로 보면 작가와 작품 속에 등장인물은 고향이 대부분 남조선 출신이다. 때문에 귀국 같은 문제에 관해서는 더 깊은 갈등이 생길 수 밖에 없을 것이다. 그리고 총련이라는 조직 앞에 또 한번 번민하게 되는 것이다.

서평부문에 있어서는 김달수와 김시종에 대한 혹평이 이어지고 있었다. 량선석이 "조선사람이란 자각은 조선말로부터 시작되는 것"이라고 했듯이 좌담회나 서평을 통해 당시에 얼마나 조선어, 조선인으로서의 자각, 민족적인 자각이 강요되고 있었는지 그리고 그들이 총련을 떠나게 되는 계기를 단면적이지만 알 수 있었다. 당시 총련 산하에 있는 작가들은 작품을 통해 민족의 자각을 이끌어내는 것이 당연한 것이었고, 제일 중요한 과업이라 생각했을 것이다. 또 그렇게 하지 않으면 비난을 받기 쉬운 대상이 되기 때문에 쓰지 않을 수 없었을 것이다.

본고에서는 지면상 문학을 중심으로 작품을 소개하고 간략하게 검토할 수 밖에 없었는데, 다음 논문에는 교육과 관련된 기사와 함께 작품에 대해서 보다 깊게 검토하려고 한다. 1958년대에 재일조선인은 귀국을 앞두고 희망에 가득찬 마음, '학교'라는 배움터를 통해 단지 민족적인 자각만이 아닌 가정의 평화도 이룰 수가 있다는 기쁨도 가지고 있었다. 그런 면에서 '남편'의 역할도 중요했고 무엇보다 '어머니'의 역할이 크다는 것을 인식시키기 위해 여성에 대한 교육도 적극적으로 추진되고 있었던 시기였다. 이러한 면도 보다 면밀히 검토할 필요가 있다고 생각한다.

This work was supported by JSPS KAKENHI Grant Number JP15K12872.
이 논문은 2017년 8월 제13차 코리아학국제학술토론회에서 구두발표한 요지문을 수정한 것이다.

동아시아연구총서 제5권
재일조선인 미디어와 전후 문화담론

제3부

다양화되는 기록과 기억의 재일조선인 문예

동아시아연구총서 제5권
재일조선인 미디어와 전후 문화담론

키워드 네트워크 분석 방법을 통한
재일한인분야 지식구조 분석

정영미(鄭英美)

경북대학교 문헌정보학과를 졸업하고 동대학 대학원에서 정보학전공으로 문헌정보학 석·박사학위를 받았으며 현재 동의대학교 문헌정보학과 부교수로 재직 중이다. 현재 한국도서관협회 국제교류위원회 위원, 한국도서관·정보학회 편집위원, 한국정보관리학회 편집위원 등으로 활동하고 있다. 주요 연구 분야는 정보검색 및 디지털도서관으로 최근에는 제일조선인 분야 마이너리티 잡지의 디지털화와 데이터베이스 구축, 일제강점기시대의 기업정보 데이터베이스화 등 역사적인 기록의 디지털화에 관심을 가지고 있다. 「한·일 웹 아카이빙 정책에 관한 비교 연구」 등 다수의 논문과 『정보검색 이론과 실제』 등의 저서가 있다.

이경규(李京珪)

일본 도카이대학에서 문학박사를 받았으며 도카이대학 외국어교육센터 전임강사를 거쳐 현재 동의대학교 일본어학과 교수로 재직 중이다. 한국일본근대학회 회장, 동의대학교 인문사회연구소 소장, 인문대학 학장 등을 역임하였으며, 현재, 동의대학교 동아시아연구소 소장, 중앙도서관 관장을 맡고 있다. 관심 연구 분야는 근대번역과 한자어이며, 『중세기 일본 한자어 연구』, 『근대번역과 동아시아』(공저), 「일본 자음어 연구의 한 시점」, 「명치기 번역소설에 나타나는 한자표기와 후리가나에 관한 연구」 등 다수의 논저가 있다.

1 서론

오늘날 재일한인의 구성은 조선에 대한 일제 식민지 통치라는 역사적 사실과 밀접하게 관련되어 있다. 일제강점시기 전후 조선인의 자발적 이주 이외에도 조선인을 일본으로 강제 연행한 것이 여러 차례에 걸쳐 대규모로 진행되었고, 일본의 패전 이후 일본에 남게 된 이들은 1965년 한일국교정상화 이후 일본의 특별영주권자가 되었다. 올드커머(old comer)라 불리는 이들은 현재 약 330,537명으로 전체 재일한인 485,558명(2016년 12월 조사 기준)[1]의 다수를 차지한다. 최근 100년 이상의 역사를 맞이한 재일한인사회는 그들의 정체성 제고와 위상 확립을 위한 움직임을 활발하게 진행하고 있고, 2005년 도쿄도 미나토구(東京都港区)에 재일한인역사자료관[2]을 설립하기도 하였다. 재일한인사회가 차지하는 근본적인 중대성과 최근의 관심 증가는 이 분야 연구를 양적으로 증가시켰고 이것은 역사, 문화·교육, 사회, 정치 등 다양한 분야에 걸쳐 확대되고 있다.

재일한인의 역사에 대한 기념·기록적 측면 이외에도 재일한인분야 연구에 대한 관심은 주류 사회에 관련된 연구와 비교하여 상대적으로 소외된 마이너리티, 즉 '내부의 타자'에 대한 연구에 관심을 갖고 있는 연구자 증가에 기인하기도 한다. 민족, 언어, 또는 종교 등의 다양한 측면에서

---

1) 일본정부통계 e-Stat. 「第1表 国籍·地域別 在留資格(在留目的)別 在留外国人」의 대한민국 국적자 453,096명과 조선적 32,461명을 합산한 수. 〈https://www.e-stat.go.jp〉, [인용 2018. 6. 8.]
2) 재일한인역사자료관 홈페이지. 〈http://www.j-koreans.org/kr/index.html〉, [인용 2017. 9. 10.]

다수파와는 다른 특징을 지닌 소수파 또는 사회적 약자인 마이너리티의 대표적인 경우가 바로 재일한인이기도 하다.3) 일본 마이너리티 연구의 주된 대상은 포스트콜로니얼(post-colonial),4) 디아스포라(diaspora)5) 등의 영역과 인접하며, 주로 근대 제국의 외부 또는 경계에 위치해 있는 재일한인의 경우가 포함될 수 있을 것이다. 재일한인은 재외동포 중에서 재중과 재미동포 다음으로 그 수가 많으며, 재일외국인 중에서는 재일중국인 다음의 규모에 해당한다. 즉 한·일 양국에서 재일한인이 차지하는 비중은 상당하며 마이너리티, 디아스포라 연구 영역에서 재일한인에 대한 연구가 주를 이루는 것은 당연한 이치라 할 수 있다.

이와 같은 사회적 시대적 요구에 의해 양적으로 증가한 재일한인 관련 연구들을 종합·검토하는 것은 이 분야 연구자들의 주요 관심주제와 접근점을 파악할 수 있기 때문에 중요하다. 또한 여전히 잔존하는 재일한인사회의 문제를 해결하기 위해 요구되는 연구주제를 파악하는 것이기도 하다.

이에 본 연구에서는 다양한 연구 분야에서 발행된 재일한인 관련 국내 학술 논문을 대상으로 계량적인 방법을 적용하여 재일한인분야 연구 동향과 지식구조를 보다 구체적으로 파악하고자 하였다. 이를 위해

---

3) 재일한인과 관련된 용어는 재일조선인, 재일한국인, 재일코리언, 재일동포, 재일교포, 자이니치 등 다양하게 사용되고 있는데, 여기에서는 한민족 전체를 아우른다는 차원에서 일본의 한민족을 통칭하여 이하 '재일한인'이라는 용어를 사용하기로 한다. 재일한인의 명칭뿐만 아니라 그 정의와 범위에 대해서도 다양한 견해가 있을 수 있음을 지적해둔다.
4) 포스트콜로니얼은 식민지를 겪고 나서 독립을 한 나라들이 겪는 사회상(친일청산, 식민통치유산 제거 등)의 보편성 범주를 말한다.
5) 디아스포라의 뜻은 흩어진 사람들을 일컫는데, 특히 유대인으로서 팔레스타인 밖으로 강제 이주된 공동체를 말하고 있다. 일제강점의 초기 디아스포라는 강제적으로 타의에 의한 것이 많았지만 해방 이후의 디아스포라는 자발적 이민이 중심이었다.

본 연구는 한국학술지인용색인(KCI: Korea Citation Index, 이후 KCI라고 함) 데이터베이스에 포함된 2000년 이후의 재일한인분야 논문에 대한 기술통계뿐만 아니라, 이 분야 지식구조를 분석하기 위해 논문들의 저자 키워드 동시출현정보를 활용하여 키워드 네트워크 분석(keyword network analysis)을 실시하였다. 추가로 재일한인분야 연구 주제에 대한 추이 변화를 살펴보기 위해 논문 발행시기별 비교 분석도 포함하였다. 본 연구의 결과로 제시된 재일한인분야의 지식구조는 해당 분야 연구자들에게 기존 연구들에 대한 통찰적인 분석과 조망을 제공함으로써 이 분야의 미래 연구 주제 발굴에 도움을 줄 수 있을 것이다.

2 이론적 배경

1) 재일한인 관련 연구 동향

재일한인 관련 연구에 대한 근대적인 학술지 논문 발행은 그 수가 많지는 않지만 재일한인 북송 관련한 문제가 현안으로 등장했던 1950년대 후반부터 시작되었다. 재인한인 관련 초기의 대표적인 연구로는 1959년 법조협회의 「법조」라는 학술지에서는 '在日僑胞 北送協定書 全文 및 日本新聞의 北送에關한 論評'과 같은 해 大韓國際法學會論叢의 「국제법학회논총」에 게재된 '在日僑胞 北送反對에 대한 內外 諸機關의 聲明書'와 'Statement Made by MR. CHIN-O YU on the Mass Deportation Problem of Koran Residents in Japan to North Korea at Meetings with the President of the Intermational Committee of the Red Cross' 등이 있다. KCI 데이터베이스 구축 이전인 1999년까지의 재일한인 관련 논문은 앞의 50년대 3편을 포함하여 60년대에 3편, 70년대에 3편, 80년대에 14편, 90년대에 35여 편 정도가 발행되었다.[6] 90년대 이전에 학술지 논문의 주제는 재일한인의 북송 문제, 교육, 한일회담, 법적 지위 등 당시의 현안에 관련된 정치 사회적 논문들이 다수를 이루고 있었다. 90년대 들어서 재일한인의 개인의 삶, 정체성, 관련된 문학 및 문학자 등의 재일한인 사회의 미시적 현안들에 대한 학술적 접근들이 증가하기 시작했다. 2000년 이후에는 다수의 재인한인 관련 연구들이 수행되었고 해당 연구 분야 또한 다양하다. 소수의 연구에서 재일한인 관련 연구 동향을 분석한 바 있다.

재일한인 관련 연구의 동향 분석은 다음과 같이 대부분 문학 분야를 중심으로 이루어지고 있다는 점을 지적할 수 있을 것이다.

이한창(2005)은 재일한인 문학에 대한 개괄적인 연구 현황을 분석하여 이들 문학에 대한 연구의 필요성을 강조하였다.[7] 그는 재일동포문학이라는 명칭을 사용하고 있는데, 조선인이 일본어로 발표한 문학으로써 조선적인 색채를 띤 문학이라는 견해를 가지고 있다. 그 범위에 있어서도 해방 전의 저항문학에서부터 최근까지의 조선인명으로 발표된 작품으로 한정하고 있다. 그리고 재일동포문학의 역사를 초창기, 저항과 전향문학기, 조국 현실기, 사회고발 문학기, 주체성 탐색문학기 등으로 나누어 고찰하고 있다. 현재의 재일동포문학은 일본사회의 변화와 동포사

---

6) 국회도서관 정기간행물 기사색인. 〈https://www.nanet.go.kr/main.do〉, [인용 2018. 6. 8.] KCI 등재지와 KCI 등재후보지만 포함
7) 이한창(2005) 「재일 동포문학의 역사와 그 연구 동향」, 『일본학연구』 제17집, 단국대학교 일본연구소, pp.245-263

회의 세대교체에 따라 민족성을 앞세우던 1세대의 정치성이 짙은 문학의 흐름이 퇴조하고, 2세대 이후의 작가들은 일본사회에서의 삶을 모색하면서 새로운 방향으로 바뀌어가고 있다고 말하고 있다. 그리고 재일동포문학 연구의 현황으로서 한국측 연구 동향과 일본측 연구 동향으로 나누어 기술하고 있는데, 양국 공히 관련 분야의 연구가 매우 미진한 상태로 체계적이고 종합적인 연구가 필요하다는 점을 지적하고 있다.

강우원용(2010)는 오키나와 문학과 재일조선인·한국인 문학을 통해서 일본 마이너리티문학의 양상을 고찰하였다.[8] 그는 한국의 연구자에 의한 일본문학 연구는 주로 다수의 일본을 대표하는 작가 중심으로 이루어지고 있기 때문에 마이너리티 문학에 대한 관심과 연구가 부족하다고 지적하고 있다. 마이너리티 문학과 주류 문학은 서로 상호 의존적이고 보완적인 관계에 있기 때문에 주류 문학 자체로는 해결하기 어려운 문학적 과제를 마이너리티 문학이 해결할 수 있다는 평가를 내리고 있다.

이지형(2014)은 일본 마이너리티 문학의 연구 현황을 개괄하고 그 과제와 가능성에 관해서 기술한바 있다.[9] 그는 재일코리언 문학, 오키나와 문학, 피차별 부락민 문학의 마이너리티 관점에서 잉태된 문학에 대한 개별적인 연구는 있어도 이를 포괄하는 통일적 범주에서의 선행 연구가 거의 전무하다고 지적하고 있다.

서봉언·이채문(2014)은 주제어 분석을 통해서 디아스포라 관련 연구물들의 연구 동향에 대하여 고찰하였다.[10] 주제어를 통한 연구 동향

---

8) 강우원용(2010) 「일본 마이너리티문학 연구의 양상과 가능성－오키나와문학과 재일한국인·조선인문학을 중심으로－」『일본연구』제14집, 고려대학교 일본연구센터, pp.203-225

9) 이지형(2014) 「일본 마이너리티문학 연구의 현재와 미래」『일본학보』제100집, 한국일본학회, pp.61-78.

10) 서봉언·이채문(2014) 「키워드 분석을 통해서 본 한국의 디아스포라 연구 동향」『디

분석은 관련 연구들이 어떠한 관계를 가지고 있는지, 그리고 관련 연구물들의 주제어 중 부족한 연구는 어떠한 것인지를 파악할 수 있는 유용한 전략이 될 수 있다는 점을 강조하고 있다.

위에서 살펴본 바와 같이 재일한인 관련 연구의 대부분은 주제적으로 문학 분야에 집중되어 있다. 그러므로 문학 분야에 한정된 연구만이 아니라 학문분야 전반에 걸친 재일한인분야 연구의 지식구조를 시각화하여 전체적으로 조망할 수 있는 계량적인 분석이 필요한 시점에 있다. 앞에서 살펴본 논문들에 대한 보다 상세한 연구 방법론적 해석은 다음 절에 포함되어 있다.

2) 지식구조와 네트워크 분석

이전에 수행된 관련 연구들을 검토하는 것은 대부분의 주제 분야에서 새로운 연구의 시작점에 해당한다. 효과적인 선행 연구 검토는 해당 분야 이론 개발을 용이하게 하고 이미 많은 연구가 존재하는 주제 영역을 축소하고 새로운 연구가 필요한 주제 영역을 밝혀낼 수 있다.[11] 특정 주제 분야나 기술의 보다 통찰적인 발견과 진화 과정을 조망하기 위해서 오랜 시간 동안 계량정보학(informetrics)이 적용되어왔다. 계량정보학은 주제 분야나 정보의 유형에 관계없이 모든 정보의 양적 측면에 관한 연구이다.[12] 그럼에도 불구하고 계량정보학의 초기에는 유용

아스포아연구』제15집, 전남대학교 세계한상문화연구단, pp.43-69

11) Webster, Jane and Watson, Richard T.(2002) "Analyzing the Past to Prepare for the Future: Writing a Literature Review", MIS Quarterly Vol.26, No.2 p.xiii

12) Tague-Sutchliffe, Jean(1992) "An introdution to Informetrics", Journal Information Processing and Management: an International Journal－Special issue on Informetrics Vol.28, No.1 p.1

성에 대한 인식 저조, 분석도구의 사용용이성, 그리고 적용범위 등의
한계로 인해 일반적으로 과학기술분야 지식의 산출물인 논문, 특허에
한정해서 사용되어왔다.

최근에는 모든 통계 처리가 용이한 구조화된 데이터뿐만 아니라 비구
조화된 형태의 지식을 분석하기 위해 보다 다양한 주제 분야에서 다양한
계량정보학 분석방법론이 개발·활용되고 있다. 그 유형은 크게 시각화,
통계분석, 추세분석, 데이터마이닝, 그리고 지표분석의 다섯 가지로 구
분할 수 있다. 각 유형과 세부적인 방법들을 정리해보면 다음 〈표 1〉과
같다.[13]

〈표 1〉 계량정보 분석방법론의 유형

유형	내용	분석 방법
시각화	데이터베이스에 축적된 다차원 자료들을 2차원 또는 3차원 공간에 맵핑시키는 것	다차원척도법
		개념지도(concept map)
		사회네트워크분석
통계분석	일반적으로 구조화되어 있는 자료를 통해 각종 서지 통계 및 논문 및 특허 출판 개수 등을 파악	기초통계량
		Clustering
		Classification
추세분석	기술의 시간적 진화에 대해 분석하여 과거 자료의 패턴을 확장하여 미래를 예측함	시계열 분석
		성장곡선
		수학 모델링
데이터마이닝	구조화되어 있지 않은 문서로부터 자동적으로 정보를 추출하고 패턴을 분석	텍스트 마이닝
		웹 마이닝
지표분석	조사된 자료 자체를 활용하거나 특정한 수식을 통한 지표를 개발하여 각 개체들의 특성을 분석	입력지표
		중간지표
		출력지표
		성과지표

---

13) 한국과학기술정보연구원(2008) 『계량정보 분석방법론의 과학기술 적용사례 조사·
분석 연구』, pp.9-13

재일한인분야 연구 동향에 관한 선행연구들은 다른 인문분야의 주제와 같이 계량정보학적 접근을 시도한 경우는 소수에 불과하며 대부분 질적 내용 분석방법론을 적용하고 있다. 예를 들면, 이한정(2012)[14]은 2010년 이후 발표된 연구 중에서 '디아스포라'라는 말을 논문 제목에 직접 사용한 논문을 대상으로 질적 내용분석을 통해 디아스포라 담론이 재일조선인 연구에서 어떤 논점을 유발시키고 있는지 살펴보았다. 앞에서 살펴본 이한창(2005)[15], 강우원용(2010)[16], 그리고 이지형(2014)[17]의 연구 또한 관련 주제를 다루고 있는 선행 논문이나 도서의 일부를 대상으로 질적인 문헌연구 통해 연구의 주제를 밝히고자 하였다.

계량정보 분석방법론을 적용한 관련 분야 선행연구로는 두 개의 논문이 파악되었다. 윤인진(2010)[18]은 재외한인에 관한 2009년까지의 국내 학술지 논문과 석박사학위논문을 대상으로 연도별 간행 및 출판 건수, 학문분야별 간행 및 출판 건수를 통계분석의 기초통계량을 통해 파악한 바 있다. 또한 서봉언과 이채문(2014)은 2003~2013년의 10년간 사회과학분야 학술지에서 출판된 디아스포라 관련 논문 64건을 대상으로 출판 건수의 기초통계를 파악하고, 중심 키워드 13개를 추출하여 키워드의 동시출현(co-occurrence)정보를 통해 다차원척도법(MDS: Multi Dimensional Scaling)을 활용하여 이 분야 연구물의 주요 영역들을 디아스포라, 정체성, 글로벌, 그리고 민족 및 기타영역의 네 가지로 구분하여 분석하였다. 본 연구는 재일한인 관련 연구들에 대한 통계분석과

---

14) 이한정(2012)「동향과 쟁점: 재일조선인과 디아스포라 담론」,『사이間』제12권, 국제한국문학문화학회, pp.259-284
15) 이한창, 앞의 논문
16) 강우원용, 앞의 논문
17) 이지형, 앞의 논문
18) 윤인진(2010)「재외한인연구의 동향과 과제」,『재외한인연구』제21호, pp.326-356

시각화 유형 중 사회네트워크분석(SNA: Social Network Analysis, 이후 네트워크분석이라 함) 방법론을 혼합하여 적용하고자 한 것으로 선행 연구들과 연구 범위와 방법론에서 차이가 크다.

단순한 키워드 기반 내용분석은 지식을 낱개로 파악하는 방법으로 지식을 형성하는 얼개, 즉 '구조'를 제대로 파악해 낼 수 없는 방법이다.[19] 본 연구에서 주로 사용한 네트워크분석은 키워드를 개체로 한 키워드 네트워크를 구성하고 이를 계량적으로 분석하여 키워드 개별 개체보다 그들 간의 관계성에 보다 큰 의미를 부여하는 방법이다. 원래 네트워크 분석은 사람, 조직, 사물 등 분석 객체들 간의 관계를 네트워크로 형성하여 네트워크의 구조를 계량적으로 분석하는 기법으로 양자역학, 물리학, 사회과학 등 다양한 주제 분야에 적용되어왔다. 사람과 사람의 친구 관계가 서로 만남이나 정보 교환 등을 통해서 확인할 수 있다면, 텍스트에서의 의미를 가진 키워드 간의 관계는 한 문장 혹은 문단 등 분석 단위 안에 동시에 나타났는지를 기준으로 관계를 설정할 수 있다.[20] 즉 본 연구에서는 특정 분야의 논문으로부터 저자키워드를 추출하고, 키워드들의 논문에서의 동시출현정보를 바탕으로 네트워크를 구성하였다. 최근 이러한 키워드 네트워크분석은 특정 주제 분야의 지식구조를 파악하기 위해 널리 사용되고 있다.

본 연구에서 사용할 네트워크 분석의 대표적인 개념들을 정리하면 다음과 같다. 먼저 연결망 결속에 관한 개념으로는 연결 정도, 밀도, 포괄성이 있다.[21] 여기에서 연결정도(degree)는 한 객체가 맺고 있는 다른 객체의 숫자를 의미하고, 밀도(density)는 네트워크에서 가능한 총관계의 수

---

19) 사이람(2015)『소셜네트워크분석활용백서: 지식지도구축』2015-04-13-KN-01 p.3
20) 김용학(2011)『제3판 사회연결망분석』박영사, p.317
21) 위의 책, p.63

중에서 실제로 맺어진 관계 수의 비율을 뜻한다. 마지막으로 포괄성 (inclusiveness)은 한 그래프에 포함된 객체의 총수에서 연결되어 있는 않은 독립적인 객체의 수를 뺀 수의 비율이다. 즉 연결정도가 높은 노드가 많이 포함될수록, 밀도가 높을수록, 포괄성 값이 높을수록 해당 네트워크는 결속력이 강한 조밀한 네트워크가 된다고 해석할 수 있다.

또 다른 주요 개념으로는 중앙성(centrality)이 있다. 이것은 객체가 중앙에 위치하는 정도를 나타내는 개념으로 네트워크에서 그 객체의 영향력으로 해석할 수 있다. 중앙성을 측정하는 방법은 다양하다. 네트워크에서 하나의 객체가 얼마나 많은 다른 객체와 연결되어있는지, 또는 하나의 객체가 다른 모든 객체들에 도달하려면 몇 단계나 필요한지 등에 의해 측정될 수 있다. 일반적으로 사용되는 중앙성 개념의 유형[22]은 연결정도 중앙성, 인접 중앙성, 사이 중앙성, 위세 지수 등이다. 먼저 연결정도 중앙성(degree centrality)은 연결된 객체의 수를 통해 중앙성을 파악하는 개념으로 방향성이 있는 경우 내향 연결정도(indegree)와 외향 연결정도 (outdegree)로 구분할 수 있다. 인접 중앙성(closeness centrality)은 한 객체의 다른 객체와의 인접성 혹은 거리를 측정하는 지표. 한 객체가 다른 모든 객체에 도달하는 경로의 합으로 계산하며 그 합이 가장 작은 객체가 가장 높은 인접 중앙성을 지닌다. 사이 중앙성(betweenness centrality)은 한 객체가 네트워크 내의 다른 점들 '사이에' 위치하는 정도로 한 객체가 다른 객체들 사이의 최단거리를 연결하는 선, 즉 최단 경로 위에 위치하면 할수록 그 객체의 사이 중앙성은 높아진다. 위세 지수 (prestige index)는 자신의 연결정도 중앙성으로부터 발생하는 영향력과 자신과 연결된 타 객체의 영향력을 합하여 계산된 값이다.

---

22) 위의 책, pp.67~70

3 연구 설계 및 방법

1) 데이터 수집

본 연구의 분석 데이터는 2000년 1월부터 2016년 12월까지 전 주제 분야에 걸쳐 한국연구재단 등재 또는 등재후보 국내 학술지에 게재된 재일한인 관련 논문이다. 분석 데이터는 한국연구재단의 한국학술지인 용색인(KCI: Korea Citation Index, 이후 KCI라고 함)의 데이터베이스를 활용하여 논문의 제목, 키워드, 그리고 초록을 대상으로 '재일한인' 관련 주제 키워드 검색을 실시하여 수집하였다. '재일한인' 관련 주제 키워드는 국립중앙도서관에서 제공하는 주제명표목표, 한국연구재단 KCI 검색도구, 일본학 분야 전문가 의견을 참조하여 결정하였다. 검색 결과 '재일한인'으로 167편, 그리고 관련어로 조사된 '재일조선인'이 441편, '재일동포'가 200편, '재일한국인'이 174편, '재일본조선인'이 52편, '자이니치'가 35편으로 나타났다. 각 주제 키워드 검색결과에서 중복된 논문은 제외하고 분석하였다. 즉 '재일한인' 관련하여 KCI에 축적되어 있는 논문은 총 819편으로 이 논문들 모두가 분석대상이다.

2) 분석 방법

본 연구는 재일한인분야 지식구조를 파악하기 위해 두 가지의 계량 정보 분석방법론으로 접근하였다. 먼저 분석 데이터를 대상으로 논문 생산추이, 연구 분야, 발행기관, 그리고 재일한인분야 주요 주제 키워드

등은 기술통계 분석방법을 사용하였다. 이를 위한 분석도구로 수집된 논문의 서지정보 추출 및 정리를 위해서는 Endnote x8을, 기술통계는 SPSS v23을 사용하여 정리·분석하였다.

그리고 2000년 이후 재일한인분야 학문동향 및 지식구조 분석을 위해서는 수집된 논문의 저자키워드의 동시출현정보를 활용하여 네트워크분석을 실시하였다. 표현이 다른 동의어, 예를 들면 '6·25전쟁'과 '한국전쟁'은 '한국전쟁'으로, '재일본조선인총연합회'와 '조총련'은 '조총련'으로와 같이 단체명이나 사건명과 같은 고유명사 표기와 히라가나, 가타가나, 한자 등이 혼용된 경우는 한국어로 번역하여 용어를 통일하였다. 또한 복합명사가 키워드로 사용된 경우 일부 단어는 띄어쓰기를 통제하였다. 이 외 저자의 의도를 최대한 반영하기 위해 유사어 등은 키워드 표준화 작업을 수행하지 않았다. 키워드 추출 및 동시출현 매트리스는 KrKwic을 사용하여 작성하였고 네트워크분석은 UCINET 6을 사용하였다. 네트워크의 시각화를 위해서는 NetDraw를 사용하였다. 연구 절차 및 방법을 도식화하면 다음의 〈그림 1〉과 같다.

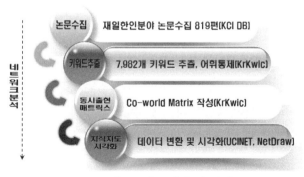

〈그림 1〉 연구 절차 및 방법

4 분석 결과

1) 기술통계 분석 결과

(1) 재일한인관련 논문생산추이

KCI 데이터베이스를 기준으로 2000년 이후 재일한인분야 국내 학술지의 논문생산은 〈그림 2〉의 학술지 논문생산 추이의 그래프와 같이 꾸준히 증가하고 있음을 알 수 있다.

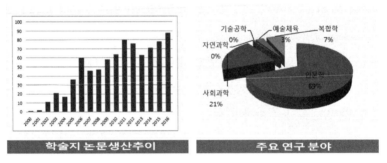

〈그림 2〉 재일한인분야 학술지 논문생산추이와 주요 연구 분야

2000년 1편의 논문생산은 2006년 60편까지 지속적으로 증가하다가 잠시 주춤하였고 2011년 80편, 2016년 88편으로 2000년 이후 최근에 가장 많은 양의 논문이 생산된 것을 알 수 있다. 이것은 재일한인분야에 대한 연구자들의 관심 증가로 해석할 수 있다.

(2) 주요 연구 분야

2000년 이후 재일한인에 관련된 연구는 〈그림 2〉의 주요 연구 분야와 같이 인문학을 비롯하여 사회과학, 예술체육, 복합학 등에 이르기까지 다양한 연구 분야에서 수행되어왔다. 특히 568편의 논문이 생산된 인문학 분야를 세부적으로 살펴보면, 한국어와 문학이 171편, 일본어와 문학이 155편, 기타인문학이 108편, 역사학이 74편, 그리고 기타가 60편으로 나타났다. 167편이 생산된 사회과학 분야는 사회과학일반이 30편, 정치외교학이 24편, 일본문화학이 20편, 사회학이 19편 등으로 나타났다. 그 외 복합학에서 55편, 예술체육에서 24편, 기술공학에서 3편, 자연과학에서 2편이 생산된 것으로 분석되었다.

연도별 주요 연구 분야에서 재일한인관련 논문생산추이를 살펴보면 〈표 2〉와 같다. 발행년과 주요 연구 분야간 교차분석 결과, 통계적으로 유의한 차이(유의수준 $p \leq 0.05$)가 있는 것으로 나타나진 않았다. 하지만 시간이 지날수록 모든 연구 분야에서 논문생산량이 많아지고 있고 인문학보다는 사회과학과 기타 주요 연구 분야에서의 증가량이 더 높은 것으로 나타났다. 이것은 재일한인의 주제가 보다 다양한 관점에서 다양한 학문기반의 연구자들에 의해 연구되고 있고 인문학뿐만 아니라 사회 전반의 이슈로 자리잡아가고 있다는 것을 나타낸다.

〈표 2〉 연도별 주요 연구 분야에서 재일한인관련 논문생산추이

발행년	주요 연구 분야						전체
	인문학	사회과학	자연과학	기술공학	예술체육	복합학	
2000	1	0	0	0	0	0	1
2001	0	1	0	1	0	0	2
2002	10	1	0	0	0	0	11
2003	17	4	0	0	0	0	21
2004	7	7	0	0	0	3	17
2005	27	4	0	0	0	5	36
2006	48	6	0	0	0	6	60
2007	27	10	0	1	2	6	46
2008	29	8	2	0	2	6	47
2009	46	11	0	0	0	1	58
2010	46	9	0	0	4	5	64
2011	50	20	0	0	6	4	80
2012	52	17	0	0	4	3	76
2013	38	20	0	0	1	4	63
2014	51	15	0	0	1	4	71
2015	55	19	0	0	1	3	78
2016	64	15	0	1	3	5	88
전체	568	167	2	3	24	55	819

(3) 발행기관

재일한인 관련 논문 819편은 110개 발행기관을 통해 생산된 만큼 매우 다양한 주제의 연구기관에서 접근하고 있음을 알 수 있다. 논문을 생산한 상위 10개 기관은 한일민족문제학회가 42편으로 가장 높게 나타났고 이 외에 한국문학회, 한국일본문화학회, 한중인문학회, 한국일본어문학회, 한국문학이론과비평학회, 일본어문학회, 한국학연구소, 한국동북아학회, 일본학연구소 순이다. 재일한인 관련 논문의 발행지는 앞의 상위 발행기관의 소속 발행지들로 발행지별 논문생산 개수는 다음의 〈표 3〉과 같다.

〈표 3〉 재일한인 관련 논문생산 상위 발행기관과 발행지

No.	발행기관	발행지	논문생산 갯수
1	한일민족문제학회	韓日民族問題硏究	42
2	한국문학회	한국문학논총	29
3	한국일본문화학회	日本文化學報	26
4	한중인문학회	한중인문학연구	25
5	한국일본어문학회	日本語文學	22
6	한국문학이론과비평학회	한국문학이론과 비평	21
7	일본어문학회	일본어문학	19
8	한국학연구소	한국학연구	18
9	한국동북아학회	한국동북아논총	17
10	일본학연구소(동국대)	日本學(일본학)	17
총 계			236

(4) 주요 주제 키워드

재일한인분야 논문들의 저자 키워드를 분석한 결과, 사용된 키워드는 총 7,982개였고 중복을 제외하고 사용된 키워드는 2,949개였다. 이 중 가장 많이 사용된 키워드는 '재일조선인'으로 총 263회 나타났고 이와 유사하게 주제 분야를 표현하는 '디아스포라', '재일동포', '재일한인', '재일한국인', '재일코리안'등이 상위출현 키워드의 한 그룹을 형성했다. 이를 제외하고 '재일'과 '문학'이 100회 이상 출현하였고, '정체성', '민족', '조총련', '일본', '민족정체성', '교육', '민단', '조선인', '한국어', '기억', '이양지', '전후', '한인', 그리고 '김달수'가 20회 이상 출현하였다.

출현빈도 20회 이상의 최상위 출현 키워드에는 '재일조선인', '재일동포', '재일한인', '재일한국인', 그리고 '재일코리안'과 같이 연구대상 주제 분야 자체를 나타내는 키워드들이 상당수 포함되어 있었다. 이런 키워드들은 네트워크 분석에서 제외하였다. 이 외의 최상위 출현 키워드에는 연구대상 주제의 하위 주제에 해당하는 '재일', '일본', '한인', '조선인', 주요한 연구

분야에 해당하는 '문학', '교육', 민족과 밀접한 '디아스포라', '정체성', '민족', '민족정체성', 주요 재일한인 단체인 '민단', '조총련', 주요 재일문학인 '이양지', '김달수' 등이 포함되어 있다. 8화~19회 출현한 키워드에는 '시문학', '소설', '북한문학'과 같은 문학의 하위 장르들, 문학인들, 문학관련 잡지, 문학단체를 포함한 '문학'과 관련된 키워드가 상당수 포함되어 있으며, 구체적인 재일한인과 관련된 사회, 정치적 이슈와 개념어들이 포함되어 있다.

본 연구에서는 의미있고 해석이 가능한 지식지도, 즉 연구 네트워크를 생성하기 위해 8회 이상 출현한 상위 출현 키워드 110개를 대상으로, 이들의 동시출현정보를 활용하여 네트워크 분석을 실시하였다. 네트워크 분석 대상 110개의 키워드는 〈표 4〉와 같다.

〈표 4〉 상위 출현 키워드(8회 이상)

키워드	빈도	키워드	빈도	키워드	빈도
재일조선인	263	한인	21	갈등, 귀국, 귀국사업, 기업가, 김학영, 모국어, 문예동, 양석일, 의식, 잡지, 재외동포, 조선적, 조선족, 참정권, 통일	10
재일	122	김달수	20		
문학	119	국적, 차별	19		
디아스포라	108	시문학, 한일회담	18		
재일동포	102	이데올로기, 한국인	17		
정체성	94	언어, 이주, 조선	16		
민족	75	김석범, 김시종, 뉴커머, 북한, 사회, 식민지	15	강순, 경계, 공생, 민족적, 북송, 분단, 영화, 운동, 유미리, 이카이노, 인식, 지향, 한국, 한류, 허남기	9
재일한인	74				
재일한국인	45				
조총련	44	네트워크, 다문화, 소수자, 일본어	14		
일본	41				
민족정체성	38	문화, 소설, 오사카, 조국	13	GHQ, 고향, 국민국가, 법적지위, 북한문학, 삼천리, 여성, 올드커머, 장혁주, 재일문학, 재일본조선인연맹, 정치, 제주도, 조선학교, 폭력, 한국전쟁, 한신교육투쟁, 한인타운, 현월	8
교육	37				
민단	29	경계인, 국가, 귀환, 냉전, 민족주의, 이회성	12		
조선인, 한국어	27				
기억	26	공간, 귀화, 문화적, 식민주의, 역사, 일본인, 작가, 정책, 조선어, 코리안	11		
재일코리안	25				
이양지	23				
전후	22				

(5) 시기별 주요 주제 키워드

재일한인분야 논문들의 시기별 연구 추이를 살펴보기 위해 발표시기에 따라 2000~2005년, 2006~2010년, 그리고 2011~2016년의 5~6년 주기별로 저자 키워드를 분석하였다. 앞에서 살펴본바와 같이 2000~2005년에는 88편, 2006~2010년에는 275편, 그리고 2011~2016년에는 456편으로 이 분야 논문의 생산이 점차 증가하고 있는 것을 알 수 있으며 연구 분야 또한 인문학뿐만 아니라 사회과학, 복합학, 예술체육 분야 등으로 점차 확대되고 있다는 것을 알 수 있다.

시기별 주요 주제 키워드를 분석한 결과, 시기별 상위 출현 키워드는 〈표 5〉와 같다. 2000~2005년에 발행된 논문에서 사용된 키워드는 총 600개였고 중복을 제외하고 사용된 키워드는 368개였다. 이 중 가장 많이 사용된 키워드는 '문학'과 '재일동포'로 각 25회씩 나타났고, 다음으로 '재일', '정체성', '재일조선인', '재일한인'의 순으로 많이 나타났다. 2006~2010년에 발행된 논문에서 사용된 키워드는 총 2,199개로 중복을 제외하면 1,225개였다. 이 시기에 가장 많이 나타난 키워드는 '재일조선인'으로 총 74회였고, 다음으로 '재일', '디아스포라', '민족', '문학'의 순이었다. 2011~2016년에 발행된 논문에서 사용된 키워드는 총 3,559개이고 중복을 제외하면 1,911개였다. 가장 많이 사용된 키워드는 '재일조선인'으로 총 176회 사용되었고 '디아스포라', '문학', '정체성', '재일동포'의 순으로 많이 사용된 것으로 나타났다.

세 시기 모두 공통적으로 사용된 상위 출현 키워드는 '문학', '재일동포', '재일', '정체성', '재일조선인', '재일한인', '민족정체성', '재일한국인', '민족', 그리고 '조총련'이었다. 반면 '디아스포라', '일본', '교육', '민단'은 2006년 이후 논문들에서 상위 출현 키워드로 등장하였고 최근까지 빈번하게 사용되고 있는 키워드이며, '재일코리안', '기억', '전후', '이양지', '김달수', '조선인'은 2011년 이후 발행된 논문들에서 새롭게 등장한 상위 출현한 키워드에 해당한다. 시기별 주요 주제 키워드들은 최근의 연구 주제 동향을 설명해 줄 뿐만 아니라 이 분야 주제를 다루는 새로운 연구진의 등장으로도 설명할 수 있다.

〈표 5〉 시기별 상위 출현 키워드 20

2000~2005년		2006~2010년		2011~2016년	
키워드	빈도	키워드	빈도	키워드	빈도
문학	25	재일조선인	74	재일조선인	176
재일동포	25	재일	59	디아스포라	67
재일	23	디아스포라	41	문학	58
정체성	17	민족	37	정체성	44
재일조선인	13	문학	36	재일동포	41
재일한인	11	재일동포	36	재일	40
한국어	11	정체성	33	재일한인	35
민족정체성	9	재일한인	28	민족	32
재일한국인	9	조총련	20	재일한국인	25
민족	6	일본	19	재일코리안	23
조선인	6	교육	18	일본	21
조총련	6	민족정체성	14	기억	20
시문학	5	국적	12	전후	20
정보요구	5	민단	12	조총련	18
한국인	5	이데올로기	12	교육	17
한국	5	한국어	12	이양지	17
아나키즘	4	네트워크	11	민족정체성	15
재외동포	4	재일한국인	11	김달수	14
차별	4	조선	10	민단	14
정보행태	4	한인	10	조선인	13

2) 네트워크 분석 결과

(1) 재일한인분야 전체 연구 네트워크

연구대상 관련 주제 키워드 '재일한인' 외 4개를 제외하고 분석대상 키워드 105개를 대상으로 UCINET 6를 통해 네트워크 분석을 실시한 결과, 키워드들 간에 직접적인 관계는 총 2,486번으로 나타나서 평균 연결정도는 23.676이다. 재일한인분야 연구 네트워크의 밀도는 0.228로 밀도가 높은 네트워크는 아닌 것으로 나타났다.

'재일'과 '문학'은 49개의 논문에서 동시 출현하여 직접적인 관계가 가장 높은 것으로 나타났고 다음이 '재일'와 '디아스포라', '재일'과 '조선인', '재일'과 '시문학', '민족'과 '교육', 그리고 '재일'과 '정체성' 등의 순으로 직접적인 관계가 높은 것으로 나타났다. 키워드 간 동시 출현정보를 활용하여 재일한인분야 연구 주제의 중앙성에 기반한 연구 네트워크를 그려보면 〈그림 3〉과 같다. 시각화 도구로는 NetDraw를 사용하였다.

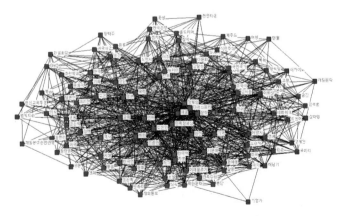

〈그림 3〉 재일한인분야의 연구 네트워크

〈그림 3〉은 키워드의 다양한 중앙성 값을 종합한 네트워크를 시각화한 것으로, 이 중 재일한인분야에서 가장 연결정도 중앙성이 높은 주제 키워드는 '재일'이며, '문학', '디아스포라', '정체성', '민족', '조총련', '시문학', '조선인', '민족정체성', '교육', '한국어', '일본'의 순으로 연결정도 중앙성이 높은 것으로 나타났다. 한 키워드가 네트워크 내의 다른 키워드들 사이에 위치하는 정도를 나타내는 사이 중앙성은 '재일'이 가장 높게 나타났으며, 다음으로 '디아스포라', '문학', '정체성', '민족', '일본', '민족정체성', '교육', '조총련', '전후'의 순으로 높게 나타났다. 한 키워드와 다른 키워드와의 거리를 측정하는 인접 중앙성은 다른 중심성과 마찬가지로 '재일'이 가장 높은 것으로 나타났으며, 다음으로 '디아스포라', '문학', '정체성', '민족', '민족정체성', '일본', '교육', '조총련', '조선인'의 순으로 높게 나타났다. 즉 '시문학'의 경우 직접적으로 연결되어 있는 키워드가 많아 연결정도 중앙성이 높은 반면 상대적으로 다른 키워드들을 서로 연결시키는 매개성이 낮아 네트워크에서 중요한 영향을 미치지 못하며 또한 인접 중앙성이 낮아 네트워크 안에서 지리적으로도 중심부에 위치하지 못하고 있음을 알 수 있다. 반면 '전후'는 다른 키워드와의 직접적인 연결정도가 다소 낮지만 다른 키워드들을 서로 연결시키는 매개성인 사이 중앙성이 상대적으로 높게 나타난 것을 알 수 있다. 이러한 다양한 중앙성 값을 종합하여 각 키워드는 연구 네트워크에 표시되어 있으며, 지도에서 외곽으로 빠져 있는 키워드는 분석에 사용된 키워드들 중 상대적으로 중앙성이 낮다는 것을 의미한다.

복잡한 네트워크로부터 보다 의미있는 해석을 위해 연결정도 중앙성이 높았던 키워드 10개에 대해 재일한인분야에서 밀접하게 연구되어온 주제 키워드를 도출하여 정리하면 〈표 5〉와 같다. 이를 위해 키워드간 연결정도가 4이상인 경우만 포함하여 10개 키워드 각각에 대한 자아중심성 네트워크 분석(EgoNet)을 실시하였다. '재일'의 키워드는 매우 광범위한 분야의 키워드들와 전방위적으로 연결되어 있음을 알 수 있고, '문학'과 연결된 키워드는 다수 문학가들과 연결되어 있는 것을 알 수 있다. 즉 재일한인분야의 문학 관련 연구들은 이양지, 김달수, 이회성, 양석일, 김학영, 김시종 등의 개별 문학가 중심으로 많이 이루어졌다는 것을 알 수 있다. 추가로 재일한인분야 교육과 관련된 연구는 민족, 다문화, 정체성 교육이 주요 주제 키워드였다는 것을 알 수 있다. 〈표 6〉를 통해 재일한인분야 주요 주제들에서 많이 다루어진 하위 연구 주제들과 관련 주제들을 확인할 수 있어 새로운 연구 주제를 설계하고자 할 때 기초 자료로 활용할 수 있을 것이다.

〈표 6〉 중앙성 상위 키워드와 연결 주제 키워드

중앙성 상위 키워드	연결 주제 키워드(degree≥4)
재일	문학, 디아스포라, 조선인, 시문학, 조총련, 민족, 정체성, 한인, 이데올로기, 허남기, 강순, 한국인, 문예동, 북한문학, 민족정체성, 한국어, 북한, 식민주의, 잡지, 일본, 재외동포, 김시종
문학	재일, 정체성, 디아스포라, 민족, 한국어, 민족정체성, 이양지, 김달수, 이회성, 조선인, 김석범, 조선어, 일본어, 조총련, 북한, 양석일, 재외동포, 문예동, 한인, 이주, 김학영, 민족적, 시문학, 북한문학, 김시종
디아스포라	재일, 정체성, 문학, 시문학, 조총련, 민족, 강순, 허남기, 코리안, 이데올로기, 김시종, 문예동, 조선인, 이주, 일본, 이양지
정체성	재일, 민족, 디아스포라, 문학, 다문화, 한인, 한국어, 교육, 일본, 정치, 소수자
민족	교육, 정체성, 재일, 디아스포라, 문학, 한국어, 지향, 민족정체성, 차별, 조선학교, 작가, 국가, 민족주의
조총련	재일, 디아스포라, 민단, 시문학, 문예동, 조선인, 문학, 허남기, 이데올로기, 강순
시문학	재일, 디아스포라, 조총련, 조선인, 강순, 허남기, 한인
조선인	재일, 시문학, 문학, 디아스포라, 조총련, 문예동
민족정체성	문학, 재일, 디아스포라, 시문학, 한국어, 민족
교육	민족, 다문화, 정체성

중앙성 상위 10개의 키워드를 포함하여 연결정도 4이상인 모든 키워드들에 대한 연구 네트워크를 시각화해보면 〈그림 4〉와 같다. '재일', '문학', '디아스포라', '정체성', 그리고 '민족' 키워드가 형성하고 있는 각 하위 네트워크는 이들 간의 직접적이고 밀도 높은 연결을 기반으로 하나의 상위 네트워크 구성하고 있음을 알 수 있다. 반면 '뉴커머'와 '올드커머', '귀국'과 '북송', '국적'과 '민족적'은 연결정도 4이상의 네트워크에서는 다른 하위 네트워크들과 단절되어 나타났다.

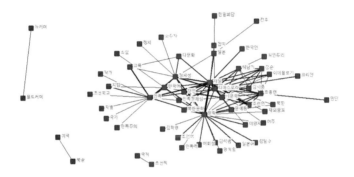

〈그림 4〉 재일한인분야의 연구 네트워크: 연결정도 4이상

(2) 시기별 재일한인분야 연구 네트워크

앞의 시기별 주요 주제 키워드 분석과 동일한 방법으로 2000~2005년, 2006~2010년, 2011~2016년으로 시기를 구분하여 재일한인분야 연구 네트워크를 분석해 보았다. 세 시기별 비교분석을 위해 가장 생산 논문수가 적고 사용된 키워드가 적게 나타난 2000~2005년을 기준[23]으로 각 시기별 상

---

23) 2000~2005년에 발행된 논문에서 2회 이상 사용된 키워드는 모두 66개였다. 여기에서 '재일한인', '재일동포', '재일조선인', '재일한국인'과 같은 연구 대상 주제 키워드를 제외하고 네트워크 분석에 사용된 키워드는 62개이다.

위 출현 키워드 62개씩을 대상으로 네트워크 분석을 실시하였다. 그 결과를 정리하면 다음의 〈표 7〉과 같다. 시기별 재일한인분야 연구 네트워크들 중 가장 밀도가 높은 시기는 2006~2010년으로 평균 연결정도가 14.548, 밀도가 0.238이다. 이 시기의 네트워크는 발행 논문수와 사용 키워드가 더 많은 2011~2016년의 네트워크보다 더 높은 밀도를 가지며, 또한 전체 시기의 연구 네트워크보다도 더 조밀하다. 즉 이 시기에 발행된 논문들은 주제간 관계성이 높거나 동일 주제의 논문이 많이 발행되었다는 것을 설명한다.

〈표 7〉 시기별 재일한인분야 연구 네트워크 속성

	2000~2005년	2006~2010년	2011~2016년
분석 키워드 수 (출현 횟수)	62개(2회 이상)	62개(4회 이상)	62개(6회 이상)
연결정도 (평균연결정도)	368 (5.935)	902 (14.548)	810 (13.065)
밀도	0.097	0.238	0.214

핵심적인 위치에 있는 주제 키워드를 도출하기 위해 시기별 연결정도, 사이, 그리고 인접 중앙성 분석을 실시한 결과는 〈표 8〉과 같다. 2000~2005년에는 '재일'과 '문학'이 가장 중심성이 높은 주제 키워드로 나타났고, 2006년 이후의 두 시기에는 '재일'과 '디아스포라'가 가장 중심성이 높은 주제 키워드였다. 즉, '디아스포라'는 2006년 이후 모든 유형의 중앙성에서 가장 높은 값을 나타낼 정도로 최근의 재일한인분야의 핵심적인 주제 키워드가 되었다는 것을 알 수 있다. 이와 함께 최근에는 '일본', '기억', '전후', '사회'와 같은 사회 · 정치적 이슈와 관련된 주제 키워드들이 연구의 중심에 있다는 것도 확인할 수 있다. 반면 '조총련', '북한문학', '사회주의', '이데올로기'와 같은 주제 키워드들은 2000년 초반에 중심성 높은 키워드

로 나타났다가, 최근에는 중심성이 점점 낮아지고 있다는 것을 확인할 수 있다. 시기별로 변함없이 이 분야 주제 키워드로 중심성이 높은 것은 민족의 정체성과 관련되어 있다는 것을 확인할 수 있다.

<표 8> 시기별 중앙성 상위 키워드 10

	유형	순위	2000~2005년	2006~2010년	2011~2016년
중앙성 상위 키워드 10	연결정도	1	재일, 문학	재일, 디아스포라	재일, 디아스포라
		2			
		3	민족	정체성	문학
		4	민족정체성, 정체성	민족	정체성
		5		문학	민족
		6	한국인, 시문학	조총련	일본
		7		교육	전후
		8	조선인	일본	기억
		9	조총련, 북한문학	한국어	김달수
		10		민족정체성	민족정체성
	사이	1	문학	디아스포라	디아스포라
		2	재일	재일	재일
		3	조총련	민족	정체성
		4	민족	정체성	일본
		5	민족정체성	일본	문학
		6	1세대	문학	전후
		7	정체성	교육	민족
		8	교육	조총련	기억
		9	한국인, 시문학	이데올로기	김달수
		10		민족정체성	사회
	인접	1	문학, 재일	재일, 디아스포라	재일
		2			디아스포라
		3	민족	정체성	문학
		4	민족정체성	민족	정체성
		5	정체성	문학	민족
		6	한국인, 시문학	조총련	일본
		7		교육	전후
		8	조선인	일본, 이데올로기	기억
		9	사회주의, 조총련		김달수
		10		한국어	사회

5 결론 및 요약

본 연구는 재일한인분야 연구 동향 및 지식구조를 파악하기 위해 2000년 이후 국내 한국연구재단 등재지 및 등재후보지를 통해 발행된 이 분야 학술논문 전체를 대상으로 계량적 분석방법을 사용한 것이다. 이를 위해 KCI 데이터베이스를 대상으로 재일한인 관련 주제 검색을 통해 819편의 논문을 수집하였고 해당 논문의 다양한 서지데이터를 수집하여 기술통계적 분석과 네트워크 분석을 실시하였다. 그 결과를 요약하면 다음과 같다.

첫째, 2000년에 1편이었던 재일한인분야 논문은 해를 거듭할수록 지속적인 증가 추세에 있는 것으로 나타났으며 해당 연구 분야도 인문학에서 사회과학, 예술체육학, 복합학 등으로 점점 다각화되고 있었다. 또한 819편 논문의 발행기관도 110여개로 많은 수의 학회, 연구소, 기타 기관들에서 논문 발행에 관여하고 있는 것으로 나타났다.

둘째, 논문들의 저자 키워드를 분석한 결과, 사용된 키워드는 총 7,982개였고 중복을 제외하면 2,949개의 키워드가 사용되었다. '재일'과 '문학'이 100회 이상으로 가장 많이 나타났고, '정체성', '민족', '조총련', '일본', '민족정체성', '교육', '민단', '조선인', '한국어', '기억', '이양지', '전후', '한인', 그리고 '김달수'가 20회 이상 사용된 것으로 나타났다.

셋째, 2000~2005년, 2006~2010년, 2011~2016년으로 구분하여 시기별로 논문의 저자 키워드를 분석한 결과, 세 시기 모두 공통적으로 나타난 상위 출현 키워드는 '문학', '재일동포', '재일', '정체성', '재일조선인', '재일한인', '민족정체성', '재일한국인', '민족', 그리고 '조총련'이었다. 반면 '디아스포라', '일본', '교육', '민단'은 2006년 이후 논문들에서 상위 출현 키워드로 새롭게 등장하였고, '재일코리안', '기억', '전후', '이양지', '김달수', '조선인'은 2011년 이후 발행된 논문들에서 새롭게 등장한 상위 출현한 키워드였다.

넷째, 상위 출현한 키워드 105개를 대상으로 동시출현정보를 통해 네트워크 분석을 실시한 결과, 키워드들 간 평균 연결정도는 23.676, 밀도는 0.228인 연구 네트워크가 도출되었다. '재일'과 '문학'은 49개의 논문에서 동시 출현하여 직접적인 관계가 가장 높은 것으로 나타났고 가장 중앙성이 높은 주제 키워드들은 '재일', '문학', '디아스포라', '정체성', '민족'으로 나타났다.

다섯째, 시기별 연구 네트워크를 도출한 결과, 2006~2010년의 연구 네트워크가 가장 밀도 높은 네트워크를 형성하고 있는 것으로 나타나 2011~2016년 시기의 연구 주제가 보다 다각적인 것으로 나타났다. 중심성 분석에서는 2000~2005년은 '재일'과 '문학'이, 2006년 이후의 두 시기는 '재일'과 '디아스포라'가 가장 중심성이 높은 주제 키워드로 나타났다. 이 외에도 2000년 초반에는 '조총련', '북한문학', '사회주의', '이데올로기' 등이 중심성 높은 키워드였지만, 최근에는 '일본', '기억', '전후', '사회' 등과 같은 사회 · 정치적 이슈와 관련된 주제 키워드들이 연구의 중심에 있다는 것도 확인할 수 있었다.

본 연구는 위에서 정리한 연구 결과와 더불어 재일한인 관련 전 연구 분야의 연구 동향과 지식구조를 파악하기 위해 다양한 기술통계와 네트워크 분석 방법을 적용했다는 것에 의의가 있다. 어떤 주제 분야이든 해당 주제 분야의 지식구조를 파악하고 전체적인 연구 동향을 통찰하는 것은 연구자들의 미래의 연구 방향 설정과 학문적 발전을 조력하기 위해 중요한 선행 작업이다. 이러한 역할을 보다 잘 수행하기 위해서는 재일한인분야의 세부적인 주제별로 깊이 있게 접근해야겠지만 이것은 추후 연구들의 과제로 남기고 본 논문에서는 재일한인분야 국내 연구에 대한 전체적인 조망과 그 토대만 제공하기로 했다. 또한 향후 연구에서 KCI 데이터베이스 구축 이전의 재인한인 분야 인쇄형 학술논문에 대한 조사와 분석이 추가된다면 시기별 재일한인분야 연구에 대한 보다 포괄적인 추이 변화를 제공하는 것이 가능해질 것이다.

이 논문은 「키워드 네트워크 분석 방법을 통한 재일한인분야 지식구조 분석」(『일본근대학연구』제59집, 한국일본근대학회, 2018)을 기초로 수정 보완한 것이다.

동아시아연구총서 제5권
재일조선인 미디어와 전후 문화담론

'망명자문학'으로서의 『화산도』

곽형덕(郭炯德)

와세다대학 문학연구과에서 박사학위를 받았으며 현재 광운대학교 박사 후 연구원으로 있다. 근대이후 파생된 일본어문학을 중심으로 국민국가 중심의 일본문학을 비서구 세계문학적 관점에서 해석하는 작업을 하고 있다. 저서로『김사량과 일제 말 식민지 문학』이 있고, 번역서로는『한국문학의 동아시아적 지평』(오무라 마스오),『어군기』(메도루마 슌),『아쿠타가와의 중국 기행』,『긴네무 집』(마타요시 에이키),『장편시집 니이가타』(김시종),『아무도 들려주지 않았던 일본 현대문학』(다카하시 토시오),『김사량, 작품과 연구』(1-5) 등이 있다.

지금은 / 증오의 때 /기아에 쫓겨 망령처럼 헤매며 /
갑자기 뿜어져 나오는 내 피여 / 지금은 / 복수의 때
(양석일 「하지만 새벽에」 중에서)

 시작하며

　2015년 10월 『화산도』(전12권, 김환기·김학동 옮김, 보고사, 2015.
10)[1]가 한국어로 완역돼 나오면서 그동안 일본에서 주로 이뤄졌던 연
구가 한국으로 넓어지는 계기가 마련됐다. 일본에서의 김석범 문학에
대한 평가는 재일조선인문학[2]이라는 틀 안에서 주로 이뤄져 왔다. 이
소가이 지로(磯貝治良)는 『시원의 빛 재일조선인 문학론(始源の光在日
朝鮮人文學論)』(創樹社, 1979.9)에서 김석범 문학에 드러난 원(原) 민중

---

1) 김석범의 장편소설 『火山島』는 「一九四九年頃の日誌より一「死の山」の一節より」
(『朝鮮評論』創刊号, 1951.12)과 「鴉の死」(『文芸首都』1957.12)에서부터 그 원형을
찾아볼 수 있다. 이후 조선총련 조직의 문학잡지 『문학예술』에 조선어로 발표된
「화산도」(1965.5-1967.8, 총9회[중단])를 거쳐, 일본어로 『文學界』에 1976년부터
1997년까지 20년에 걸쳐 연재됐다. 연재 도중인 1983년 6월부터 문예춘추사에서
단행본으로 간행해서 1997년 9월에 전 7권으로 완간됐다. 이미 알려진 것처럼 단
행본으로 출간될 때 부분 개작이 이뤄졌다. 이와나미서점에서 주문 제작 방식으로
2015년 10월 『火山島』(1-7)를 다시 출간됐다. 또한 김석범의 많은 작품이 『火山島』
와 직간접적으로 이어져 있다. 『화산도』는 '해방'과 전후로 역사적 시공간의 규정
이 엇갈리는 '조선'(본토와 제주도)과 일본 사이의 뒤얽힘과 아이러니를 다양한
인물 군상의 궤적을 통해 미학적으로 현출해 내고 있다. 게다가 『화산도』의 개작
과정 전후로 역사적 사건과 시공간을 공유하는 다양한 작품(「간수 박서방」, 「까마
귀의 죽음」, 「관덕정」, 「똥과 자유와」, 「허몽담」, 「1945년 여름」, 「도상」 등)이
나뭇가지처럼 뻗어있다는 점에서 종합적으로 검토될 필요가 있다.
2) 이 글에서는 학계에서 흔히 쓰는 재일동포문학, 재일코리언문학, 재일디아스포라문학
등의 용어 대신에 재일조선인문학이라는 용어를 쓰겠다. 재일동포문학이나 재일코리
언문학이라는 용어의 몰역사성에 대한 필자 나름의 비판적 인식을 드러낸 것이다.

상을 찾아내 이를 「조선적인 것」과 결부시켜 「저항」으로의 과정을 찾아낸다. 이와 반대로 다케다 세이지(竹田靑嗣)는 『「재일」이라는 근거(〈在日〉という根拠―李恢成·金石範·金鶴泳)』(国文社, 1983.1)[3]에서 그러한 원 민중상의 허구를 예리하게 짚어내며 『화산도』가 "「재일」의 모든 체제를 「제주도」의 상황에서 의미 지으려는 작가의 욕망을" 드러낸 것으로 「재일」의 실제 상황에 대한 묵살이라고 비판한다. 요컨대 김석범의 작품이 "「재일」 사회의 새로운 지층에 미치는" 것은 불가능 하며 "작가가 움켜쥐고 있는 것은 「민족」, 「조국」, 「민중」, 「해방」과 같은 문제의 계통으로, 이 원근법은 「부인」, 「차별」, 「불우성」, 「집과의 갈등」, 「자기 확인」, 「화해」와 같은 전후적인 「재일」의 삶의 영역을 억지로 지워버릴 수밖에 없[4]다는 것이다. 일본에서 단독으로 나온 김석범론으로는 오노 테이지로(小野悌次郎)의 『존재의 기원-김석범 문학(存在の原基―金石範文學)』(1998.8)과 나카무라 후쿠지(中村福治)의 『김석범 화산도 읽기-제주 4·3과 재일한국인 문학』(삼인, 2001.4, 한국어판), 그리고 쓰브라야 신고(圓谷真護)의 『빛나는 거울-김석범의 세계(光る鏡―金石範の世界)』(論創社, 2005.10)가 있다.[5] 이러한 선행 연구서는 김석

---

3) 이 책은 재일조선인문화연구회가 번역해 『「재일」이라는 근거』(소명출판, 2016.3)라는 제목으로 최근 출간됐다. 다케다 세이지의 김석범 문학 비판에 대한 필자 나름의 비판적 독해는 곽형덕「'재일'의 근거로서의 『화산도』」(『탐라문화』탐라문화연구원, 2016.10)에서 자세히 다뤘기 때문에 여기서는 간략하게만 언급하는 것으로 그친다.
4) 다케다 세이지 지음, 재일조선인문화연구회 옮김(2016.3)『「재일」이라는 근거』소명출판, 124쪽.
5) 오은영의 『재일조선인문학에 있어서 조선적인 것-김석범 작품을 중심으로』(도서출판 선인, 2015.5)는 나고야대학에서 받은 박사논문을 한국어로 번역한 것이다. 일본에서의 연구 성과라 할 수 있다. 오은영은 이 책에서 김석범의 '조직' 비판이 관념적이라고 비판하고 있거나(101쪽), 김석범 작품에 표현된 '조선'은 "조선에 있는 '조선의 것'"(13쪽)이라고 하면서 "일상적인 조선인의 감각이 결여"(114쪽)돼 있다고 쓰는 등 다케다 세이지의 논의와 비슷한 지점에 서 있다.

범의 일본어 작품과 '제주 4·3'(이하 4·3로 약칭)을 비롯한 해방 이후 한반도의 역사적 상황과 '재일'의 문제를 결부시켜, 김석범 문학이 재일 조선인문학사에서 차지하는 독특한 위치를 규명하고 있다. 특히 김석범의 개별 작품에 주목하면서 「협격」을 당하는 작가의 위치를 응시해 동시대적인 비평을 하고 있다. 위 세 논자의 평가는 김석범 소설이 재일하는 조선인의 삶을 그렸다기보다 「해방」 이후 전개된 조선 민족의 비극적인 역사(특히 제주 4·3)를 직시하며 작품 세계를 구축했음을 논의한 축으로 삼고 있다.[6]

한국에서 이뤄진 재일조선인문학 연구는 「민족문학」의 확장 개념으로서 일본의 조선지배(식민지화)와의 연관을 낳은 유산이라는 측면을 중심으로 초기 연구가 진행돼 오다가, 최근에는 디아스포라 문학으로 접근하고 있는데 이는 모두 「재외문학」의 특성에 주목한 것이다. 한국 내의 『화산도』 및 김석범 문학 연구는 이한창, 김환기, 이한정, 김학동 등에 의해 이뤄져 왔다. 이들의 논문을 모두 정리할 수는 없으나, 공통적인 것은 김석범 문학에 드러난 민족의식이나 정체성의 문제를 「재일」이라는 상황에 결부해 그 역사성과 현재성을 탐구하는 것이라 할 수 있다. 지금까지 재일조선인문학을 「망명」이라는 관점에서 다룬 글은 필자가 아는 범위에서는 많지 않다. 권성우는 「망명, 혹은 밀항(密航)의 상상력 - 김석범의 『화산도』에 대하여」(『자음과 모음』 2016년 봄)이라는 글에서 "『화산도』가 특정한 단일국가의 문학에 포섭되지 않는 디아스포라 문학이자 망명문학에 해당된다."고 평가하며 김석범 문학을 「망

---

6) 다만 일본문학 연구를 대표하는 학회지 중인 하나인 일본근대문학회가 발간하는 『日本近代文學』(1964.11~)의 총목차를 살펴보면 김석범 및 『火山島』에 관해 단 한편의 논문도 게재돼 있지 않다는 점에서, 김석범 문학 연구는 제한된 영역에서 이뤄지고 있음을 알 수 있다.

명문학」으로 위치 짓고 있다. 흔히 망명문학이라 하면 볼셰비키 혁명을 피해 국외로 이주한 러시아 망명 작가의 문학이나, 제2차세계대전 전후로 체코의 프라하로 망명한 독일 망명작가, 혹은 일제 말 중국으로 망명했던 김태준과 김사량의 문학을 떠올리기 십상이라, 김석범의 문학을 망명문학으로 바로 연결시키는 것에는 여러모로 어려운 점이 있는 것이 사실이다. 이는 최근 재일조선인문학 일반을 디아스포라 문학으로 규정하는 것은 어느 정도 합의가 되었으나, 그것을 망명문학으로 명명하지 않는 것은 이와 궤를 같이 한다. 그런 점을 참고하여, 이 글에서는 재일조선인문학과 망명문학의 관련을 살펴보고 『화산도』를 우선 망명작가의 글쓰기라는 측면에서 살펴보고자 한다. 이를 김석범의 망명에 대한 인식, 1970년 전후 김석범의 재일조선인문학 비판, 김시종과 양석일, 그리고 김석범 사이에 존재하는 10년이라는 간극(1958년과 1968년), 조선민주주주의인민공화국(이하, 공화국)의 문예 정책과 재일조선인문학이라는 측면에서 살펴보고자 한다. 특히 공화국과 재일조선인문학의 관련에 대해서는 논의가 진전되지 않았던 만큼 문제적인 요소를 함포하고 있다. 또한 이러한 「망명」과 「유민」 의식이 『화산도』에 어떻게 나타나고 있는지에 대해서도 분석해 보고자 한다.

2 재일조선인문학과 망명문학

『화산도』의 망명문학적인 성격을 논하는 것과 『화산도』〈 망명문학이라는 등식 사이에는 커다란 간극이 존재한다. 다시 말하자면, "『화산도」는 망명문학적인 성격을 지니고 있다"는 전제와 "『화산도』는 망명문학이다"라는 정의는 엄연히 다른 것이다. 전자에 대해서는 대부분의 사람들이 동의할 수 있겠으나 후자에 이르면 쉽게 동의하지 않는 사람들이 많다. 후자의 정의가 성립되기 위해서는 재일조선인은 망명한 사람들인가 혹은 재일조선인문학은 망명문학인가라 하는 물음에 우선 답해야 한다. 재일조선인의 많은 수가 일본 제국주의 시기부터 일본에서 살았고, 그 후손이라는 점에서 그들을 곧 망명자로 위치시키는 것에는 여러모로 무리가 있다. 더구나 망명이란 정치적 박해 등을 피해서 다른 나라로 이동해 가는 것을 의미한다는 점에서 식민지 본국으로의 이동을 '망명'이라 부를 수 없기 때문이다. 다만 김시종과 같이 「제주 4·3」 당시에 일본으로 망명한 경우는 이야기가 다르다. 또한 제국주의와 식민지의 관계를 상정해 보면 박해를 피해 새로운 장소로의 이동을 전제로 하지 않더라도 정신적인 망명 상태를 지니고 살아가는 경우를 상정할 수 있는 여지는 충분하다. 그러한 이동이 없이도 자신의 의사에 반해 식민지 본국에서 살게 되었을 경우 망명자로서의 의식(한 국가에 온전히 속할 수 없는 끼인 상태 및 「고향」지향)은 충분히 생성될 수 있다. 그것은 재일조선인이 나고 자랐던 '식민지'로부터의 망명이라던가, 해방 이후 형성된 국민국가로부터의 망명이라고 단순화해 말할 수 없는 과거와 현재를 아우르는 시공간으로부터의 망명 상태를 나타내는 것으로, 그것은 남과 북이 훗날 통일된다 하더라도 완전히 해소될 수 없는 자국을 남기고 있다. 왜냐하면 한국과 공화국은 물론이고 자신이 발 딛고 서 있는 일본(국가/지역)으로부터 온전한 권리를 누릴 수 없는 상태는 남과 북이 하나의 국민국가로 합쳐진다 하더라도 완전히 해결될 수 없기 때문이다.

그렇다면 재일조선인작가들은 자신들의 문학을 망명과 결부해 어떻게 사유하고 있을까. 김석범은 재일조선인문학과 자신의 문학을 구분해서 다음과 같이 쓰고 있다.

　수 년 전의 일이지만 일본의 어느 문학이론 잡지가 세계의 망명문학특집을 기획, '재일조선의 문학(원문 그대로-인용자)'을 망명문학의 시각에서 고찰한 글을 써달라는 부탁이 왔을때 저는 '재일조선인 문학'은 결코 망명문학이 아니라는 주장을 하고 집필을 거절한 바 있었습니다. 그러나 역대의 독재정권이 영구정권처럼 행세하고 조국의 통일과 민주화의 길을 멀어지게만 하는 것 같고 조국으로 통하는 길 또한 점점 막혀짐에 따라 결국 작품의 내용은 그렇지 않음에도 제가 놓여있는 형편이 정치적으로 추방당한 망명작가들과 크게 차이가 없는 것으로 생각이 들기도 했습니다. (중략) 몇 년 전 『화산도』 출판에 관계되는 어느 모임에서 이러한 발언을 했다가 동포참가자에게 타박을 받은 적이 있었습니다만 오랜 고립상태에서 그저 문학적인 상상세계에 자신을 위탁함으로써 제나름의 삶을 지탱해 온 저로서는 그것이 절박하고 솔직한 심정이었습니다.

(김석범, 「일본에서 온 편지-『화산도』에 대하여」『실천문학』,
1988.9, 449쪽)

김석범은 1988년 6월 『화산도1-5』(이호철, 김석희 옮김, 실천문학사)와 『까마귀의 죽음』(김석희 옮김, 실천문학사) 출간 기념회에 맞춰 방한하려 했지만 비자가 나오지 않아서, 그해 11월 40여년 만에 다시 「고향」땅을 밟았다. 「일본에서 온 편지-『화산도』에 대하여」는 한국행이 무산된 이후에 쓴 것으로 민주화돼가고 있는 한국에 큰 희망을 품으면서도, 자신의 고립(협격(협공-남과 북, 그리고 일본 사회로부터)된 위치를 첨예하게 인식해 이를 「망명」으로 표현한 글이다. 김석범은 1988년 단계에서는 "「재일조선인 문학」은 결코 망명문학이 아니라는 주장"을 하면서도 자신이 놓여 있는 상황은 "정치적으로 추방당한 망명작가들과 크게 차이가 없"다고 쓰고 있다. 김석범이 재일조선인문학을 망명문학이 아니라고 단호하게 주장하게 된 배경에는 작품의 사소설화 경향만이 아니라, 재일조선인작가들을 망명작가로 보지 않는 것도 컸다. 재일조선인 작가 중에는 김시종처럼 목숨을 걸고 일본으로 정치적 망명을 한 경우도 있지만, 2세 3세에 이르면 일본에서 태어나 일본어로 작품 활동을 펼쳐 작가가 되었다. 김석범은 그것이 일제시대에 조선어적인 세계를 일본어로 쓴 김사량과 2세 3세 작가와의 결정적인 차이점으로 인식하고 있었다. 그렇기에 김석범은 재일조선인문학 전체를 망명문학이라 부를 수 없었다.

하지만 조선총련(북)과 민단(남) 양쪽에서 비판을 받으면서도 통일된 「조국」과 「고향」을 꿈꾸며 창작 활동을 한 그 자신에 대해서는 "정치적으로 추방당한 망명작가들과 크게 차이가 없"다고 말하고 있다. 이러한 상반된 인식이 가능한 이유는 김석범에게 재일조선인문학이란 일본문학과 대립하고 갈등하는 것이 아니라 그 하위 구조에 위치하지만, 그 자신의 문학은 일본문학의 하위 카테고리에 속하지 않기 때문이다. 그런 점에서 김석범은 자신의 문학을 민족적인 면에서는 재일조선인문학으로 보면서도 그것을 일본어문학이나 디아스포라문학의 지평으로 끌어 올릴 수 있었다.

나는 '재일조선인문학은, 적어도 김석범 문학은 일본문학이 아니라 일본어문학, 디아스포라 문학'이라는 주장을 오래전부터 해왔고, 이를테면 김석범 문학은 일본문학계에서 이단의 문학이다, 그것은 한마디로 일본어로 쓰여졌다 해서 일본문학이 아니다, 문학은 언어만으로써 형성, 그 '국적'이 규정되는 것이 아니라는 사상이라는 점을 일관되게 주장해 왔다.

『화산도』를 포함한 김석범 문학은 망명문학의 성격을 띠는 것이며, 내가 조국의 '남'이나 '북'의 어느 한쪽 땅에서 살았으면 도저히 쓸 수 없었던 작품이다. (중략) 가혹한 역사의 아이러니!

　　　　(김석범(2015.10)「한국어판 『화산도』 출간에 즈음하여」『火山島1』,

　　　　　　　　　　　　　　　　　　김환기, 김학동 옮김, 보고사, 7쪽)

　1988년으로부터 27년이 지나 김석범은 "『화산도』를 포함한 김석범 문학은 망명문학의 성격을 띠는 것"이라고 쓰고 있다. 재일조선인문학은 결코 망명문학이 아니다(1988)라는 정의와, 그와 정반대인 김석범 문학은 망명문학이라는 정의(2015)는 일견 매끄럽게 다가오지 않는다. 일반적으로 김석범 문학은 재일조선인문학에 속하는 것으로 인식되는 상황에서 김석범은 재일조선인문학이라는 장르 체계 자체를 자신의 문학과 분리시키고 있기 때문이다. 이러한 김석범의 인식 구조를 이해하기 위해서는 김석범이 재일조선인문학을 어떻게 바라봤는지를 좀 더 살펴볼 필요가 있다. 『화산도』에서 김석범은 일본어로 조선을 그리려는 시도를 하며 일본문학의 위계구도를 날카롭게 비판해 왔다.[7]

　김석범이 "「재일조선인 문학」은 결코 망명문학이 아니"라고 했던 것은 그것이 사소설적인 요소를 담고 있으며 일본문학의 하위에 위치한다는 판단에서였다. 김석범은 "민주주의 세계로 변했다고 해도 일본문단이라는 것은 줄곧 시가 나오야(志賀直哉)를 필두로 한 사소설(私小說)이 주류를 형성해 왔습니다. 그 영향이 재일조선인문학에는 뿌리 깊게 남아 있습니다. 그런 점에서 재일조선인문학은 일본문학의 하위에 위

---

7) 김석범의 평론서/수필집에는 이러한 궤적이 명쾌하게 드러나 있다. 金石範『ことばの呪縛―「在日朝鮮人文學」と日本語―』筑摩書房, 1972.7;『民族・ことば・文学』1976.11;『「在日」の思想』筑摩書房, 1981; 『故国行』岩波書店, 1990.8.

치한 문학입니다."[8])라고 쓰면서 사소설화된 재일조선인문학 비판을 1970년대 무렵부터 전개해 갔다. 한일협정 이후 재일조선인문학에 대한 관심은 일본 사회 내에서 점차 높아져 갔고, 이는 재일조선인문학이 일본 내에서 각종 문학상을 수상하는 흐름으로 이어졌다.[9])

1970년을 전후의 상황을 살펴보면 1965년에는 한일협정이 체결됐고, 1972년에는 오키나와의 일본 「복귀」가 이뤄졌다. 이회성의 「다듬이질하는 여자(砧を打つ女)」와 히가시 미네오(東峰夫)의 「오키나와 소년(オキナワの少年)」이 제66회 아쿠타가와상(1971년 하반기)을 공동 수상한 것은 바로 그러한 시대 분위기와 맞물려 있다.[10]) 동아시아 지역의 안보 체제가 재편되면서 일본과 한국, 그리고 일본 본토와 오키나와의 관계 재설정이 중요한 정치적 과제로 떠오르던 시기에 재일조선인문학과 오키나와문학이 제66회 아쿠타가와상을 동시 수상한 것은 상징적인 사건이었다.[11]) 김석범의 사소설로서의 재일조선인문학 비판은 바로 이 시기 이후에 초점이 맞춰져 있다. 그런 만큼 1970년대 초에 김석범이 「일본어문학(日本語文學)」이라는 용어를 정립해서 재일조선인문학으로부

---

8) 金石範著, 安達史人, 児玉 幹夫編(2010.4)『金石範 "火山島"小説世界を語る!―済州島四・三事件/在日と日本人/政治と文学をめぐる物語』,右文書院, 196쪽.
9) 전후/해방 이후 일본에서 전개된 재일조선인에 의한 문학 활동은 이 시기와는 변별된다. 이는 일제 강점기 카프와 나프의 관계처럼, 해방 공간에서 일본 공산당 및 전후 민주주의 세력 주도 하에 반제국주의 활동의 일환으로서의 문학 활동이었다. 이 시기는 길게는 1950년대 초반까지 지속되다 조선총련이 1955년에 생기면서 와해되기 시작한다.
10) 김학영의 「얼어붙은 입(凍える口)」이 1966년 文藝賞을, 이회성의 「또 다시 그 길(またふたたびの道)」이 1969년 群像 신인문학상을 수상했다.
11) 김재용은 오키나와문학이 1970년 전후에 두 차례 아쿠타가와상을 수상한 것에 대해 "2차 대전의 피해국으로 자신을 부각시키면서 일본 제국이 행한 식민지 지배와 전쟁 책임을 은폐"하고 싶었다 하면서, 오키나와의 일본 복귀와 아쿠타가와상 수상을 연관 지어 설명하고 있다. 김재용(2016.5) 「한국에서 읽는 오키나와문학」 『오키나와 문학의 힘』 역락, 196-197쪽.

터 자신의 소설을 떼어내려 했던 시도는 주목해 볼만 한다. 이는 "일본의 「국민문학」의 틀을 넘어서 보편적 세계"[12]를 향한 김석범의 문학적 실천과 사상을 잘 드러낸 용어이다. 후천적으로 습득 가능한 언어에 초점을 둔 일본어문학이라는 용어는 일본이라는 국민국가의 전통을 담지하고 있는 일본문학과는 변별되는 용어이기 때문이다. 그런 의미에서 김석범은 자신의 문학과 일본문학계 내에서 하나의 장르로 자리 잡은 재일조선인문학을 완전히 일치하는 것으로 파악하지 않았음을 알 수 있다. 그는 보편적 미학을 중시하며 언어를 「유동대리물(類同代理物)(analogon)」로 취급한다. 이 때 김석범이 참조하고 있는 사르트르의 사상이다. 김석범은 사르트르가 "우리의 현실의식이 지각할 수 있는 대상인 물질적 측면, 예컨대 캔버스나 대리석 조각 같은 것을 유동대리물(analogon)"[13]이라 부른 것에 착목한다. 요컨대 언어 또한 캔버스와 같은 유동대리물이기 때문에 작가가 언어를 도구로 써서 상상력을 발휘해 낸다면 그 안에 일본적인 것만이 아니라 조선적인 것 또한 얼마든지 구현해낼 수 있다고 쓰고 있다. 그렇기에 그는 일본어 및 일본적인 세계에 침윤되지 않은 문학 개념으로 「일본어문학」을 내세웠던 것이다. 이러한 방법론이 이론적 정밀함과 정당성을 지니는 것인지에 대해서는 여러 논의가 필요하겠으나, 『화산도』의 창작 과정에는 이론적 김석범의 언어론이 개입하고 있음은 물론이다. 이러한 언어론/창작론을 바탕으로 김석범은 재일조선인문학과 자신의 문학을 구분할 수 있었을 것이다.

---

12) 김석범(2007.12) 「왜 일본語문학이냐」『창작과 비평』35(4), 창작과비평사, 120-121쪽.
13) 박정자(1996) 「사르트르와 루카치에 있어서의 Qui perd gagne의 개념차이」『불어불문학연구』 33.

3 『화산도』에 나타난 공화국 비판의 궤적

재일조선인문학은 말 그대로 조선인이 일본에서 재류하면서 조선어나 일본어로 쓴 문학이라고 할 수 있으나 그 기점 설정은 간단하지 않다. 일반적으로 재일조선인문학은 일제시대가 끝난 해방 이후를 출발점으로 삼아, 해방 직후 일본에서 문학 활동을 전개한 김달수, 이은직 등을 1세대로 분류한다. 더구나 해방 이후 식민지 조선이 남과 북으로 갈라지면서, 재일조선인 사회 안에서 이데올로기 대립이 격화되자 재일조선인문학 또한 세분화 돼 몇 갈래로 나눠지게 된다. 「제주 4·3」 및 조선전쟁을 거치면서 재일조선인 문학자는 양쪽 모두를 거부하고 도래할 통일된 '조국'을 지지하거나, 남(대한민국)과 북(조선민주주의인민공화국) 가운데 한 곳을 지지하는 등 사상적 지향을 달리해 나갔다. 그 과정에서 문학자 사이의 문학과 정치를 둘러싼 대립은 격화돼 갔는데, 그러한 대립은 1955년 재일본조선인총연합회(이하, 조선총련)가 창립된 이후에는 더욱 본격화 됐다. 특히 조선총련이 결성되기 바로 전해에 북한의 남일 외상이 "재일조선인을 공화국의 공민"이라고 성명을 발표하면서 "민전의 방침이나 일본공산당의 조선인정책이 흔들리기 시작"[14]하면서 북한과의 결속은 더욱 공고화되고 있었다.

지금까지 한국과 일본에서의 재일조선인문학연구는 재일조선인의 민족적 정체성을 둘러싼 자기 서사와 일본사회와의 갈등에 초점이 맞춰져 왔다. 하지만 이러한 시각은 1970년대 이후 재일조선인이 「정주」

---

14) 문경수 저, 고경순·이상희 옮김(2016.11)『재일조선인 문제의 기원』도서출판 문, 151쪽.

하려는 의식이 생겨나고 민족의식의 '풍화'가 심각하게 다뤄진 시기를 분석할 때는 적절하다고 하더라도, 1955년 조선총련 창립 이후부터 1960년대 말까지의 재일조선인문학이 놓인 상황을 분석할 때는 한계에 봉착하고 만다. 왜냐하면 이 시기의 재일조선인문학은 공화국(평양)의 정치적 상황과 문예정책이 재일조선인 문학자들에게 강력한 영향을 끼치고 있었기 때문이다. 특히 조선총련 창립 이전, 재일조선인문학자들에게 공화국은 "바로 동족이 소생할 담보 같은 존재"[15]로 여겨졌었을 만큼 정신적 버팀목 역할을 하고 있었다. 당시 공화국의 입김이 얼마나 컸는지는 김시종이 『장편시집 니이가타』를 1959년에 탈고 후 출간하려 했으나 조선총련과의 갈등으로 그 뜻을 이루지 못 하고, 1970년이 돼서야 출판할 수 있었던 것을 통해서도 알 수 있다. 그런 점에서 이 시기 공화국 내부의 정치와 문학, 그리고 북한의 재일조선인 정책을 이해하는 것은 재일조선인문학을 이해하는데 필수적이다.[16]

망명작가의 글쓰기로서 『화산도』를 검토하기 위해서는 김석범이 조선총련 계열의 문학잡지 『문학예술』에 조선어로 「화산도」(1965.5-1967.8, 총9회[중단])를 연재하다가 1968년 조선총련을 탈퇴하는 과정은 물론이고, 그 이후 일본어로 『화산도』를 연재해가는 시기 전체를 시야에 넣을 필요가 있다. 『화산도』에는 김석범이 공화국의 "민주기지론에 입각한 통일론"[17]에 대한 비판 의식을 내면화해 갔던 궤적이 선명히 아로새겨 있다. 이는 조선어로 연재된 『화산도』와 일본어로 연재된

---

15) 김시종 저, 윤여일 옮김(2016.4) 『조선과 일본에 살다』 돌베게, 253쪽.
16) 재일조선인 역사가 윤건차는 『자이니치 정신사』(박진우·박이진·남상욱·황익구· 김병진 옮김, 한겨레출판사, 2016.8)에서 재일조선인 사회가 민전에서 조선총련 체제로 변화해 가는 과정에서 공화국의 직접적인 영향 관계에 이르는 과정을 소상히 밝히고 있다.
17) 김재용(2000.5) 『분단구조와 북한문학』 소명출판

『화산도』사이의 간극이기도 하다. 『화산도』(일본어)는 남측이 신정부 수립 과정에서 미국의 「민주주의」체제의 수호 아래 학살을 자행했던 것을 비판하였을 뿐만 아니라, 제주도 내 「무장대」측의 이데올로기적 경직성과 패착 및 공화국의 '민주기지론'에 대해 통렬한 비판을 담고 있다.

　김석범은 1968년에 조선총련을 탈퇴하게 되는데 이는 김시종이나 양석일 등의 궤적과는 변별되는 것이었다. 김시종은 오사카 조선시인 집단 기관지 『진달래ヂンダレ』(1953.2-1958.10) 동인으로 활동하다 조선총련과 심각한 갈등을 빚고 60년대에는 총련으로부터 정치적 박해를 받는 상태에 놓여 있었다.

　　그런데 조선민주주의인민공화국의 직접적인 지도하에 들어갔다고 하는 조선총련의 조직적 위엄은 조국 북조선의 국가위신을 우산으로 삼아 주변을 추방할 태세로 높아지만 갔다. '민족적주체성'이라는 것이 갑작스럽게 강조되기 시작하더니, 신격화 된 김일성주석의 '유일사상체계'의 기반을 다지기 위해 '주체성확립'이 행동원리처럼 쓰이기 시작했다. 북조선에서 쓰이던 조직구조나 일상의 활동양식까지 이곳 일본에서 표본 그대로 시행되길 요구했던 것이다. 민족교육은 물론이고 창작 표현 행위의 모든 분야에 걸쳐서 '인식의 동일화'가 공화국 공민의 자격으로 가늠되고 있었다. 나는 그것이 '의식의 정형화'임을 간파했다.
　　(김시종(2014.5) 「시인의 말」『장편시집 니이가타』, 곽형덕 옮김, 글누림5)

　『진달래(ヂンダレ)』1957년 7월호에 실린 「장님과 뱀의 억지문답-의식의 정형화와 시를 중심으로(盲と蛇の押し問答)」는 김시종의 총련-공화국의 교조주의로부터의 이탈을 명문화한 글이다. 이는 "재일(在日)세대의 독자성을 인정하지 않는 조선총련의 이러한 권위주의, 획일주

의"에 대한 통렬한 비판으로 조선총련으로부터 사상적 탄압에 직면한다.18) 김시종의 이러한 이력을 살펴보게 되면 자연스레 한 가지 의문이 들기 시작한다. 그 의문은 1950년대 초반『朝鮮評論』에서부터 김시종과 함께 활동했던 김석범이 1967년까지 조선총련 내에서 활동하며 조선어 창작을 시도한 것으로부터 비롯된다. 김시종과 김석범 사이에 가로놓인 간극에 대해서는 두 작가 모두 자전이나 에세이에서 발언하고 있지 않은데다, 이를 연구한 논문 또한 존재하지 않기에 당시의 정황을 통해 추측해 볼 수밖에 없다. 그 간극은 공화국에서 "1953년부터 1956년에 걸쳐 진행되었던 반종파 투쟁"과 공화국 문학에서 "유일사상 체계가 확립되는 1967년"19)과 직접적으로 관련된다. 물론 이는 평양에서 벌어진 일이기 때문에 일견 재일조선인작가들과 직접적 연관되지 않은 것으로 보기 십상이지만, 당시 평양과 재일조선인이 조선총련을 매개로 해서 얼마나 직접적으로 이어져 있었는지를 살펴본다면 공화국에서 벌어진 반종파 투쟁은 다소 형태를 달리해서 (일본어 창작 배제-조선어 창작 권장 등) 재일조선인 문화계에 적용됐다고 해석해도 과언은 아니다. 그런 점에서 본다면 김석범이 일본어 → 조선어 → 일본어로 창작을 시도한 것은 조선총련과의 관련을 해명하지 않고서는 이해하기 힘들다. 김시종과 김석범 사이에 간극은 공화국-조선총련의 재일조선인 문예정책과 밀접히 관련된 것이라 하겠다.

김석범이 1950년대 중반이 아니라 1960년대 말에 조선총련을 탈퇴해 독자적인 길을 걸어간 것은 반종파투쟁(1953-1956) 이후 그래도 공

---

18) 이후 김시종은 1964년 '통일시범(統一試範, 소련의 '수정주의'를 규탄하고, 김일성의 자주적 유일사상을 추장)'을 거부한 다음 해에 조선총련과 완전히 결별한다.
19) 김재용(1994.7)『북한문학의 역사적 이해』문학과지성사, 125-144쪽

화국 체제에 대한 일말의 가능성과 전망을 꿈꿨기 때문일 것이다. 그러다 1967년 유일사상 체계가 완전히 확립되는 것을 보고 조선총련으로 완전히 나오게 된다.[20] 1970년, 김석범은 「언어와 자유-일본어로 쓴다는 것(言語と自由─日本語で書くということ)」(이하 「언어와 자유」)이라는 평론으로부터 시작해 "일본어로 조선적인 것을 쓸 수 있는 조건"[21]을 탐색해 가기 시작했다. 이후 김석범은 남과 북으로부터 협격(挾擊)을 당하는 위치에서 양쪽 체제를 비판하며 도래할 통일된 '조국'과 그 미래의 독자를 상상하며 글을 썼다. 이는 김사량이 중국 망명 당시에 썼던 「호접」과 「노마만리」에 드러난 독립된 '조선'과 그 미래 독자상과 겹쳐지는 것이기도 하다. 이러한 고독한 위치와 비타협적 자세는 김석범으로 하여금 일생의 대작 『화산도』로 나아가게 한 동력의 한 축이었다.

---

20) 김석범은 일본공산당을 탈당해서 1951년에 센다이로 가서, 북조선 계열의 지하조직에 관계하다가 조직과의 불화를 겪고 1954년에 오사카로 돌아오게 되는데 이때의 경험은 그의 소설 곳곳에 녹아 있다. 이후 1960년대에는 조선총련에서 일하면서 조선어로 『화산도』(연재 중단)를 써서 발표하지만, 조선총련과 불화를 겪어 1968년 조직을 떠나게 된다. 김석범은 조선총련 탈퇴를 계기로 7년여 만에 「虛夢談」(1969)을 필두로 다시 일본어 소설을 쓰기 시작한다. 김석범의 조선어 창작에 대해서는 김학동 「김석범의 한글 『화산도』론 : 한글 『화산도』의 집필배경과 「까마귀의 죽음」 및 『火山島』와의 관계를 중심으로」(『일어일문학연구』제62집 2권, 2007.8)을 참조.

21) 金石範(1972.7) 「言語と自由─日本語で書くということ」『ことばの呪縛』, 筑摩書房. 이 시기 김석범의 평론 활동에 대해서는 和田圭弘「金石範の文学論について──一九六三年から一九七二年まで」(『言語社会』3, 一橋大学紀要, 2009.3)를 참조.

4 『화산도』와 '망명'

앞서 살펴본 것처럼 김석범은 "'재일조선인 문학'은 결코 망명문학이 아니"라고 하면서도 "『화산도』를 포함한 김석범 문학은 망명문학의 성격을 띠는 것"이라고 썼다. 이는 자신의 문학이 사소설적인 재일조선인 문학과 변별된다는 것만을 의미하는 것은 아니다. 또한 이는 김석범이 고국으로 다시 돌아가기 위해 잠시 들렀던 일본에서 '정주'하며 '조선적'을 유지하고 있다는 실존적/사상적 고투의 궤적만을 의미하는 것도 아니다. 김석범은 김달수나 이은직, 허남기 등과 마찬가지로 일제 시대때부터 일본에서 살았기에 해방 후에도 일본을 드나들다 '정주'하게 되었다. 이에 비해 김시종은 제주 4·3 당시 남로당원으로 항쟁에 참여하다 목숨을 건지기 위해 밀항선을 타고 일본으로 갔다. 그런 점에서 볼때 김시종의 망명과 김석범의 망명은 상당히 다른 내실을 함포하고 있다고 하겠다.

그런 점에서 김석범이 자신의 문학을 "망명문학이다"라고 정의하지 않고 그러한 "성격을 띠는 것"이라고 했던 것에 주목할 필요가 있다. 여기에는 (다수의) 재일조선인을 비롯한 자신이 「망명자」가 아니라고 하는 역사의 아이러니에 대한 인식이 담겨 있다. 요컨대 일제 말 망명이라 하면 조선 내에서의 정치적인 핍박을 피해서 「중국」의 항일지구(특히 '연안」)로의 탈출을 의미했으며, 김석범 자신도 일제 말 중국으로의 망명을 시도했던 적이 있던 만큼 김석범이 재일조선인을 「망명자」라고 규정하지 않았을 가능성이 크다. 오히려 그보다는 그러한 이주의 과정을 구식민지 출신자들의 일본 내 「잔류」나 구 제국으로의 이동('밀항」)

을 의미하는 것으로 김석범은 파악하고 있었다. 그렇기에 김석범은 "「재일조선인 문학'은 결코 망명문학이 아니"라고 단호하게 말하고 있는 것이 것이다. 『화산도』에는 「망명」에 대한 인식이 역사의 아이러니라는 자조와 분노를 통해 표출돼 있다.

> 일찍이 조선을 식민지로 삼았던 패전국이 이처럼 앞으로 전진하고, 독립하여 해방되었을 조선이 오히려 역방향으로 돌진하고 있는 것이었다. (중략) 현재 남한의 많은 사람들이 자유를 찾아 일본으로 입국하려 하고 있다……(『화산도2』, 383쪽)[22]

> 여기는 스쳐 지나가는 여행지에 불과하다. 본래는 어머니와 여동생에게도 그러한 땅이어야 했다.……(『화산도2』, 507쪽)

> "이 나라는 어딜 가나 매한가지로, 일본은 이미 '망명지'로서 최적지가 되어 있어요. 이것도 일본의 식민지배 덕분이죠."(『화산도4』, 479쪽)

『화산도』에는 제주 4·3을 전후로 경제적 문제나 정치적 이유로 밀항선을 타고 일본을 오가는 제주도 사람들의 이야기가 빈출한다. 『화산도』의 화자는 "일본은 이미 「망명지」로서 최적지"라고 말하고 있는데, 이는 역사의 아이러니를 인식한 자조적 표현이다. 일본의 식민지 지배를 받아서 「일본어」를 구사할 수 있고, 「해방」 이후에도 백 만 가까운 조선인이 살고 있는 일본은 목숨을 걸고 자유를 찾아 떠날 수 있는 최적지였다. 더구나 1923년 이후 "제주의 노동력이 일본에 대규모로 이동하기 시작"[23]해 1923년에 제주-오사카 직항로가 생겨서 연락선 기미가요

---

22) 인용은 한국어판 『火山島』에 의한다. 이후 권과 쪽수만 표시하겠다.
23) 김동현(2016.3) 『제주, 우리안의 식민지』 글누림, 51쪽.

마루(君が代丸)가 취항했다. 그런 만큼 제주도민이 오사카로 이동하는 것은 밀항의 위험성은 상존했으나, 일단 오사카에 도착하고 나면 제주 출신으로부터 도움을 얻어 생활의 기반을 마련할 수 있었다. 이들 중 많은 수가 해방된 이후 다시 제주도로 돌아오지만, 생활감각으로 각인된 일본에서의 생활은 쉽사리 신체로부터 이탈되지 않았다. 『화산도』에는 해방 이후의 밀항과 재일조선인을 복잡한 심경으로 서술하는 대목이 많이 나온다. 특히 일제 말 일본에서 체류했거나 유학했던 남승지, 양준오를 서술하면서, 화자는 이들이 다시 돌아온 「고국」에서 느끼는 이질감과 유리된 감정을 예리하게 포착하고 있다.

> 남승지는 구부린 등을 내리누르는 짐 무게를 느끼면서 이런 모습으로 조국 땅 제주도의 성내 거리를 걷고 있는 자신의 모습에 미소를 머금었다. 문득 자신의 또 다른 시선이 머나먼 오사카에서 지켜보고 있는 듯한 느낌이 들었다. (중략) 남승지는 요즘 들어 '내가 왜 여기 있는 것일까'라는 일종의 부랑자와 같은 불안감에 시달리곤 하였다. (『화산도1』, 39쪽)

> "전 이 땅을 떠나고 싶어요. 전 이 땅에 친척도 하나 없는 인간이지만, 해방 덕분에 다른 사람들과 마찬가지로 조국이라는 곳으로 돌아왔습니다. (중략) 일본이 아닌 미국도 좋겠지만, 미국에는 쉽게 갈 수가 없습니다. 아니, 솔직히 말하면 미국에도 가고 싶지 않습니다. 해방 후 이 나라에서 미국이 한 짓을 보면서 정말로 싫어졌어요."(『화산도1』, 261-262쪽)

> 어때, 이 웃음은 제주도에서 웃는 웃음과 같은가, 이 눈빛은 제주도에서 보던 그것과 같은 빛인가. 이상했다. 그는 자신이 지금, 동시에 일본과 제주도 양쪽에 존재하고 있는 듯한 기묘한 감각에 빠져들고 있음을 느꼈다.(『화산도1』, 455쪽)

『화산도』에 드러나 있는 공간 감각은 일본과 조선(제주도)로 나뉜다. 특히 김석범이 해방 이후 자신의 실제 체험을 가장 많이 투영한 남승지는 조선에 있으면서도 일본에 있는 자신을 느끼고, 일본에 가서는 조선에 있는 자신을 느낀다. 이는 남승지가 "성내 거리를 걸으면서 낯선 외국의 거리를 걷는 것처럼 느꼈던 나의 심상은 도대체 무엇을 의미하는가"(『화산도1』, 114쪽)라고 의문을 표하는 부분에도 잘 드러난다. 물론 남승지가 제주도에 느끼는 이질감/국외자 의식과 역사에 대한 회의/니힐리즘은 『화산도』 뒤로 가면 갈수록 '혁명'을 향해 빠른 속도로 돌진해 간다. 이는 자유주의자이며 회의주의자로 서북청년단 및 한라산 빨치산 양쪽과 선을 대고 있던 전향자 이방근이 니힐리즘을 극복하고 「혁명」으로 향해가는 궤적과 일치하는 것이다.

『화산도』의 화자는 남승지와 이방근을 시점 인물로 내세워서(서장, 1, 5, 6, 9-1. 9-3, 15, 19, 24, 26장은 남승지가 시점인물, 그 외에는 모두 이방근이 시점인물이다.) 4·3 봉기를 둘러싼 「인간」의 고뇌와 실천, 그리고 「혁명」의 패배를 장엄하게 그리고 있다. 물론 그 안에는 일본으로의 「망명」을 다루고 있지만, 『화산도』의 핵심은 「혁명」을 둘러싼 인간 파괴와 인간 회복의 도정이다. 더구나 지금까지 제주 4·3을 수난사로 주로 다뤘던 제주 4·3문학과는 달리 『화산도』는 「혁명」과정에 초점을 맞춰 「무장대」의 이상과 현실을 구체적으로 다루고 있다. 이는 『화산도』에 직접적으로 표출돼 있지 않지만 한국의 반공 이데올로기와 정면으로 배치되는 문제의식을 내포하고 있다. 즉 제주 4·3이 「공산폭동'과 무고한 「양민」 희생자로 나뉘어져 논의되는 틀에는, "살육자는 정의이며 폭도는 살육되어 당연"[24]하다는 반공주의가 뿌리 깊

---

24) 김석범·김시종 저, 문경수 편, 이경원·오정은 옮김(2007.11)『왜 계속 써왔는가

게 자리 잡고 있다. 이는 김석범이 2015년 4·3평화상을 수상할 때 "제주 도민의 저항은 내외 침공자에 대한 방어항쟁이며 조선시대의 제주민란 과 일제통치 하의 민족독립 해방 투쟁의 정신에 이어지는 조국통일을 위한 애국 투쟁이라 생각합니다."라고 밝혔던 소감에도 잘 드러나 있다.

5 끝내며

이 글을 시작하기 전에 인용한 양석일 「하지만 새벽에」(1957년 지음)25)에서 "지금은 / 배신의 때 / 내 가엾은 육체여 / 오래 살아남는 거다 / 네가 죽어 마땅하기 위해 / 지금은 / 무언(無言)의 때 / 무서울 정도로 쓸데없는 논쟁을 반복하고 / 그 커다란 입으로 먹고 마시고 (중략) / 살육의 자유 죽음의 자유 구속의 자유 도망의 자유 언어의 자유 사랑의 자유 증오의 자유 고독 / 의 자유 절망의 자유 권태의 자유 움직이는 자유 성(性)의 자유 선택의 자유 자유의 자유 / 위대한 자유여 / 너는 어째서 자유인가 ……"라는 구절을 다시 들여다보자. 이 시어 중에서 "지금은 / 배신의 때"와 "무서울 정도로 쓸데없는 논쟁을 반복하고"라는 구절은 1955년에 조선총련이 생긴 이후부터 공화국의 문예노선을 재일조선인문학계에 강요하기 시작한 이후라는 상황과 연계해서 읽을 때 그 뜻을 해석해낼 수 있다. 여기에 "1953년부터 1956년에 걸쳐 진행되었던 반종파 투쟁"을 겹쳐 읽는다면 "갑자기 뿜어져 나오는 내

왜 침묵해 왔는가』제주대학교출판부, 148쪽. 이 부분은 김시종이 말한 것이다.
25) 梁石日(1998) 「されど曉に」『夢魔の彼方へ』 ビレッジセンター出版局

피여 / 지금은 / 복수의 때 / 죽어라"라는 구절은 상징적인 차원이 아니라 실제 벌어지고 있던 피비린내 나는 숙청을 표현한 글임도 알 수 있다. 역설적으로 '자유'라는 구절을 반복하면서 '억압'을 각인한 양석일의 이 시는 1950년대 후반 재일조선인의 상황이 독자적으로 존재했던 것이 아니라 공화국과의 연계 속에서 조형돼 나갔음을 잘 보여주고 있다. 또한 이 시는 이후 진달래 그룹이 공화국의 문예정책으로부터 이탈해서 독자적인 길(한동안의 절필과 이후 일본어 창작으로의 길)을 걸어가게 된 이정표이기도 하다. 하지만 전술했던 것처럼 김석범은 당시 교우가 깊었던 이들 그룹과 달리 1968년까지 조선총련에서 활동했다. 그런 의미에서 당시 김석범의 희망과 궤적은 『문학예술』에 조선어로 연재한 「화산도」(1965.5-1967.8, 총9회[중단])를 분석한 후에야 좀 더 명확히 알 수 있을 것이다.

다시 김석범이 "『화산도』를 포함한 김석범 문학은 망명문학의 성격을 띠는 것"이라고 했던 구절로 되돌아가보자. 『화산도』가 망명문학의 성격을 띠는 것은 작가의 생애나 작품의 내용에 담긴 작가의 「사상」과 관련된 것이다. 김석범은 자신을 「망명작가」로 생각했다기보다 제주 4·3과 조선전쟁 그리고 남과 북의 이데올로기 대립을 보면서 「일본」에서 살아가는 삶에 끊임없이 부채의식을 느꼈다. 그렇기에 그는 일본에서 남과 북의 「통일」을 지향했으며, 여전히 「조선적」을 유지하고 있다. 김석범이 『화산도』를 조선어에서 일본어로 다시 쓰는 과정은 자의가 아닌 타의에 의해 남과 북 모두로부터 사상적인 「망명」을 해가는 과정이었다. 그런 의미에서 『화산도』에는 공화국에 대한 지지자에서 비판자로 변모해 가는 김석범의 모습이 아로새겨져 있다. 이는 「재일」을 살아가는 김석범의 근거인 동시에 문학의 보편성에 입거해 정치와 역사에 희생당한 인간을 다시 그 역사 속에서 소생시키는 작업이었다. 『화산도』가 망명문학의 성격을 띠는 것은 남과 북 양쪽 체제의 경직성과 비민주성을 일본에 서서 비판했기 때문이기도 하겠으나, 작가 자신의 사상에 근거한 측면이 더 크다.

한국의 민주화와 함께 망명 상태를 조금이나마 벗어나고 있던 김석범의 망명은 더욱 고착화되고 있다.

이 글은 2016년에 상허학회, 동국대학교 문화학술원 서사문화연구소, 한민족문화학회 학술대회에서 발표 후 수정한 것임을 밝혀둔다.

동아시아연구총서 제5권

재일조선인 미디어와 전후 문화담론

이양지의 「돌의 소리」에 나타난 '모국'의 의미

이한정(李漢正)

일본 도쿄대학 대학원에서 학술박사 학위를 받았으며 현재 상명대학교 일본어권지역학 전공 교수로 재직 중이다. 동국대학교 일본학연구소 전임연구원을 거쳐 한국일본학회 상임이사로도 활동하고 있다. 재일한국인과 자기 정체성, 한일문학 번역론, 식민지시대 일본인의 조선인식 등을 연구하고 있다. 저서로 『일본문학의 수용과 번역』, 『소세키와 〈시대〉』(공저), 『재일디아스포라 문학 선집 5 연구』(공저), 『재일코리안 문학과 조국』(공저) 등이 있고, 번역서로 사카이 나오키의 『과거의 목소리』와 고야스 노부쿠니의 『한자론 불가피한 타자』 등이 있다.

1 서론

　이양지는 이회성에 이어 일본에서 아쿠타가와상을 수상한 재일한국인 작가로, 그의 문학적 역량은 일본에서도 인정받았다. 그리고 재일한국인 작가 가운데 이양지만큼 자신의 '모국'과 철저하게 대면한 작가도 드물다. 10여 년에 걸친 한국 유학과 그의 모국 체험을 바탕으로 한 작품 「각(刻)」이 일찍이 주목을 받았고, 「각」에 이어 보다 구체적으로 모국 생활을 그린 「유희(由熙)」로 아쿠타가와상을 수상했다는 점에서도, 이양지의 문학 활동에서 '모국'은 핵심에 놓인 주제라 하겠다. 이양지 문학과 '모국'에 관해서는 이제까지 그의 작품에 투영된 모국 '체험'에 초점이 맞추어졌다. 신은주(2004)는 주인공인 재일한국인 유희의 한국생활에 나타난 이방인의 모습을 고찰하였고, 후지이 다케시(2007)는 「유희」의 주인공 유희의 모국생활을 '본국인'과의 관계에서 살펴 '본국인'을 '역사' 밖으로 탈주시키는 유희의 '유희(遊戲)'로 포착하고 있다. 이덕화(2011)는 모국 체험을 통하여 '있는 그대로 보기'의 자세에서 자신을 응시하는 새로운 디아스포라의 의식과 다시 균열하는 주체로서 이양지를 다루었다. 모국 체험을 다룬 논문은 주로 이양지의 대표작 「유희」에 초점이 맞추어져 있고, 이양지 사후에 발표된 유작 「돌의 소리」[1]는 그 보조선으로 언급되고 있다. 결국 이양지가 그리는 모국은 '분열'이나 '균열' 혹은 윤정화(2013)가 말하듯이 '상처'로 해명되었다.

　본고에서 중심적으로 다루고자 하는 「돌의 소리」에 관해서는 윤명현이 "생활인으로서 '재일'을 확인하며, 글쓰기와 춤에 새로운 의미를 부

---

1) 「돌의 소리」에 대한 서지 사항 및 해설은 뒤에서 상세히 다루기로 한다.

여하고자 하는" 작품이라고 평가했다. 윤명현(2006)은 「돌의 소리」의
주인공인 "주일에게 조국은 관념 속의 조국"이며, "재일로서 자아를 정
립하기 위해서는 무엇보다 관념에서 벗어나야 한다"라고 말했다. 그러
나 본고는 이양지가 사망 직전에 몰입하여 집필한 「돌의 소리」를 통해
그의 대표작 「유희」에서 그려지고 있는 '모국'과는 다른 이양지가 그리
고자 했던 모국의 의미를 추출하고자 한다. 오히려 徐京植(2007)이 말
하는 것처럼 「유희」에서 그려진 모국은 '관념'이라고 볼 수 있다. 본고
에서는 「돌의 소리」에 나타난 '모국'은 그 '관념'을 넘어선 지점에 다가
가 있음을 고찰할 것이다. 선행연구에서 말하는 것과는 달리 「돌의 소
리」에 나타난 모국은 '관념'이나 '환상'과는 다른 양상을 띠고 있기 때문
이다.

「유희」 이후에 구상된 「돌의 소리」에서 이양지가 다시 모국 생활을
하는 재일한국인 청년을 등장시키고 있는 점에 유의할 필요가 있다. 본
고는 「유희」와 「돌의 소리」에 등장하는 재일한국인이 바라보는 모국을
검토하면서, 「돌의 소리」에서 모국이 어떤 의미로 그려지고 있는지를
살필 것이다.

2 '우리나라'의 변주

25세의 이양지는 1980년 5월 광주사태가 발생해 매우 혼란스러운 해
에 한국을 처음 찾았다. 그리고 가야금과 판소리를 본격적으로 접하면
서 민속무용을 배웠다. 1982년에는 서울대학교에 소재하는 재외국민교

육원2)에서 한국어와 한국문화를 1년 동안 공부했고, 1983년에 서울대학교 국어국문학과에 입학하였으나, 큰오빠의 죽음으로 곧바로 휴학을 하고 일본으로 돌아갔다. 같은 해에 부모가 정식으로 이혼을 했고, 서울에서 쓴 「나비타령」을 『군조』 11월호에 발표했다.

1984년에 이양지는 서울대학교에 복학했으며, 재외국민교육원에서 '모국'을 배우는 재일한국인을 소재로 한 「각」을 『군조』 8월호에 발표했다. 1988년 33세에 서울대학교 국어국문학과를 졸업했고 같은 해에 서울대학교 국어국문학과에 다니는 재일한국인 유희의 한국 생활을 그린 「유희」를 『군조』 11월호에 게재했으며, 이 작품으로 이듬해 1989년 1월에 제100회 아쿠타가와상을 수상했다. 3월에는 이화여자대학교 대학원 무용학과 석사과정에 입학하였고, 6월에 휴학하고서 일본에 잠시 돌아갔다. 1990년 3월에 대학원에 복학했고 10월에는 한일문화교류기금에서 「나에게 있어서 모국과 일본」이라는 제목의 강연을 했다. 이 강연 원고는 이양지가 처음으로 한국어로 쓴 대외적인 글에 해당한다. 1991년에는 서울에 머무르면서 대학원 생활을 마쳤고, 이 무렵에 「돌의 소리」를 쓰기 시작했다. 1992년에 여동생의 병환으로 일본에 돌아와 「돌의 소리」의 집필에 전념하다가, 5월에 급성심근염으로 사망했다. 「돌의 소리」 제1장이 『군조』 8월호에 실렸고, 제1장으로만 된 단행본이 9월에 간행되었다.

「나비타령」과 「각」, 그리고 「유희」와 「돌의 소리」에는 모두 이양지의 한국생활이 담겨져 있다. 이양지의 첫 소설인 「나비타령」에서 한국

---

2) 현재는 교육부 소속기관인 '국립국제교육원'을 말한다. 1962년에 '재일동포 모국수학생 지도'를 위해 서울대학교 내에 설립되어 1977년에 재외국민교육원으로 개원하였다. 이후 1992년에 국제교육진흥원으로 개편되어 2008년에 국립국제교육원으로 명칭이 변경되어 현재에 이르고 있다.

은 자연스럽게 다음과 같이 '우리나라'로 그려져 있다.

> '일본'에도 겁내고 '우리나라'에도 겁나서 당혹하고 있는 나는 도대체
> 어디로 가면 마음 편하게 가야금을 타고 노래를 부를 수 있을까. 한편으로
> 는 우리나라에 다가가고 싶다. 우리말을 훌륭하게 사용하고 싶다는 생각
> 이 드는가 하면, 재일동포라는 기묘한 자존심이 머리를 들고 흉내 낸다,
> 가까워진다, 잘한다는 것이 강제로 막다른 골목으로 밀려든 것 같아 이쪽
> 은 언제나 불리하다.[3]

한국에 와서 판소리와 가야금을 배우는 주인공 '애자'는 '폭포'를 '키
스한다'는 뜻의 '봇보'로 발음한다는 박선생의 말에 '우리나라'와 자신의
거리를 실감한다. 그런데 위 인용문에서 '한국어'는 일본어 '韓国語'가
아니라 'ウリマル'로 표기되어 있고, '우리나라' 역시 '韓国'이 아니라 'ウ
リナラ'로 표기되어 있다.[4] 이양지는 처음부터 '우리나라'라는 한국인
이 지니는 민족과 나라의 정서를 자기 안에 내면화해 가는 주인공을
소설에 등장시키고 있다. 서울에서 사는 애자의 하숙집에는 아주머니
와 그 딸 '미숙'이 살고 있다. 미숙은 애자에게 다음과 같이 말한다.

> 「언니는 우리나라에서 이제부터 쭈욱 공부할 작정이죠?」
> 「……그럴 작정이야」
> 「언니, 우리나라에 있으면 언젠가는 꼭 우리나라 사람이 될 수 있어요」
> 「……우리나라 사람이 될 수 있어?」[5]

---

3) 이양지, 김유동 역(1989)「나비타령」『유희』삼신각, p.341
4) 참고로 일본어 원문을 인용하면「「日本」にも怯え、「ウリナラ」にも怯え戸惑って
　　いる」(李良枝(1993)『李良枝全集』講談社, p.53.).
5) 이양지(1989), 위의 책, p.344.

미숙은 '재일동포' 애자를 '언니'처럼 따르며 '우리나라 사람'이 될 수 있다는 것을 응원한다. 이에 애자는 '우리나라 사람'이라는 말을 다시 음미한다. 재일동포인 자신이 아직 '우리나라 사람'이 아님을 실감하는 것이다. 이 부분은 「나비타령」의 말미에 해당하는데 이 부분에서 '우리나라'에서 살고 있는 애자 앞에 죽은 오빠의 환상이 나타난다. 그리고 애자는 "뎃짱은 우리나라에 있다"라고 되뇌이면서 「나비타령」은 끝을 맺는데, 애자에게 '우리나라'는 죽은 오빠가 살고 있는 것처럼 가깝게 다가와 있었던 것이다. 이와 같이 '우리나라'는 재일한국인 애자에게 위화감 없이 받아들여지고 있었다. 그러나 역시 서울에서 하숙집 생활하는 재일한국인 유학생 '유희'의 모습을 그린 「유희」에서는 이 '우리나라'에 대한 감각은 현저하게 다른 양상을 띤다.

「유희」는 모국어와 모국 문화를 배우려고 서울대학교 국어국문학과에 다니던 유희가 결국 모국 생활을 견디지 못하고 일본으로 돌아간다는 줄거리를 담고 있으며, 이 유희에 대한 이야기가 서울 하숙집 '언니'의 시점으로 그려지고 있다. 재일한국인의 모국 생활을 '본국' 사람이 바라보고 있는 형식의 소설이다. 유희는 실제로 서울대학교에 다녔던 이양지를 연상시키는 인물로 묘사된다. 하지만 본국인이 재일한국인을 바라보는 「유희」의 서사전략은 이양지를 유희로 상정해 이양지가 조국을 바라본다는 자전적 요소를 경감시킨다. 작가 이양지가 실제로 말할 수 없었던 '모국'에 대한 시선은 이러한 프리즘을 거치면서 더 선명하게 드러난다고 말할 수 있다.

이제 무슨 일이 있어도, 이런 일은 끝내야지……. 「우리나라」라고 쓸 수 없어요. 이번 시험이 이러한 위선의 마지막이고. 마지막이 되어야 해요. 중세 국어의 훈민정음 시험이었어요. 답안지를 써 나가고 있었는데, 거기서「우리나라」라고 쓰는 부분까지 가서 앞으로 나갈 수 없었어요. (중략) ……나는 썼어요. 누구에게인지는 분명치 않지만 누구에겐지 아첨하는 것 같은 느낌을 가지면서「우리나라」라고 썼어요. 나는 문장 안에서 네 번이나 똑같은 말을 똑같은 생각을 하면서 썼어요. 거짓말쟁이, 알랑방귀만 뀌는구나 그 누군가에게 언제 그런 소리를 들을까 겁에 질린 채 답안지를 다 썼어요.6)

한국어로 번역된 이 인용문에서는 나타나지 않은데 "「우리나라」라고 쓸 수 없어요."라고 유희가 말하는 부분의 일본어 원문은 "우리나라(母国)って書けない。"7)이다. 이양지는 '우리나라'라는 한글표기를 일본어 작품에 그대로 노출시키면서 일본어 독자를 위하여 후리가나로 '우리나라'의 일본어 음 'ウリナラ'를 달고 괄호에 다시 일본어 독자가 의미를 파악할 수 있는 '모국'을 의미하는 일본어 '母国'을 추가하고 있다. 일본어로 읽는 독자에게 'ウリナラ'와 '母国'은 동일시될 것이다. 이러한 표기방법을 이양지가 구사한 이유는 무엇일까. 재일한국인 유희에게 '모국'='우리나라'는 동일 개념이면서 또한 동일한 말이 아니라는 것을 명시하기 위해서일 것이다. 국어국문과 학생인 유희는 시험답지에 쓰인 '우리나라'를 본 순간 그 말과 자신의 관련성을 직시한다. 여느 한국인이라면 아무렇지도 않게 다가올 '우리나라'라는 말이 유희에게는 당연하면서도, 당연하지 않은 말로 여겨져 재일한국인인 자신이 '우리나라'라는 말을 쓰는 것이, '우리나라'를 으레 소유하고 있는 '누구'(아마 '한국인'을 가리키는 말일 것이다)에게 아첨하는 태도로 느껴졌던 것이다.

---

6) 이양지, 김유동 역(1989)「由熙」『由熙』삼신각, pp.69-70
7) 李良枝(1989)『由熙』講談社, pp.98-99

"누구에겐지 아첨하는 것 같은 느낌을 가지면서 「우리나라」라고 썼어요."라는 부분은 일본어 원문에서 "誰かに媚びているような感じを覚えながら、우리나라、と書いた。"라고 표기하고 있다. 여기에서 일본어 문장에 '우리나라'라는 한국어를 그대로 노출시키면서 일본어가 '모어'인 재일한국인에게 '우리나라'라는 말이 얼마나 낯선 말인지를 보여주고 있는 것이다.

'모국'을 '우리나라'라고 말했을 때, 이 '우리'라는 공동체에 속할 수 없다는 감각이 위 인용문에 나타나 있다. 이를 재일한국인이 민족적인 것에 거부하고 있다고 보아야 할 것인가. 그렇지는 않다. 이양지나 소설 속의 주인공 유희는 모국의 전통가락에 마음을 기울이고 있다. 그런데 왜 '우리나라'라는 말을 쓸 수 없을까. 한국어를 '우리말'이라고 쓸 수 없다는 감정도 마찬가지로 유희가 '모국'에서 견디지 못하는 요소로 작용한다. 이렇게 자기 내면의 문제는 모국(우리나라)과 갈등을 일으키게 만드는 요소이다.

이에 반해 「돌의 소리」에 등장하는 재일한국인 청년 임주일은 일본에서 회사생활을 하다가 일본어로 시를 쓰기 위해 한국에 유학을 온다. 주일의 시점에서 모국이 묘사되므로 소설 주인공은 비록 남성이긴 하나 작가 이양지를 연상시킨다.

그러나 작가 이양지와 중첩되는 인물은 「돌의 소리」에서 임주일이 유학을 온 한국에서 사귄 재일한국인 여성 가나(加奈)일 수도 있다. 왜냐하면 「돌의 소리」에서 가나는 유희처럼 한국에서 한국의 전통무용 등을 공부하다가 일본으로 돌아가는 여성으로 묘사되기 때문이다. 또한 가나는 임주일에게 보낸 편지에서 "자신은 모국에 대해서 성실했던가."라는 "반성과 후회"를 많이 했다고 고백하고 있다.[8] 이는 일본으로 돌아간 유희가 모국 생활을 뒤돌아보며 하는 말투처럼 들린다. 그러므로 두 작품에서 이양지의 그림자는 여러 인물로 분산되어 있지, 어느 하나가 이양지가 체험한 모국생활을 체현하는 인물이라고 보기는 어렵다. 다만, 「유희」나 「돌의 소리」의 배경이 모두 모국이며, 모국을 눈앞에서 목격하는 재일한국인의 이야기라는 점에서는 공통점을 지닌다. 소설을 집필하는 작가 이양지의 구상을 엿보자면 「돌의 소리」는 모국 생활에서 좌절을 맛보고 일본으로 돌아간 유희가 다시 남성으로 분하여 모국 생활에 도전하는 형식을 취하고 있다. 그런데 유희는 '우리나라'를 외부자의 시선으로 바라보고 있으며, 결국 그 우리나라에 속할 수 없었던 인물인데 반해, 임주일은 유희가 지니고 있었던 '우리나라'를 바라보는 외부자의 감각은 전혀 표출시키지 않고 있다는 점에 차이가 있다. 재일한국인 청년 임주일에게 우리나라는 그저 '한국'일 뿐이다. 이 작품에서 재일한국인에게 '우리나라'와 '한국'은 서로 분리되어 있지 않고 '모국'일뿐이다. 임주일은 유희가 안고 있었던 '우리나라'의 관념을 아예 처음부터 갖고 있지 않았다. 그러므로 「돌의 소리」에는 모국의 한국인들의 재일한국인에 대한 배타성은 거의 나타나지 않는다. '모국' 생활에 방점이 찍힌 두 작품에서는 '모국'을 바라보는 등장인물의 시선은 이처럼 차이를 보이고 있다.

---

8) 이 편지는 「돌의 소리」의 제2장에 해당하는 부분에 해당한다. 이 제2장은 고단샤판 『이양지전집』에 「참고자료」로 수록되어 있다.(李良枝(1993)『李良枝全集』講談社, p.540)

3 일본어/한국어가 아닌 '나'의 말

「나에게 있어서 모국과 일본」이라는 강연에서 이양지(1990)는 "저는 마치 한국어의 바다와 같은 국문과에서의 유학생활을 통해 인간에 있어서의 언어, 다시 말해서 인간에 있어서의 모국어와 또한 모어라는 것은 무엇인가라는 문제를 제 자신의 존재 즉 실존의 문제와 직결하는 심각한 과제로 생각하게 되었고, 자신의 모습을 한국어의 바다에서 헤매는 조난자처럼 여길 수밖에 없는 나날을 보냈다고 할 수 있습니다."라고 말하고 있다. 이양지는 '모국'에 와서 모국어가 아닌 일본어를 구사하는 자신을 처음으로 직시했고, '모국어' 안에서 '조난자'가 된 처지를 절감했다. 이는 '모국'이 단지 이제까지 접하지 못했던 색다른 공간이라든가, 관념 속에서 꿈꾸었던 환상의 원더랜드가 아니라, 실존적 문제로서의 자기 언어를 자각하게 만드는 공간이었음을 보여준다. 다른 재일한국인 작가에 비해 '모국'에서 가장 민감하게 언어문제와 대면한 작가가 이양지였다. 「유희」에서는 이 문제를 가장 예리하게 파고들어 인간과 언어의 관계성을 부각시켰다.

이양지의 「나비타령」은 작가가 한국에 체류하면서 집필한 작품이다. 여기에서 '한국어'는 '우리말'로 표현되고 있다. 배운지 얼마 안 되는 한국노래 '사랑가'를 서울의 거리에서 재일한국인 애자가 "사랑, 사랑, 하고 노래하니까 지나가는 낯선 사람들이 스쳐 가면서 바보라고 한 마디씩 내뱉는다." 이 '바보'라는 한국어에 대해 애자는 "일본말의 '바까'라는 울림보다 '바보'라는 우리말이 훨씬 따뜻하다."라고 생각한다. 누가 뭐래도 '우리말'은 재일한국인 애자에게 '따뜻한' 느낌을 주는 언어였다.

이러한 시선이 「유희」에 이르러서는 일변한다. '우리말'이라는 공동체 언어 속에 재일한국인이 구사하는 한국어는 '우리말'에 포함될 수 없다는 점이 「유희」에서 표출된다. '우리말'이라고 말하는 유희는 자신을 '위선자'라고 명명하는 것이다. '우리말'을 아무리 배워도 재일한국인에게 '우리말'은 '한국어'일 수 있으나, '우리말'이 될 수 없다. 그러므로 유희는 '우리말' '우리나라'를 의식하면 할수록 스스로 분열될 수밖에 없었다. 「각」의 순이나 「유희」의 유희가 한국어를 배우면서 한국어에 대한 거부감을 동시에 보이는 장면을 쉽게 연출하는 것도 이 때문이다.[9] 모국어에 기댄 재일한국인은 모국어를 거부하면서 재일한국인의 아이덴티티를 확립한다라는 아이러니한 상황이 발생하는 것이다. 흔히 「유희」를 재일한국인의 '분열'을 나타낸 작품으로 독해하지만, 재일한국인은 필연적으로 분열을 안고 있는 상태에서 성립한다는 점을 간과한 해석이 아닐 수 없다. 「돌의 소리」에서는 이 '분열'이 갈등이 아니라 당연한 것으로 연출되며, 이 작품이 「유희」와 확연히 구별되는 지점은 여기에 있음을 알 수 있다.

「돌의 소리」에 등장하는 주일은 일본어로 '시'를 쓰는 인물이다. 일본어로 '시'를 쓰기 위해 '모국'을 찾는다. 일본어로 시를 쓰기 위해서는 일본에 있어야 하는데, 왜 '한국어의 바다'인 '모국'에 온 것일까.

> 나는 시로 돌아와, 그리고 모국을 찾아 왔다.
> 시에 대한 집착과 나는 누구인가라는 것에 대한 집착은 상통한다. 그러나 분명히 경계선을 확실히 정할 수 없을 정도로 복잡하게 얽히면서 서로 통하긴 해도 어떤 곳에서는 서로 반발하고, 어떤 지점에서는 서로가 서로

---

9) 이에 관해서는 이한정·윤송아 엮음(2011) 『재일코리안 문학과 조국』 지금여기, pp.119-122 참고.

의 집착의 실체를 묻는 등의 형태로 싸운다.

(중략)

　이토록 간절한 마음으로 모국에 왔는데도 모국이 나에게 시를 쓰지 못
하게 하는 것이라는 굴절된 망상이 쌓여, 한국어를 듣는 것도 말하는 것도
꺼림칙한 일로만 여겨지는 나날이 계속되었다.[10]

　평범한 회사원인 주일은 문학을 목표로 시를 쓰는 것이 아니다. 그저
누구에게도 말하지 않고 시를 씀으로써 "자기의 소중한 비밀에 파고든
다."[11]는 발상에서 시를 쓴다. 그러므로 '모국'에서 '자기가 누구인가'를
추구하려는 것과 시를 통해 자신의 '비밀'에 접근하려는 발상은 상통하
는 것이다. 다만, 이 서로 통하는 지점에 놓인 '경계선'에는 '일본어'와
'한국어', 즉 '모어'와 '모국어'가 상충해 있다. 두 언어는 서로 얽혀있고,
서로를 밀어내고 당기고 있는 것이다. "모국이 나에게 시를 쓰지 못하게
하는 것"이란 바로 일본어와 한국어의 충돌 속에 놓여 있는 자신을 응시
하는 태도인 것이다. 그러나 「돌의 소리」에서는 모어와 모국어, 혹은
일본어와 한국어의 언어적 길항관계가 주인공 주일이 생각하듯이 "굴
절된 망상"으로 나타난다. 「유희」에서는 한국어와 일본어의 갈등은 '망
상'이 아니라 '현실'이고 '분열'과 같은 것이었으나, 「돌의 소리」에서는
그렇지 않다. 또한 「유희」에서는 '한국어'는 '우리말'이라는 표현으로도
말해졌으나 「돌의 소리」에서는 앞의 인용에서 알 수 있듯이 '우리말'이
라는 표현이 나타나지 않는다. '한국어(韓國語)'라는 말로 표현된다.

　'한국어'를 '우리말'이라고 한다면, 거기에는 '우리'라는 민족적 공동체

---

10) 李良枝(1993)『石の声』『李良枝全集』講談社, p.480. 이하 「돌의 소리」의 인용은 이
　　전집에서 한다. 제1장의 번역은 신동한 역(1992)『돌의 소리』삼신각을 참고하고
　　있다.
11) 李良枝(1993), 위의 책, p.476

의식이 잠재한다. 그러나 '한국어'를 '한국어'라고 하면, '우리말'에서의 공동체 언어의 성격이 다소 희박해지는 반면에 '한국'이라는 '국가' 언어의 성격을 띤다. 그렇다고 「돌의 소리」의 임주일이나 이양지가 '한국어'를 근대 국민국가에서 형성된 국가 언어로 인식하고 있었다는 것이 아니다. 이양지는 일본어와 한국어의 충돌 지점에서 '인간과 언어의 관계'를 추구했을 뿐이다. 임주일도 역시 「돌의 소리」에서 "언어와 나의 관계(言葉と自分との関係)"[12]에서 노트에 시를 쓰고, 한국어와 일본어의 사이에 놓인 자신을 반추하는 것이다. 그는 대학시절에 민족과 정치로서 재일한국인을 말하는 선배와 만난 회상을 통해 정치성과 떨어진 지점에 자신을 위치시키고 있다. 그러므로 「돌의 소리」에서 '모국어'와 '모어'의 분열은 시를 쓴다는 차원 이외에는 중심에서 밀려나고 있고, 그 자리에 「유희」에서 대면한 것과 다른 '모국'이 들어와 있는 것이다.

　「유희」에서 유희는 모국에 와서 '우리말'을 배우면서 자기 자신을 스스로로 "고문했다."[13]라고 '언니'에게 말했다. 실제로 '고문'이라는 한국어 단어를 한일사전에서 찾아보는 장면이 연출된다. 유희에게 모국은 자기를 억압하는 곳이었다. 재일한국인에게 모국은 낯설다는 차원과는 다르다. 한 개인이 '억압'당하는 공간인 것이다. 그 억압에서 벗어나려고 유희는 일본으로 돌아갔다. '우리나라'는 결국 유희에게 '환상'이었다. 정은경(2007:182~182)이 지적하는 것처럼 「유희」의 주인공이 "학업을 다 마치지 못하고 일본으로 돌아간 것은 한국이 자신이 상상했던 바와 달랐기 때문만은 아니다. 그녀의 일본행은, 그러한 한국이 '조국'이 아

---

12) 李良枝(1993), 앞의 책, p.458
13) 李良枝(1989)『由熙』앞의 책, p.107.「―自分はね、オンニ、私は自分をこうして拷問にかけているの。」

니었음을 체험했기 때문이다. 즉, 자신이 타자일 수밖에 없음을 느끼게 하는 동포들의 배타성이 그녀를 내몬 더 큰 이유"였고, 이는 '우리나라' 로 표현되는 "'일인칭'이라는 파시즘을 행사하는 조국"이 유희를 일본 으로 되돌아 갈 수밖에 없도록 만들었다. 유희가 모국에서 느끼는 감 정의 갈등은 '동포들의 배타성'과 더불어 유희 스스로 일본과 모국, 모 어와 모국어의 갈등을 자기 내면 안에서 조장시켰기 때문이라고 볼 수 있다.

그런데 「돌의 소리」에는 다시 억압의 공간인 모국에 스스로 발을 들 여놓는 재일한국인이 등장한다. 「유희」에서 유희는 한국어를 배우면서 일본어에도 집착했다. 이에 하숙집의 한국인 언니에게 핀잔을 듣기도 한다. 「돌의 소리」의 임주일은 일본어로 시를 쓰겠다라는 점에서 알 수 있듯이, 일본어를 통해서 자기 내면을 들여다본다. 그 내면에 빠지지 않기 위해 임주일은 한국어와 정면으로 마주한다. 임주일과 같은 재일 한국인은 일본에서 성장한 자기에 대한 태생의 '불우함'(竹田青嗣, 1995:302)을 안고 있다. 임주일은 이러한 '불우감'으로 인해 골몰히 자 기 안에 침잠해 들어가는 자신을 상대화하는 공간으로 '모국'을 선택한 것이다. 그렇기에 임주일이 사용하는 일본어는 한국어와 충돌을 하지 만 그것은 내면적인 충돌이기보다는 언어의 외피적인 것, 즉 한국어에 익숙해지면서 일본어에서는 중요한 한자(漢字)를 잃어버린다는 차원의 충돌에 머문다. '우리말'을 배우는 자신을 '위선자'로 응시하는 유희의 모습은 「돌의 소리」에서는 찾아볼 수 없는 것이다.

4 '나'를 해방시키는 공간

「돌의 소리」에서 임주일은 일본에서 일본인 회사에 다니던 재일한국인 청년이다. 그가 한국에 오게 된 계기는 회사에서 한국에 출장을 가라고 지시했기 때문이다. 일본인 회사에 다니는 재일한국인인 주일에게 한국과 거래하는 일을 맡기려는 것은 어찌 보면 당연한 처사일 수 있다. 그렇다면 주일은 한국 출장이라는 말이 떨어졌을 때 왜 1년 넘게 다닌 회사를 그만두었을까.

> 내가 '재일한국인'이라는 사실을 모르는 사람은 사내에서 아무도 없었다. 다카노도 당연히 알고 있었다. 본국의 한국인과 일본에서 살고 있는 한국인은 다르다는 전제가 이미 그들 마음 속에 있는 것인지, 내 앞에서 그런 것을 화제로 삼는 데 대한 무신경함도 깨닫지 못하는 것 같았다.
> 더 이상 배겨낼 수 없는 기분의 내면은 복잡했다.
> 동포의, 즉 자기 식구와 같은 사람들에 대한 이야기를 외부의 인간이, 그것도 '일본인'이 아무렇지 않게 하고 있다는 사실에 대한 분노는 물론이지만 그런 사실에 의연하게 반발하거나 항의할 수 없는 자기의 나약함이나 기개 없음이 부끄러웠다. (중략) '한국인'의 피를 지니고 있으면서, 한국어도 모르고 '한국인'을 내 동포로서 변호하며, 그 명예를 지키려 할수록 자기가 '한국인'이라고도 딱 잘라 말할 수 없는⋯⋯, 그런, 이도 저도 아닌 어중간함에 초조했다.[14]

다카노는 이 회사에서 한국 거래처를 담당하는 일본인 사원이다. 그는 한국에 출장을 다녀와서 겪었던 불쾌한 일을 회사에서 늘어놓는 걸

---

14) 李良枝(1993), 앞의 책, p.490

좋아하며, 한국에 대해 노골적으로 혐오감을 드러낸다. 그러나 '재일한국인'인 주일은 그의 말에 반항도 동조도 못하는 "견딜 수 없는 기분"에 사로잡힌다. 이런 기분이 최고조에 달한 것은 한국에 출장 중인 다카노가 보낸 팩스에 그려진 권총 일러스트와 'SOS'라는 글자를 회사에서 접하면서이다. 한국인을 모두 쏘아 죽이고 싶으니 권총을 보내달라는 이 다카노의 '발상'에 여러 사원이 '아리송한 웃음소리'를 띠는데, 그 웃음은 주일의 관자놀이 근처에 침처럼 박힌다. '모국'을 모욕하는 일본인에게 아무런 말도 못하는 자신을 응시한 주일은 자기 자신을 "비굴한 인간으로 만든 '일본'이란 무엇인가"라고 생각하며, 결혼 상대였던 '일본인' 여자 친구 에이코(英子)를 도쿄에 홀로 남겨두고 아버지가 살고 있는 서울로 떠난다. 에이코는 주일에게 '새로운 출발'이라고 말할 뿐이다. 여기에서 '모국'은 '한국인'도 '일본인'도 아닌 어중간한 '재일한국인'의 정체성을 확인하게 공간이다. 이양지는 「나비타령」에서부터 「유희」에 이르기까지 '모국'을 앞에 두고 이 문제에 끊임없이 집착을 보였다. 「돌의 소리」의 모티브도 크게 다르지 않다.

주일은 서울대학교 경영학과에 유학을 하게 되는데 「돌의 소리」에는 주일의 시선에 비친 모국의 모습이 그려진다. 그러나 「유희」의 묘사와는 달리 한국어를 소음으로 느낀다거나, 한국에 대한 낯설음이나 불쾌함을 표현되지 않는다. 「르상티망 X에게」라는 제목의 시를 쓰기 위해 내면에 침잠하는 모습이 주로 그려진다. 주일은 유희를 연상시키는 가나라는 재일한국인 여성을 모국에서 만나게 되고, 그녀에게서 자기 등에 점이 있다는 말을 듣는다. 가나는 이 점들을 환인(桓因), 환웅(桓雄), 환검(桓儉)의 세 신인 '삼신(三神)'과 관련시키거나 한글의 기본사상인 '천, 지, 인'과도 연결시켜 주일과 모국의 긴밀한 관계성을 말한다.

가나는 주일과 모국을 정신적으로 맺어주는 역할을 하는 것이다.

한편으로 일본에 있는 에이코는 주일에게 장문의 편지를 보내온다. 에이코는 도쿄 생활을 청산하고서, 본래는 그렇게 벗어나고자 했던 고향으로 다시 돌아간다는 사연을 편지에 적었으며, 이제껏 주일에게 말하지 않았던 자기 집안의 불행한 내력을 이야기한다.

> 주일 씨, 제가 당신을 얼마만큼 이해할 수 있었는지, 생각할 때마다 가슴이 아픕니다. 그러나 당신도 당신 자신의 일로 언제나 가슴이 꽉 차, 제가 얼마나 당신을 걱정하고 생각했는지 모르실 겁니다.
> 자기 일만이 어째 그렇게 대단한가 하고 좀 항의해 보고 싶을 정도로 당신은 당신 일 투성이 속에서 살아가는 것처럼 보였습니다. 안고 있는 사정이나 문제의 크기가 당신을 그렇게 만든 것은 압니다. 당신의 진지함이 무엇보다도 당신을 그렇게 만들지 않을 수 없었다는 것도 잘 압니다. 그러나 괴로운 것은 당신만이 결코 아니라는 것, ……괴로움은 사람들 저마다 가지고 있다는 것, ……이것만은 전하고 싶어요.[15]

에이코는 말더듬이였다. 그의 느린 행동에 주일은 에이코와 동거를 하면서 폭행도 휘둘렀다. '약한 자'가 '약한 자'에게 가한 행동이라고 에이코는 생각했으나, 주일이 한국으로 떠나기 직전에 어머니와 이혼을 하고 아버지가 한국에 가게 된 사정을 말한 것으로 에이코는 그런 생각을 하지 않았다. 주일의 아버지는 한국에서 세 명의 아내와 각각 가정을 꾸리고 있었다. 그리고 에이코 역시 두 명의 엄마를 가지고 있었다. 재일한국인인 주일의 '괴로움'은 일본인인 에이코의 '괴로움'과 서로 맞닿아 있다. 이 점을 에이코는 말하면서 주일에게 자기의 불행에만 집착해

---

15) 李良枝(1993), 앞의 책, p.490.

'자기' 안에 매몰되지 말기를 바란다고 말하고 있는 것이다.

에이코의 말대로 주일은 '모국'에서 각양각색의 실로 다양한 재일한국인과 만났다. "그 한 사람, 한 사람은 개성적이고 독특한 매력을 지니고 있었고 특수하고 복잡한 사정을 안고 살고 있었다." 일본에서 '재일한국인'이라는 사실에 힘들어 했던 주일은 '모국'에서 여러 재일한국인과 만나면서 재일한국인의 다양성을 깨닫는다. 하지만 재일한국인들이 "말로 표현할 수 없으나 어떤 공통된 경향을 가지고 있는 것"을 느낀다.

> 그것을 '재일한국인 증후군'이라고 나 나름대로 받아들였다.
> 재일한국인 증후군의 요체가 되는 공통사항은 집이었다. 그것은 불안정하며, 불행하며, 복잡한 사정만이 들러붙은 집이었다. 왜 모두 집이라는 것으로부터 떠나서는 살 수 없는 것일까. 만나 본 어떤 재일한국인이든 이야기를 시작하는 순간 가족 구성의 복잡함, 세대의 불화, 가족 내부에서의 모국관의 차이와 왜곡⋯⋯. 물론 내용은 다양하지만 거의 모두가 공통된 고민을 짊어지고 있다고 해도 좋을 정도였다.[16]

재일한국인에게 '집'은 현실로서 존재하며, 삶의 뿌리로 존재한다. 그러나 임주일은 "인간이라는 존재 의미에 관한 삶의 뿌리는 각각 집을 넘어선 곳으로 이어지고 있음에 틀림없다."고 생각한다. 집을 넘어서는 지점은 과연 어디에 존재할까. 잡지에 발표된 「돌의 소리」는 위와 같은 물음으로 끝을 맺고 있기 때문에 그 지점을 확인할 수 없다. 그러나 미발표된 제2장과 제3장의 원고에서 이양지가 그리려는 '집'을 넘어선 지점을 엿볼 수 있다.

「돌의 소리」는 본래 전체 10장의 장편소설로 구상되었는데, 이양지

---

16) 李良枝(1993), 앞의 책, pp.524~525.

가 죽고 나서 제1장만 잡지에 게재되었다. 그 후 제2장과 제3장의 원고 일부가 발견되었다. 이 원고가 현재 고단샤에서 간행된『이양지전집(李良枝全集)』에 수록되어 있다. 잡지에 발표된 제1장의 말미에서 주일은 "'재일한국인'에게 집은 모국인 한국에도, 그리고 일본에도 없다."라고 말했다. 위의 인용문에 이어지는 부분이다.「돌의 소리」는 어떻게 보면 재일한국인에게 '집'은 어디에 있는지를 되묻는 작업으로 출발되었는지도 모른다. 이것을 뒷받침하는 내용을『이양지전집』에 실린 제2장과 제3장의 원고를 통해 살펴볼 수 있다.

제2장은 주일의 재일한국인 여자 친구 가나가 일본에서 주일에게 보낸 편지 형식의 글로 이루어져 있다. 여기에서는 가나의 오빠의 일본인 여자 친구가 등장하는데, 그녀는 이양지와 마찬가지로 후지산 아래쪽에서 태어났고, 이양지와 마찬가지로 한국무용을 배운 여성이다. 가나는 이 여성을 처음에는 재일한국인이라고 착각한다. 이 여성에게 재일한국인 이양지가 일부 투영되어 있다고 말할 수 있다. 오빠의 여자 친구는 일본인으로 귀화한 이양지가 모델일지도 모른다. 그러나 이 점은 중요하지 않다. 이양지가 자신의 분신을「돌의 소리」곳곳에 배치하고 있다는 점에 유의할 필요가 있다. 남성으로 등장하는 주일도 그 중 하나일 것이다. 그리고 제3장에서 주일이 서울의 어느 달동네를 방문하는 장면은「돌의 소리」가 모국을 어떤 의미로 그리려고 했는지를 명확하게 보여준다.

저녁무렵은 특히 식사 준비를 하는 냄새가 여기저기에서 피어올라, 된장과 마늘, 그리고 이 동네의 냄새라고밖에 말할 수 없을 것 같은 토담과 문에서 감도는 사람들의 냄새에 목이 메었다.

발이 움츠러들고 숨이 멎는다'라고 생각되는 순간이 있었다.

언뜻 보면 아무 것도 아닌 광경인지 모르겠다. 아이들이 뛰어놀며 좁은 길을 달려 다니고 아주머니들이 물건보따리를 손에 들고서 언덕길을 오른다. 할 일없는 남자들은 길가에 마련된 평상에 쭈그리고 앉아 장기를 두고 있다. 평범한 동네의 모습이며 이러한 광경이라면 이 동네가 아니더라도 서울의 다른 길모퉁이에서도 볼 수가 있었다.

도대체 무엇이 나를 사로잡는 것일까.[17]

서울의 달동네에서 주일은 자기가 태어난 도쿄의 가난한 동네를 떠올린다. 이것을 가능하게 만든 것은 '냄새'였다. 이 냄새는 '동네의 냄새'였고 주일은 이를 '사람들의 냄새'로 느낀다. 마을 풍경보다 먼저 '냄새'에 이끌린다는 것은 재일한국인으로서 한국 음식인 '된장' 등의 냄새에 익숙한 환경에서 성장했기 때문일 것이다. 그러나 「유희」에서는 유희가 서울의 어느 동네를 방문하며 거기에서 사람들의 '냄새'에 이끌리는 모습은 그려지고 있지 않다. 한국 음식 등 모국 사람들의 삶의 광경에 유희는 다가가지 않고 있었다. 그에 반해 「돌의 소리」의 주일은 달랐다. 인용 부분의 일본어 원문에서 '동네'는 일본어 '町'가 아니라 한국어 '동네'의 일본어 음 'トンネ'로 표기되어 있다. 이 동네에 이끌리는 주일의 감정이 '동네'라는 한국어에 투영되어 있다는 것이다. 여기에서 주일은 서울의 어느 달동네나 자기가 태어난 일본의 가난한 동네가 그리 다르지 않다'라고 느낀다. 그러나 그 '가난한 동네'가 서로 '무질서'(달동네)와 '정돈된' 것(도쿄의 후미진 곳)으로 약간의 차이가 있다는 점도 깨닫는다.

하지만 그러한 차이는 주일에게 대수롭지 않다. 인용문에 나오는 아

---

17) 李良枝(1993), 앞의 책, pp.554-555

주머니에 대해서도 일본어 'おばさん'이 아니라 한국어를 일본어 음으로 표기한 'アジュモニ'로 쓰고 있다. 역시 동네 사람들에게도 이끌리는 주일의 모습이 이 말에 나타나 있다. 서울의 평범한 동네의 '광경'에 주일은 왜 이끌리는지 스스로 반문한다. 그리고 주일은 "눈앞에 펼쳐진 광경은 내게, 내가 나임을 알게 하는 계기를 부여하며, 그 확실함을 묻게 한다.(眼前に広がった光景は私に、私が私であることを知るきっかけを与え、その確かさを問う。)"라고 생각한다. 이와 같이 모국의 어느 동네의 광경을 바라보며 '나'를 응시하는 태도는 「유희」나 다른 작품에서는 찾아볼 수 없다. 이양지가 모국을 방문하고서 모국을 다룬 소설들은 모국을 '괴로움'으로 받아들였다. 모국에서 재일한국인은 '이방인'이었고, 우리말, 즉 한국어는 '외국어'였다. 윤정화(2013)가 지적하듯이 이양지가 그린 모국 체험에서 "모국은 상처"였다.

「돌의 소리」는 이양지의 유작이며 미완성으로 남겨진 작품이다. 이양지의 대표작 「유희」의 후속 작품 성격도 띠면서 마찬가지로 재일한국인이 모국에서 유학생활을 하는 모습을 전면에서 다루고 있다. 하지만 모국을 바라보는 분위기가 「유희」와는 매우 다르다. 이양지의 모국이 재일한국인의 '분열' 혹은 '갈등'만으로 귀결될 수 없다는 사실을 「돌의 소리」를 통해 읽을 수 있는 것이다. 그렇다고 이양지의 '모국'이 여느 재일한국인 문학에서 보이는 "식민지 종주국이었던 일본에 대립하는 식민지 조국 조선의 표상으로, 그리고 다른 한편으로 식민지시기를 포함한 부정적 현실에 대한 정서적인 안식의 공간인 고향으로 표상"(김형규, 2009)되고 있는 것은 아니다. 이양지가 「돌의 소리」에서 모국을 다시 전경화하면서 거기에서 '내가 나임을 알게 하는 계기'를 발견하는 주일의 내면을 그리고 있는 데에 주목할 필요가 있다. 「돌의 소리」에서 모국은 재일한국인의 '집'을 넘어서는 지점에 있다. '정서적인 안식의 공간'인 고향도 어떤 '노스탤지어'도 아니다. 이양지의 모국은 「나비타령」에서 「돌의 소리」에 이르기까지 변주를 거쳐 나를 '억압'하는 곳이 아니라 나를 '해방'시켜주는 곳으로 귀결되고 있는 것이다. 이 해방의 공간은 '집'이나 '고향'과는 다른 차원의 대립 개념을 넘는 인간 삶의 근원과 맞닿은 지점이며, 이를 「돌의 소리」에서는 모국의 어느 동네의 '냄새'와 '광경'으로 담아내고 있다.

5 결론

이양지에게 '모국'은 그의 문학세계를 전개하는 데에 있어서 매우 중요한 요소였다. 그의 짧지 않은 모국체험이 문학 작품의 큰 줄기를 형성하고 있는 것이다. 처녀작 「나비타령」에서부터 「각」, 그리고 아쿠타가와상 수상작 「유희」는 모국체험의 산물이라 말할 수 있다. 유작 「돌의 소리」 역시 재일한국인 청년의 모국생활이 그려지고 있으나, 이는 「유희」에서 나타난 '모국'과는 다른 의미를 띠고 있다. 「유희」에서 '모국'은 재일한국인의 자아 '분열'을 상징하는 존재로 그려졌다. 그러나 「돌의 소리」에서는 오히려 '분열'을 봉합하는 요소로 '모국'이 등장한다.

이제까지 이양지가 작품 속에 담은 '모국'은 재일한국인과 대척점에 있었다. '체험'하는 모국과 삶의 터전인 일본의 대립이 분출하는 공간으로 이양지 작품의 모국은 해석되었다. 그러나 일본어로 시를 쓰는 재일한국인 임주일은 「돌의 소리」에서 한국어는 '우리말'이 아니라 시를 쓰는 데에 방해가 되는 말이라고 생각한다. 시와 자기를 매개하는 일본어는 한국어와 충돌하면서 시의 언어에서 비켜나간다. 「돌의 소리」는 이에 시 창작에서의 언어적 갈등 상황을 연출하지만 「유희」에서와 같이 '우리말' 앞에 좌절하고 모국과 결별하지는 않는다. 그렇기에 「돌의 소리」에 그려진 모국은 재일한국인을 구속하는 '집'의 차원을 넘는 지점에 다다라 있다. 서울의 어느 '동네'를 방문하고서 거기에서 된장 '냄새' 등에 이끌리는 주일의 모습은 「유희」에서 유희가 모국과 대하는 태도와는 사뭇 다르다. 「돌의 소리」에서 모국은 돌아갈 '고향'이 아니라 어느 곳에서나 존재하는 인간 삶의 근원적 '고향'과 같은 것으로 나타나 있다.

이 논문은 『일본어문학』 제65집(한국일본어문학회, 2015.6)에 게재되었습니다.

동아시아연구총서 제5권
재일조선인 미디어와 전후 문화담론

재일코리안 디아스포라와 영화문화

임영언(林永彦)

일본 조치대학(上智大学)에서 사회학박사를 받았으며 현재 전남대학교 세계한상문화연구단 연구교수로 재직 중이다. 또한 현재 통일부장관 제21기 통일교육위원, 조선대학교 『국제문화연구』 편집위원장, 재외한인학회 총무이사로 활동하고 있다. 주요 연구분야로는 재일코리안 디아스포라, 일계인디아스포라 등 다문화와 디아스포라문제에 지대한 관심을 가지고 있다. 특히 전 지구적 글로벌화 현상에 따른 사람들의 이동에 의해 글로벌시티(일본, 미국, 브라질 등)에 형성된 집거지타운의 현지조사를 통해 그들이 창조한 글로컬문화의 통섭적 해석 및 공존공생의 소통방안을 탐구하는데 주력하고 있다. 저서로는 『재일코리안 기업가』, 『글로벌디아스포라와 세계의 한민족』, 『재일코리안 기업의 형성과 기업가정신』, 『일계인디아스포라의 문화적응과 정착기제』 등 다수의 저서와 논문이 있다.

1 서론

1980년대 말 재일코리안 작가들의 원작소설을 영화화한 작품들이 등장하기 시작한 이래 일본에서는 그들의 자화상을 영화한 작품들이 대거 출현하기 시작했다. 이들 재일코리안 관련 영화들은 시기적으로 보면 크게 3시기로 구분할 수 있다. 이들은 첫째, 1945년 해방 전후 일본인 감독들에 의해 등장하게 된 영화, 둘째, 해방이후 일본인감독과 재일코리안 감독에 의해 제작된 영화, 셋째, 최근 재일코리안 자신들의 일본에서의 디아스포라적 생활경험과 정체성의 갈등을 영화테마로 재구성한 작품들이다. 이들은 조국의 식민지 지배 하에서는 일본정부의 국책영화를 만든 영화감독도 존재했고 해방 이후에는 재일코리안들의 생활상(모습)을 영화로 그려내기 시작한 감독들도 있다. 일본에서 거주한지 이미 70년이 지나는 시점에서 재일코리안 영화감독들의 활약이 새삼 주목되고 있다. 이 논문에서 다루고자 하는 재일코리안들이 창작한 영화작품 속에는 그들의 생활상, 이국에서의 디아스포라적 삶의 고통과 경험, 정체성의 재구축과 미래 이미지의 구상 등 그들의 삶의 과거와 현재의 모습들이 영화 속에 고스란히 재현되어 있다고 해도 과언이 아니다.

주지하는 바와 같이 일본에 거주하는 재일코리안들은 마이노리티로서 해방 이후 70년의 세월이 경과되는 시점에서 과거에는 민족차별로 현재에는 헤이트스피치로 디아스포라적 삶이 강요받고 있다. 글로벌시대 올드커머와 뉴커머를 합쳐 약 90만 명 이상이 거주하고 있는 것으로 추정되는 재일코리안들은 거리상으로 한국과는 매우 가까워졌다고 볼 수 있다. 하지만 재일코리안들은 일본에서 세대교체가 진행되고 동화가 가속화되고 있는 가운데 여전히 한국과의 심정적 거리는 더욱 멀어졌다고 보는 시각도 존재한다. 일본에서 생활하고 있는 재일코리안들은 과거나 현재나 변함없이 정체성의 재조정과 이방인으로서의 디아스포라적 삶이 강요당하고 있기 때문이다. 이러한 그들의 삶의 스토리는 1980년대 이후 소설화되면서 원작소설로서 높이 평가 받은 작품도 있고 이후 영화로 만들어져 높은 평가를 받고 있는 작품들도 존재한다. 하지만 한국에서 이들 재일코리안 소설이나 영화작품에 대한 학문적 연구와 평가는 아직도 부족하며 향후 많은 연구들이 진행되어야 할 것으로 생각된다.

이 연구의 목적은 1945년 해방이후 70년이 경과하는 시점에서 일본에서 재일코리안 관련 제작된 영화작품에 주목하여 영화예술에 표현된 재일코리안 이미지와 삶의 특성, 그리고 사례로서 재일코리안 오덕수 감독의 디아스포라적 삶을 고찰하는데 있다. 따라서 이 논문에서는 순서대로 먼저 전반적으로 일본영화에 나타난 재일동포의 모습(이미지)을 살펴본 후 비교차원에서 재일코리안들이 창작한 영화에 나타난 재일코리안의 자화상을 분석하고, 마지막으로 재일코리안 영화감독으로서 오덕수 감독의 디아스포라적 삶을 조명하고자 한다. 이 연구는 해방이후 70년간의 재일코리안 영화작품과 경향을 총론적으로 고찰함으로써 향후 재일코리안 영화문화 연구에 있어서 개별적 연구를 진행하는데 많은 시사점을 줄 수 있을 것으로 생각된다.

2 선행연구 검토 및 이론적 배경

　그러면 이 논문에서 주요 대상으로 삼고 있는 '재일코리안', 그리고 '재일코리안 영화'란 무엇인지에 대하여 먼저 정의하고자 한다. 학문적으로나 학술적으로 재일코리안이라는 용어자체가 사실상 많은 의미를 내포하고 있다는 것은 이미 알려진 바와 같다. 그러나 일반적으로 재일코리안 개념은 일본에 거주하고 있는 한민족들로 해방 이전부터 일본에 거주하고 있는 재일 1세와 일본에서 태어나 자란 그들의 자손을 총칭하는 용어로 사용되어 왔다. 최근 이 용어는 과거 재일코리안들이 언젠가는 모국(남북한)으로 돌아갈 것이라는 임시거주지로서의 의미로는 거의 사용되지 않고 있으며 북한이나 한국도 아닌 일본에 거주하는 코리안이라는 의미로 사용되고 있는 경향이 강하다. 재일코리안이라는 존재가 일본인도 아니고 모국의 조선인이나 한국인도 아닌 또 다른 존재적 의미로서 사용되고 있다는 것이다.[1] 본 논문에서 사용하고 있는 재일코리안은 최근의 의미들을 포함하여 일본에 거주하는 일본계 한국인이라는 의미로 사용하고자 한다. 즉, 현재 이 용어가 일본사회에서 일반적으로 재일코리안을 지칭하는 새로운 용어로서 정체성을 확보했다는 의미에서 사용하고 있다. 또한 본 논문에서 다루고 있는 재일코리안 영화는 "영화작품의 주제가 재일코리안이며 그 주제에 대하여 재일코리안이 제작한 영화로 영화의 원작이 있는 경우 그 원작을 재일코리안이 집필한 영화"로 한정하여 정의하였다.[2] 그러나 본 논문의 의도가

---

　1) 福岡安則(1993)『在日韓国・朝鮮人ー若い世代のアイデンティティ』中公新書, p.18
　2) 陳水麗(2007)『「在日」文化におけるアイデンティティーの二重性ー「在日映画」を

재일코리안의 디아스포라적 삶을 다룬 영화의 전반적인 분석을 시도하고 있기 때문에 넓은 의미에서 재일코리안을 다룬 일본 영화들도 재일코리안 영화의 범주에 포함시켰다는 점을 미리 밝혀둔다.

1980년대 이후 글로벌시대 일본에서 재일코리안 디아스포라 문학이 주목받아 왔지만 최근 재일코리안들이 만든 영화들도 많은 주목을 받고 있다. 재일코리안 문학과 영화는 상호 깊은 관련성을 가지고 있는데 그 이유는 일본사회에서 주목받은 재일코리안 문학작품의 원작들이 일본사회에서 다시 영화로 만들어지는 경향이 있기 때문이다. 예를 들면, 가네시로 카즈키(金城一紀)의 소설 'GO'는 2000년에 일본에서 제123회 일본나오키상을 수상하였으며 2001년에 '고(2001, GO)'라는 영화작품으로 창작되었다.

최근 재일코리안 영화에 대한 관심이 높아지면서 이들에 대한 연구논문들도 속속 등장하고 있다. 먼저 재일코리안 영화에 대한 소개의 측면에서 김영심(2008)은 그의 책 '일본영화 일본문화' 속에서 한국에서 개봉된 일본영화 중 작품성이 있는 영화만을 선정하여 소개한 바 있다. 특히 이 책의 2장에서는 '재일한국인의 어제와 오늘'이라는 테마로 최양일3)의 '피와 뼈', '달은 어디에서 뜨는가?',4) 이학인의 '이방인의 강', 한일고교생의 교류장면을 다큐멘터리영화로 제작한 영화감독 김덕철, 재일한국인 50년사를 정리하여 재일코리안의 정체성을 '재일'의 영상으로 표현한 오덕수 감독 등에 대하여 상세히 소개하고 있다.5)

解読するー』早稲田大学文学部, p.9

3) 1949년 일본 나가노 현에서 출생한 최양일감독은 도교조선고급학교를 졸업하고 조명조수로 영화계에 입문했다. 일본 오오시마 나기사감독의 조감독을 거쳐 1983년『10층의 모기』로 감독으로 데뷔한 후 27년 이상의 작품을 발표했다.

4)『역사교과서 재일코리언의 역사』작성위원회(2007) 신준수·이봉숙옮김『역사교과서 재일한국인의 역사』역사넷, p.171 참조.

일본영화 속에 나타난 재일코리안의 이미지(상)에 대한 연구도 있다. 양인실(梁仁寬, 2002)의 연구는 1960년대-70년대 일본 야쿠자 영화에 나타난 '재일'의 이미지를 분석하고 있다. 그는 이 연구에서 일본 야쿠자 영화 속에 나타난 재일코리안에 대한 표현방식, 영화의 출현 배경과 사회적 인식을 규명하고자 시도하였다. 특히 1960년대 일본 야쿠자영화에는 재일코리안을 '제3국인'으로 등장시키는 경우가 많았는데 주로 암시장에서 적대세력으로서 '제3국인'의 역할로 많이 등장시키고 있다고 주장하였다. 그리고 당시 이러한 재일코리안 출신의 야쿠자 이미지는 일본의 법과 질서를 무시하는 존재로서 일본사회에서 배제의 대상이 되었다는 것이다. 그러나 1970년대가 되면 재일코리안 2세-3세들이 등장하기 시작한 시대적 배경과 당시 치열했던 취업차별투쟁과 맞물려 야쿠자영화에서도 재일코리안들이 일본조직에 들어가 일본이름으로 활동하는 등 그들이 이미지가 이미 동화의 대상으로 바뀌었다고 주장하였다. 그러나 이 연구는 일본에서 여전히 배제와 동화의 대상으로 존재하고 있는 재일코리안에 대한 단편적 시선의 결론이라는 측면에서 시대적으로 아직 이른감이 없지 않나 생각된다.

이와는 달리 재일코리안의 디아스포라적 삶과 생활 자체를 영화화한 작품들에 대한 연구도 있다. 김태만(2010)은 '재일코리안 디아스포라의 트라우마'라는 논문에서 재일코리안들이 제작한 영화 '우리에겐 원래 국가가 없었다(2001년)',[6] '박치기(2004년)', '우리 학교(2006년)'[7] 등 3

---

5) 김영심(2008)『일본영화 일본문화』보고사
6) 2001년 한일 합작으로 가네시로 카즈키(金城一紀) 원작 소설 '고(GO)'를 영화화한 작품으로 알려지고 있다.
7) 김명준 감독이 홋카이도 조선중고급학교 교원과 학생들을 출연시켜 제작한 다큐멘터리 영화.

편을 분석한 바 있다.[8] 이 연구를 통해 그는 재일코리안들이 일본에서
국가폭력이나 사회적 억압, 소외된 삶을 통해 디아스포라적 존재로서
자기정체성의 인식, 확인, 그리고 정체성의 유지 과정을 규명하고자 시
도하였다. 또한 일본사회에서 디아스포라적 삶의 존재로서 재일코리안
연구는 이명자(2013)의 '양영희 영화에 재현된 분단의 경계인으로서 재
일코리안 디아스포라의 정체성'이라는 논문에 잘 나타나 있다. 이 연
구에서는 양영희 감독의 두 편의 다큐멘터리 '디어 평양(2005)', '굿바
이 평양(2009)', 그리고 극영화 '가족의 나라(2013)' 등을 분석하고 있
다.[9] 이들 영화의 내용은 재일코리안 영화감독의 개인적인 경험을
바탕으로 제작된 영화로서 남북한과 일본이라는 국민국가의 틈바구
니에 끼여 있는 존재로서 재일코리안 디아스포라들이 동북아 3국의
대화채널을 위한 창구역할을 담당할 수 있다는 가능성을 제시하고
있다.

이상과 같이 기존연구들은 재일코리안 영화의 본질이 과연 무엇인가
에서부터 출발하고 있다. 더 나아가 글로벌 다문화시대 재일코리안 영화
는 과거 일본인과 재일이라는 이분법적 사고에서 벗어나 일본 속에서
재일코리안의 존재를 의식하는 형태로 영화가 제작되기 시작하였다. 이
과정에서 재일코리안 영화는 어떤 형태로든 영화 속에 그들의 삶을 투영
시키려는 삶의 도구였으며 그들 자신들의 본질을 찾아가는 정체성의 도
구의 역할을 담당했던 것이다. 결국 재일코리안 영화는 재일코리안 밖에
서 그들을 바라보는 시선, 내부에서 자신들의 원래 모습을 찾아가는 재일

---

8) 김태만(2010)「재일코리안 디아스포라의 트라우마·영화〈우리에겐 원래 국가가 없
   었다.〉,〈박치기〉,〈우리학교〉를 중심으로」『동북아 문화연구』25, pp.371-387
9) 이명자(2013)「양영희 영화에 재현된 분단의 경계인으로서 재일코리안 디아스포라
   의 정체성」『한국콘텐츠학회논문지』13(7), pp.38-50

코리안의 존재인식으로서의 정체성, 그리고 그들 자신의 실제적인 삶과 현실을 그대로 영화로 표현하고자 했던 디아스포라적 삶의 존재적 실체를 재현한 재일코리안의 문화유산의 역할을 담당해왔다고 볼 수 있다.

3 재일코리안 영화문화의 창작과 내용분석

그러면 이 장에서는 먼저 1945년 해방 이전과 이후 재일코리안과 관련하여 일본인들이 만든 일본영화와 재일코리안들이 만든 영화에 주목하여 각각 영화 속에 그들이 어떻게 묘사되어 있는지를 살펴보고자 한다. 그리고 마지막으로 오덕수 감독 개인의 영화관과 세계관에 대하여 분석하고자 한다. 다음 〈표 1〉은 재일코리안이 등장하는 일본에서 창작된 대표적인 영화제목을 나타내고 있다. 일본영화에 나타난 재일코리안의 이미지를 시대적으로 살펴보면 1945년도 이전에는 시미즈 히로시(清水宏, 1936년)와 이마이 다다시(今井正, 1943년) 감독의 영화에서 보여주는 것처럼 일제강점기를 시대적 배경으로 하는 '내선일체'를 홍보하는 영화가 많이 등장했다. 특히 일제 강점기에는 조선의 영화사들이 모두 조영(朝映)이라는 국책영화회사로 통합되어 활동하던 시기여서 일본 국방의 중요성을 홍보하는 국책영화들이 많이 등장하였다. 이마이 다다시(今井正) 감독의 '망루의 결사대'는 조선과 구 만주의 국경지대인 압록강을 지키는 경비대원들이 조선독립군 빨치산부대의 공격을 격파한다는 내용으로 구성되어 일본국방의 중요성을 홍보하는 국책영화의 대표작으로 꼽히고 있다.

<표 1> 재일코리안이 등장하는 일본에서 창작된 영화[10]

연도	대표 영화	다큐멘터리
1945년 이전	시미즈 히로시 '아리가토상'(1936년), 이마이 다다시 '망루의 결사대'(1943년)	
1950년-1960년대	모리조노 타다시 '어머니와 소년'(1958년), 이마이 다다시 '저것이 항구의 불빛이다'(1961년), 이마무라 쇼헤이 '니안쨩'(1959년), 우라야마 기리오, '큐뽀라가 있는 거리'(1962년), 노무라 다카시 '미성년 속 큐뽀라가 있는 거리'(1965년), 오오시마 나기사 '윤호기의 일기'(1965년), '잊혀진 황군'(1963년), '교사형'(1967년)	교고쿠 다카히데 '조선의 아들'(1955년) 미야지마 요시오 '천리마'(1963년)
1970년-1980년대	야마모토 사쓰오 '전쟁과 인간 제2부/사랑과 슬픔의 산하'(1971년), 모리카와 도키히사 '우리의 청춘 시절'(1975년), 구마이 케이 '어둠의 태양'(1968년), '땅의 무리'(1970년)	누노가와 테쓰로우 '왜놈에의 재한 피폭자-무고의 26년 '(1971년), 야마다니 데쓰오 '우리나라 만세' (1977년), '오키나와의 할머니 증언/종군 위안부'(1979년)
1980년-1990년	모리 젠키치 '세계인들에 조선인 피폭자의 기록'(1981년), '세계의 친구에 조선인피폭자 김재갑의 기록'(1985년), 타키자와 린조 '이름 성명 박추자의 본명선언'(1983년), 마에다 겐지 '신들의 이력서/일본의 조선문화'(1988년), 이즈쓰 가즈유키 '가키 제국'(1981년), 오구리 코헤이 '가야코를 위하여'(1984년)	
1990년-2000년	최양일 '달은 어디에서 뜨는가?'(1993년), 가네시로 가즈키 '고(GO)(2001년)', 마쓰에 테쓰아키 '안녕김치'(1999년), '박치기'(2007), '피와 뼈'(2004년)	

1945년 해방이후 1950년대-60년대 일본영화 속의 재일코리안 관련 주제는 조선 식민지지배나 민족차별을 반성하는 입장을 명확히 표명하는 작품들이 일부 등장했다. 특히 코바야시 마사키(小林正樹, 1956년), 이마이 다다시(今井正, 1961년), 모리조노 다다시(森園忠, 1958년), 이마무라 쇼헤이(今村昌平, 1959년), 우라야마 기리오(浦山桐郎, 1962년), 오오시마 나기사(大島渚, 1963/65년) 등의 영화감독들은 조선인의 차별

---

10) 재일코리안이 등장하는 영화내용을 중심으로 필자작성:
   http://hana.wwonekorea.com/history/hist/10th94/movie/movie_Monma1.html(검색일: 2017.04.02.).

과 편견, 탄광노동자생활, 북송운동, 민족학교 치마저고리 습격사건, 식민지 전후보상 등과 같은 민감한 재일코리안 문제를 영화작품으로 다루고 있다.

1970년-80년대에는 재일코리안에 대한 편견과 차별을 다룬 영화작품이 여전히 많은 가운데 일본정부의 재일코리안 관련 전후보상 처리에 관한 내용을 다룬 작품들이 출현하였다. 또한 일본사회에서 재일코리안 차별정책과 편견에 굴하지 않고 꿋꿋하게 살아가는 그들의 생활상을 묘사하는 영화들이 등장한 가운데 재일코리안 작가들의 원작을 영화화 한 작품들이 처음 등장하는 시기이기도 했다. 1990년대-2000년대 이후에는 물론 이전에 재일코리안 출신의 영화감독들이 재일코리안을 묘사한 선구적인 영화들이 등장했지만 무엇보다도 최양일(1993년), 마쓰에(2004년) 등과 같은 유명한 영화감독들이 재일코리안의 자화상이라는 원작소설을 영화작품으로 등장시키기 시작했다는 점에서 시대적으로 큰 의의를 가지고 있다.

그러면 구체적으로 일본영화에는 재일코리안들이 어떻게 그려져 있고 재일코리안들이 만든 작품가운데에는 재일코리안의 상(이미지)이 어떻게 묘사되어 있는지, 그리고 대표적인 사례로서 재일코리안 영화감독으로서 디아스포라적 삶을 살아온 오덕수 감독의 영화와 삶에 대하여 조명하고자 한다.

1) 일본인이 창작한 영화에 묘사된 재일코리안

일본인들이 제작한 영화 속에 재일동포들은 어떻게 그려지고 있는가? 1945년 해방이후 일본에서 만들어진 재일코리안 관련 영화들은 야

쿠자의 하수인이나 마약밀매업자와 같은 저급한 수준의 야쿠자영화에 자주 등장하는 '제3국인(외국인)'으로 묘사되는 경우가 많았다.11) 이와는 반대로 재일코리안에 대한 호의적인 영화로는 '일본해의 노래(日本海の歌)'라는 영화가 있다. 그리고 한일 상호 중립적인 관계에서 제작한 영화로는 1959년 규슈탄광을 배경으로 한 10살 소녀의 일기를 영화로 제작한 '니안짱(1959, にあんちゃん)'이 등장했다. 이 영화는 일본에서 책으로 출판되어 베스트셀러가 된 작품을 이마무라 쇼헤이(今村昌平) 감독이 영화화하였다. 영화의 주요 내용은 규슈의 조그마한 탄광의 거리를 무대로 한 재일코리안 가족의 일가를 그리고 있다. 1943년 규슈에서 태어난 10살 소녀의 재일코리안 야스모토(安本)가 탄광노동자였던 부모를 여의고 4형제와 함께 힘겨운 생활을 이어가는 가운데 썼던 일기 형식의 수기로 구성되어 있다. 내용 중에는 장남인 주인공은 돌아가신 아버지를 대신하여 가족들을 부양하기 위해 탄광의 임시노동자로서 일하게 된다. 하지만 재일코리안이라는 이유로 정식 직원으로 채용되지 못하고 불경기가 시작되자마자 해고당하고 만다. 이 영화의 백미는 영화 속에 재일코리안이라는 인물이 직접 등장하는 최초의 작품이라는 점에 있다.

다음으로 1961년에는 이마이 다다시(今井正) 감독의 '저것이 항구의 불빛이다(1961, あれが港の灯だ)'라는 영화가 등장한다. 영화의 내용은 1952년에 설정된 이승만라인(평화라인)을 배경으로 일본어선에 타고 있던 재일코리안 청년의 고뇌와 갈등을 통해 민족문제를 다룬 정치적

---

11) 梁仁寛(2002)「「やくざ映画」における「在日」観」『立命館産業社会論集』第38巻第2号、pp.113-131. 제3국인이라는 표현은 자칭이 아니라 타칭이었으며 암시장에서 폭력을 행사하는 제3국인상은 일방적으로 일본인 측으로부터 만들어진 이야기 소재였다고 주장하고 있음.

인 영화이기도 하다. 영화의 장면들은 국가간의 불신감이 팽배했을 때 그곳에 거주하는 사람들의 인간관계에도 얼마나 많은 불신감을 조장하는지를 잘 보여주고 있는 작품이다. 특히 이 영화는 한일관계에 있어 개인적으로 좋아하는 사람들일지라도 거기에 국가간 민족간 정치적 문제가 얽히게 되면 개인들의 관계조차도 얼마나 왜곡되고 많은 피해를 입게 되는가를 여실히 보여주고 있다. 또한 이 영화에서는 재일코리안의 정체성의 문제도 조심스럽게 다루면서 일본인의 조선인에 대한 몰이해적인 행태도 비판하고 있다.

1962년에는 우라야마 기리오(浦山桐郎) 감독의 '큐뽀라가 있는 거리(1962, キューポラのある街)'라는 영화가 등장한다.[12] 이 영화 속에는 재일코리안이 중요한 역할자로 등장하고 있다. 이 영화의 주요 내용을 살펴보면, 주물공장에서 일하는 아버지를 중심으로 가족 4명과 생활하는 주인공인 중학생 사유리에게 재일코리안 동급생 친구인 요시에(良枝)가 있었다. 요시에의 아버지는 당시 한창 유행했던 북송운동으로 북한으로의 귀국을 생각하고 있었다. 요시에의 어머니는 일본인으로 그녀에게는 이국이었던 북한으로의 귀국에는 소극적이었다. 그리고 마침내 요시에 가족이 북한으로 귀국길에 오르게 된다. 이 영화는 일본이 중국이나 북한에 대해 동경하던 시기에 만들어진 작품으로 일본인 주인공의 요시나가 사유리(吉永小百合)와 친한 친구였던 재일코리안 요시에가 1959년부터 시작된 북송사업으로 북한으로의 귀국길에 올라 이

---

12) 이 영화는 1962년 우라야마 기리오(浦山桐郎) 감독이 발표한 작품으로 주물의 거리 사이다마 가와구치시를 무대로 그곳에 거주하는 장인기질의 완고한 아버지를 둔 준과 다카유키 자매가 가난하지만 씩씩하게 살아가는 모습을 그리고 있다. 준의 친구인 재일코리안 소녀 요시에 가족이 '귀국선'에 탑승하기 위해 가와구치역에서 이별하는 장면이 인상적이다.

별하게 된다는 스토리로 구성되어 있다. 이 영화는 당시 북송사업의 시대적 상황을 이상적으로 묘사하고 있는 측면도 있어 논란의 여지가 있는 작품이기도 하다.

이 영화의 후속영화로 노무라 다카시(野村孝) 감독의 '미성년·속 큐뽀라가 있는 거리(1965, 未成年·続キューポラのある街)'가 등장하였다. 이 영화에서는 일본 고등학생과 조선고등학생들이 험악한 사회적 분위기에 빠져드는 장면이 연출되고 있다. 영화장면에서 조선고등학생들이 꾹 참고 일본고등학생인 요시나가 사유리의 도발에는 응하지 않겠다고 선언한다. 영화장면에서 일본인 학생들은 당당한 태도의 재일코리안 학생을 째려보는 장면이 등장하는데 매우 인상적이며 그 시대 재일코리안 학생들이 당당하게 살아가는 모습을 묘사한 보기 드문 일본영화에 속한다. 그러나 아이러니컬하게도 이 영화가 등장한지 30년 후 조선학교 여학생들이 통학 길에 입는 치마저고리가 일본인 학생들에게 잘려나가거나 괴롭힘을 당하는 실제사건들이 일본 각지에서 발생하게 되었다.

일본인 영화감독이나 배우들에 의해 재일코리안을 다룬 영화들 중 대표적으로는 '일본폭력 열도 게이한신 살인 군단(1975, 日本暴力列島 京阪神殺しの軍団)'[13]이라는 작품이 있다. 이 영화 속에는 재일코리안들이 야쿠자로 등장하는 장면이 많이 연출되고 있는 것이 특징이다. 이 작품의 백미는 조선이나 한국 등 재일코리안을 연상시키는 장면들이 직접적으로 등장하지는 않지만 야쿠자들 간의 수혈 장면에서 같은 민

---

13) 이 영화는 1975년 일본 동영에서 발표된 일본인 감독의 영화로 대사 중에 재일코리안을 모티브로 한 작품이라는 것을 추측할 수 있으며 재일코리안 야쿠자의 세계를 묘사하고 있다.

족이니까 같은 피라고 속단하고 수혈하는 장면이라든지 영화 곳곳에 재일코리안이라는 메타포를 설정하고 있기 때문에 누구라도 쉽게 이 영화의 야쿠자의 등장이 재일코리안 문제를 다루고 있음을 간파할 수 있다.

일본인 영화감독 중에 재일코리안 영화감독에 많은 영향을 끼친 감독은 오오시마 나기사(大島渚)감독이라 할 수 있다. 재일코리안 오덕수 감독이나 최양일 감독이 오오시마 감독의 조감독으로 활동하면서 직접적인 영화감독의 영향을 받았다. 오오시마 감독의 영화작품들은 재일코리안 문제들을 적극적으로 자신의 작품에 등장시켜 전개하고 있는 것이 특징이다. 가령 1963년에 만들어진 '잊혀진 황군(1963, 忘れられた皇軍)'에서는 일본 군인으로 징병되어 부상당했지만 전쟁이 끝난 후 어떤 보상도 받지 못하고 고통스러운 삶을 강요당하는 재일코리안의 삶을 묘사하고 있다. 또한 그의 영화 '교사형(1967, 絞死刑)'에서는 1958년 발생한 고마쓰가와(小松川) 사건을 주제로 재일코리안 청년 사형수 '이진우'를 등장시켜 국가와 개인의 관계와 민족차별의 문제를 직접적으로 다루고 있다.

이상과 같이 해방 전후 일본인 영화감독들이 그들의 작품 속에 묘사하고 있는 재일코리안들의 상(이미지)을 살펴보면 제3국인, 야쿠자 하수인, 탄광노동자, 독도와 이승만라인, 북송문제, 조선학교 문제, 전후보상 등 민족차별문제와 정치적인 사안에 집중되고 있는 것으로 나타났다.

2) 재일코리안이 창작한 영화에 표현된 재일동포

그러면 이번에는 재일동포들이 제작한 영화 속에 재일코리안들은 어떻게 묘사되어 있는가를 구체적으로 살펴보고자 한다. 1970년대 들어

서 처음으로 재일코리안 출신의 영화감독이 출현하기 시작하였다. 이 시기의 영화는 재일코리안의 빈곤과 차별극복을 주제로 한 영화작품들이 대거 등장하였다. 대표적인 영화로는 이학인 감독의 '이방인의 강(1975, 異邦人の河)'인데 이 영화는 재일코리안의 정체성문제를 논쟁의 장으로 이끌어 주목받았다. 주요 내용은 재일코리안 2세 청년 이사례가 재일동포 소녀인 방순홍을 사랑하게 되면서 한국정치의 실상에 접하게 되고 한국역사를 깊이 알게 되면서 민족의식을 깨달아 가는 과정을 그리고 있다. 이 영화는 자비제작이었던 관계로 일반인들에게는 많이 알려지지는 못했지만 재일코리안 영화감독이 재일코리안 스스로의 자화상을 보여주었다는 점에서 가장 선구적인 영화로 꼽히고 있다.

또 다른 영화로는 재일코리안 작가 이회성의 원작소설을 영화화한 오구리 코헤이(小栗康平) 감독의 '가야코를 위하여(1984, 伽耶子のために)'라는 작품이 있다. 이 영화는 일본인 영화감독이 메가폰을 잡았지만 원작은 아쿠타가와상(芥川賞) 수상작가인 재일코리안 이회성작가가 쓴 소설을 원작으로 하고 있다. 이 작품의 주요 내용은 1950년대 홋카이도와 도쿄를 무대로 재일코리안 2세 청년 임상준과 일본인 여성 가야코와의 사랑과 이별을 주제로 하고 있다. 가야코의 양아버지는 재일코리안 1세이고 상준의 아버지도 현해탄을 건너 도일한 친구사이 이었지만 종전을 사할린에서 맞이하고 홋카이도로 귀환하게 되었다는 내용으로 구성되어 있다. 이 영화는 식민지와 전쟁으로 인해 재일코리안들이 겪는 비극적인 사랑과 운명을 그리고 있다. 특히 이 영화는 재일코리안 작가의 원작 소설을 영화화 한 최초의 일본 영화라는 점에서 의의가 깊다.

1990년대 들어서면 재일코리안의 안정적인 일본 정착과 경제적 지위향상 등과 맞물려 그동안 일본에서 재일코리안이 유일하게 외국인으로

취급되던 시대에서 탈피하여 중국이나 필리핀 등 다양한 나라로부터 유입되는 외국인들을 인정하는 글로벌 다문화시대가 주목받는 시기였다. 때문에 이전과는 다른 일본사회에서 외국인에 대한 인식의 대전환이 일어났던 시기이기도 하다. 이러한 일본인의 외국인 인식에 대한 사회적 전환을 배경으로 탄생한 영화가 양석일의 '택시드라이버(1984, タクシードライバー)'라는 소설을 모티브로 한 최양일 감독의 '달은 어디에서 뜨는가?(1993, 月はどっちに出ている.)'이었다.14) 이 영화는 당시 일본영화상을 수상한 작품으로 내용은 택시 드라이버로 생계를 꾸려가는 재일코리안을 소재로 한 작품이다. 내용의 줄거리는 여태까지 수동적인 약자로서의 재일코리안에서 일본에서 일자리를 구하려고 열심히 뛰어다니며 긍정적으로 활동하는 재일코리안을 묘사함으로써 높은 평가를 받았다. 또한 재일코리안들이 일본으로부터 차별받는 존재이지만 동시에 일본화 된 재일코리안들이 필리핀과 같은 다른 나라 외국인을 노동자로 부리게 되는 카오스적인 사회구조를 묘사하고 있는 작품이기도 하다. 이 영화의 주인공은 재일코리안 2세 택시운전사 강충남으로 자기 출신에 대해 스스로 의문을 제기한 최초의 작품이기도 하다.

2000년대에는 일본에서 제123회 나오키상을 수상한 재일코리안 가네시로 카즈키(金城一紀)의 작품을 영화소재로 한 '고(2001, GO)'라는 영화가 등장하였다.15) 이 작품은 재일코리안의 존재에 대하여 '차별'과

---

14) 재일코리안 영화감독은 최양일감독이 대표적이라 할 수 있지만 그밖에도 김수진 감독의『밤을 걸고』, 김우선 감독의『윤의 거리』, 김수길 감독의『천 개의 바람이 되어』, 차세대 영화감독으로 주목받고 있는 이상일 감독의『청靑-chong』등이 있다.

15) 이 영화는 2001년 일본 동영회사에서 제작한 것으로 감독은 유키사다 이사오(行定薫)이다. 내용은 일본 고등학교에 다니는 재일코리안 3세의 수기하라가 사랑과 우정에 고뇌하면서 정체성을 자각하기 시작하는 모습이 지금의 재일코리안의 모습을 생각하는 입문으로서 뛰어난 작품 중 하나이다. 제123회 나오키상을 수상한

'피차별'이라는 시점에서 다루기보다는 재일코리안 개인이란 무엇인가에 대하여 계속해서 질문하는 형식으로 구성되어 있으며 정체성 형성이라는 관점에서 다루고 있는 작품이다. 영화는 재일코리안 3세를 주인공으로 등장시켜 젊은 세대들에게 깊숙이 자리 잡고 있는 민족차별문제와 일본의 순혈주의적 편견을 묘사하고 있다. 또한 재일코리안 구세대와 신세대의 대립, 학생들 간의 이데올로기적 갈등을 소재로 한 작품이다. 특히 영화내용 중 주인공은 재일코리안이지만 한국어를 구사할 줄 모르며 한국의 역사에 대해서도 잘 알고 있는 것 같지만 실제로는 잘 모르고 있으며 오히려 일본어와 일본 역사에 대해서는 훨씬 더 잘 알고 있는 아이러니한 인물로 묘사되어 있다.

이후 계속해서 재일코리안의 정체성, 혹은 일본귀화에 대한 영화들이 속속 등장하기 시작한다. 이들 작품으로는 재일코리안 마쓰에 테쓰아키(松江哲明) 감독이 할아버지의 죽음과 함께 한국인으로서 자신의 정체성을 새롭게 인식해 나가는 과정을 다큐멘터리 형식으로 만든 '안녕 김치(1999, あんにょんキムチ)', '박치기(2007, パッチギ)', '피와 뼈(2004, 血と骨)' 라는 영화 등을 들 수 있다. 이 시기의 영화들은 대부분 자기정체성, 즉 재일코리안으로 태어난 자신의 정체성이 무엇인지를 스스로에게 되묻는 작품들이 많은 것으로 나타났다. 대표적인 영화로는 '달은 어디에서 뜨는가(1993, 月はどっちに出ている)?', '고(2001, GO)', 재일조선인의 존재 자체를 문제화 한 '저것이 항구의 불빛이다(1961, あれが港の灯だ)'[16] 등이 있다.

재일코리안 3세 가네시로 카즈키의 원작으로 재일코리안이라는 절실한 문제데 깊이 고뇌하면서도 씩씩하게 극복해나가는 유연한 모습을 그리고 있다.
16) 1961년 동영영화사 작품으로 감독은 이마이 다다시(今井正)이다. 1952년 설정된 이승만라인(평화라인)을 배경으로 일본어선에 승선한 재일코리안 청년의 고뇌를

2000년대 이후 재일코리안 사회는 귀화자의 증가, 일본인과의 혼인 증가 등으로 동화현상이 뚜렷이 나타나기 시작하면서 재일코리안 존재 자체에 대한 위기감이 팽배한 시기이기도 했다. 이러한 가운데 재일코리안 2세-3세를 대상으로 등장한 '고(2001, GO',라는 영화는 주인공이 상대방에게 또는 자신에게 '나는 도대체 어떤 사람인가(俺はいったい何者なんだ)'라며 스스로를 되새기는 대사 장면은 압도적인 명장면에 속한다고 할 수 있다. 이러한 작품들은 부모가 일본인이거나 조부모가 일본인이면 당연히 일본인으로 취급받겠지만 재일코리안들 중에는 어느 누군가가 중간에 혼혈되어 있어 한국에 유학을 간다든지 일본국적을 포기하는 경우 발생되는 정체성 혼란의 문제를 다루고 있다. 이렇게 보면 결국 이 시대의 재일코리안 영화는 재일코리안의 정체성에 대하여 정확히 정의하거나 설명할 수 없는 다양하고 복잡한 존재라는 사실을 그대로 전달해주려는 시대적 상황을 반영하고 있다고 볼 수 있다. 즉 글로벌 다문화시대 일본에 거주하는 재일코리안들이 만든 영화도 국적이나 민족에 의해 정확히 구분할 수 없는 시대를 맞이하고 있으며 점차 다양하고 복잡한 시대적 상황을 함의하고 있다는 것이다.

이상과 같이 1970년대 후반부터 이학인의 '이방인의 강'을 필두로 재일코리안의 원작소설을 영화화한 작품들이 등장하기 시작하였다. 1980년대 초반부터 본격적으로 출현하기 시작한 재일코리안 영화의 주요 내용은 재일코리안 청년들의 일본인 여성과의 결혼을 둘러싼 사랑과 갈등, 그들 자신들이 직면한 민족의식과 정체성 갈등, 정체성 찾기, 정체성의 다양화 등으로 영화를 통해 스스로에게 정체성에 대한 문제의

통해 민족문제를 그린 영화이다. 국가간의 불신감이 그곳에 살고 있는 사람들의 인간관계에도 균열을 일으키는 불합리를 잘 묘사해주고 있다.

식에 질문을 던지고 그 해답을 스스로 찾아가는 과정을 그리고 있는 것으로 분석된다.

3) 재일코리안 영화감독 오덕수의 영화세계와 삶

재일코리안 관련 영화작품에 대한 분석에 이어 이번에는 일본에서 가장 본질적이고 직접적으로 재일코리안 문제를 영화 속에서 다룬 오덕수 감독의 영화세계를 개인적인 삶의 사례를 통해 살펴보고자 한다. 2015년 12월에 타계한 영화감독 오덕수는 지금으로부터 20년 전인 1997년에 제작한 한일관계의 원점으로서 '재일'이라는 영화를 비롯하여 1989년의 민족문화로서 계승된 재일문화인 '제사' 등 재일코리안 사회운동과 문화에 관련된 영화제작에 혼혈을 기울여 많은 족적을 남겼다.[17)]

오덕수 감독은 일본 아키타 현 카즈노시(秋田県)에서 1941년 재일코리안 가정에서 태어나 18세 때 도쿄로 이주하였다. 일본 와세다대학 졸업 후 재일코리안 관련 영화를 많이 제작한 것으로 유명한 오오시마 나기사(大島渚)감독의 조감독을 거쳐 초기에는 일본 동영동경제작소에 입사하여 TV프로그램을 제작했다. 일본 영화사인 동영회사에 입사 후 계약직원으로 일하면서 노동조합을 결성하여 격렬한 조합운동에 참여하게 되었고 이로 인해 79년에 강제 퇴사하게 되었다. 이후 강제해고 철회투쟁에서 받은 화해금을 기반으로 단독으로 'OH기획'회사를 설립하여 1984년에 '지문날인거부'라는 재일코리안 사회운동을 주제로 한 다큐멘터리를 제작하여 일본에서 큰 반향을 불러 일으켰다. 또한 재일

---

17) 在日文化を記録する会(1989) 『民族の祈り祭祀』 OH企画, pp. 19-22

코리안 동료들과 잡지 '계간 잔소리'를 1979년부터 1985년까지 발행하여 재일코리안의 목소리를 잡지를 통해 전달하기도 했다.

이후 1997년에는 '전후 재일 50년사 재일'을 다큐멘터리 영화로 발표하여 약 30만 명 정도가 이 영화를 관람한 것으로 나타났다.[18] 이 영화는 오덕수 감독이 재일코리안의 증언과 기록을 토대로 재일코리안의 전후사를 엮어낸 장장 4시간에 걸친 대작이었다. 그가 이 영화에 몰입하게 된 계기를 보면 "'재일'이란 도대체 어떤 존재인가? 국적인가? 아니면 피의 루트인가? 아니면 이들 모두인가? 일본에는 '재일'이라고 부르는 한반도 출신의 사람들이 많이 살고 있다는 사실은 누구나 알고 있는 사실이다. 그러나 왜 이들이 일본에 거주하고 있는지에 대해서 물으면 대답해 줄 사람은 그리 많지 않다."라는 사실에 주목하였다.[19] 오덕수 감독은 자신은 물론이고 동포들이 재일코리안이면서 동포의 역사를 잘 모른다는 사실을 깨닫고 재일동포 역사공부에 매진하면서 자신의 고향인 아키다(秋田) 현과 사가(佐賀) 현 등 지방은 물론이고 한국과 미국에서도 이 기록영화를 촬영하는데 힘썼다. 주요 내용은 재일코리안 외국인 등록, 지문날인제도, 북한 귀환운동 등 일본 근현대사를 총망라하는 재일코리안관련 문제를 다룬 작품으로 오덕수 감독의 일생일대에 걸친 작품이라 할 수 있다. 재일코리안 영화감독으로서 전후보상과 여성차별, 헤이트스피치 등 일본에서 반복되고 있는 차별문제에 마지막까지 왕성한 활동을 전개하다 2015년 73세를 일기로 생을 마쳤다.

그가 영화감독으로 1976년부터 일본에서 재일코리안 민족과 차별문제에 정면으로 도전한 재일코리안 관련 영화작품들은 살펴보면, '열과

---

18) 日本京都新聞, 2016年4月16日
19) 毎日新聞, 2016年2月8日東京朝刊

빛을 이 어린이들에게(1976, 熱と光をこの子らに)', '휠체어의 길(1983, 車イスの道)', '지문날인거부(1984, 指紋押捺拒否)', '지문날인거부 파트 2(1987, 指紋押捺拒否パート2)', '지금 학교급식이 위험하다(1985, いま、学校給食が危ない)', '나우 우먼- 여성이 사회를 변화시킬 때(1986, ナウ、ウーマン一女性が社会を変える時)', '마사아키의 시(1988, まさあきの詩)', '제사(1989, 祭祀)', '탄광의 남자들은 지금(1990, 炭鉱(やま)の男たちは今)', '전후재일 50년사 재일(1997, 戦後在日五〇年史在日)', '시대(2003, 時代(とき))' 등으로 그의 재일코리안 정신이 이들 영화에 그대로 녹아있다고 해도 과언이 아니다.[20] 특히 1980년대 말 일본에서 생활하고 있는 약 60만명의 재일코리안 1세들이 점차 감소하고 있는 상황에서 민족의 전통적인 문화풍습을 청년세대에게 전달하려는 의도에서 영화 '제사(1989년)'라는 작품을 제작하여 남기기도 했다.

〈사진 1〉 오덕수 감독 영화자료 전시회(재일한인역사자료관 2층에서)[21]

---

20) KMJ(一社)在日コリアン·マイノリティ人権研究センタ-(2016)「追悼呉德洙監督戦後70年映画の中で在日はどのように描かれてきたか」『Sai사이(サイ)』Vol.75, pp.28-29
21) 왼쪽 사진에서 오른쪽에 서 계시는 분이 오덕수 감독의 부인 시미즈상, 오른쪽 사진 가운데(중앙) 서 있는 분이 오덕수 감독과 함께 지문날인거부운동을 전개한 미국인 로버트 리케트씨.

2016년 7월 재일한인 역사자료관에서 오덕수 감독의 영화일생에 대한 전시회를 연 시미즈 치에코(清水千惠子, 73세) 부인은 오덕수 감독에 대하여 "재일이 아닌 세계인으로, 인간으로서 살아가는 개인의 생활을 강조했다. 인간은 평등하다. 결국 인간은 누구나 개인 대 개인으로 최종적으로 살아가며 사람을 위해 죽지 국가를 위해 죽지는 않는다. 그는 일본에서 태어난 이유에 대하여 항상 재일동포를 위해 일하도록 태어났다는 사명감을 가지고 있었다."라고 술회했다.[22]

이상과 같이 오덕수 감독은 일본 아키다 현(秋田県)에서 태어난 재일 코리안 2세로 일본인 여성과 결혼했으며 일본인 영화감독 오오시마 나기사(大島渚)감독의 조감독으로 활동하면서 영화제작에 대해 많은 영향을 받았다. 그의 영화의 전반은 일본에 거주하는 재일코리안 (在日) 문제와 재일코리안의 문화(제사)로 요약된다. 그는 일본에 살면서 재일이란 누구이며 무엇인가라는 근본적이고 본질적인 정체성 문제에서 출발하여 결국 해답은 "인간의 삶은 누구나 평등하다."라는 결론에 다다른 것으로 생각된다. 이런 면에서 오덕수 감독의 '전후 재일 50년사 재일 (1997)'의 기록영화는 재일의 정체성을 찾는 물음에서 출발하여 자신의 정체성을 찾아가는 도구이기도 했으며 국가와 민족이라는 자신의 루트와 차별에 직면하여 인간의 본질적인 문제로 되돌아가도록 촉구하는 해답을 독자들에게 던져주고 있는 것으로 생각된다.

---

22) 2016년 7월 26일 일본도쿄 재일한인역사자료관에서 필자와의 인터뷰 내용 중 발췌한 내용에 의함. 시미즈(清水)는 오덕수 감독의 통명으로 알려지고 있다.

4 결론

　이 연구의 목적은 1945년 이후 해방 이후 70년이 경과하는 시점에서 일본에서 재일코리안 관련 제작된 영화에 주목하여 영화문화에 재현된 재일코리안의 생활상(이미지), 이국에서의 디아스포라적 삶의 경험, 그리고 재일코리안 오덕수 감독의 개인적인 디아스포라적 삶을 고찰하는 데 있었다. 이를 통해 본 논문에서는 규명하고자 시도한 것은 첫째, 일본영화에 나타난 재일동포의 이미지를 살펴보고 둘째, 비교차원에서 일본인과 재일코리안이 창작한 영화에 나타난 재일코리안 영화에 표현된 그들의 표상, 그리고 마지막으로 재일코리안 영화감독으로서 오덕수 개인의 디아스포라적인 삶을 조명하였다.

　연구대상 및 방법은 해방 전후부터 현재까지 재일코리안을 대상으로 만들어진 재일코리안 영화를 중심으로 일본인과 재일코리안 영화감독이 창작한 영화의 경향과 내용, 영화 속에 나타난 재일코리안의 상(이미지), 그리고 재일코리안 영화감독 오덕수의 디아스포라적 삶의 과정 등을 중심으로 살펴보았다. 연구결과는 다음과 같다.

　첫째, 재일코리안 영화는 일본인과 재일코리안이라는 이분법적 사고의 틀에서 벗어나 일본 속에서 재일코리안의 존재를 인식해 나가는 과정으로서 영화가 제작되기 시작하였고 그 과정에서 영화는 어떤 형태로든 그들의 삶을 영화 속에 투영시키려는 도구로 활용되었으며 그들 자신들의 정체성의 본질을 찾아가는 도구이자 수단이었다.

　둘째, 해방 전후, 그리고 1960년대 이후부터 현재까지 일본인 영화감독들이 그들의 작품 속에 묘사했던 재일코리안들의 모습(상)을 살펴보면 제3국인, 야쿠자 하수인, 탄광노동자, 독도와 이승만라인, 북송문제, 조선학교 문제, 전후보상 등 외국인으로서 재일동포 차별문제와 정치적인 문제에 집중되고 있는 것으로 나타났다. 즉 일본인 감독의 눈에 비친 재일코리안은 당시의 시대적 상황과 사건에 따라 다양한 모습으로 연출되거나 표현되고 있는 것으로 나타났다.

셋째, 재일코리안 관련 영화는 1970년대 후반 등장한 이학인의 '이방인의 강'을 필두로 1980년대 초반부터 재일코리안의 원작소설을 영화소재로 한 작품들이 등장하기 시작했다. 이들 영화들은 재일코리안 청년들의 일본인 여성과의 결혼을 둘러싼 사랑과 갈등, 그들 스스로에게 직면한 민족의식과 정체성 갈등, 정체성 찾기, 정체성의 다양화 등으로 영화를 통해 스스로에게 정체성에 대한 문제의식을 던지고 그 해답을 찾아가는 과정을 그리고 있는 것으로 나타났다.

넷째, 재일코리안 2세인 오덕수 감독의 영화 인생은 일본인 영화감독 오오시마 나기사(大島渚)의 조감독으로 활동하면서 많은 영향을 받았으며 주로 재일코리안(在日)문제와 문화(제사)를 영화의 주제로 삼았다. 일본에서 디아스포라적 삶을 살아온 그는 재일코리안이라는 본질적인 정체성 문제에서 출발하여 결국 "인간은 누구나 평등하다."라는 일반적인 인간론에 귀착된 것으로 생각된다. 그의 영화인생은 재일코리안의 정체성을 찾는 물음에서 출발하여 자신의 정체성을 찾아가는 과정이자 도구이기도 했으며 국가와 민족이라는 경계로 분리된 루트와 차별에 직면하여 인간의 본질로 회귀하라는 해답을 독자들에게 던져주고 있는 것으로 생각된다.

결론적으로 재일코리안 영화는 일본인 감독에 의한 재일코리안 밖에서 그들을 바라보는 시선, 재일코리안 감독에 의한 내부에서 자신들을 찾아가는 과정이자 디아스포라적인 존재로서 정체성 찾기, 그리고 그들 자신의 디아스포라적 삶과 경험을 영화로 표현하고자 했던 그들만의 경험과 특성을 살린 영화문화를 재일코리안의 독특한 영상세계로 보여주고자 노력한 것으로 평가된다.

동아시아연구총서 제5권

재일조선인 미디어와 전후 문화담론

재일조선인 에스닉 잡지 연구 — 소명선

- 이상봉(2006)「해방직후 재일한인 문단과 '일본어' 창작문제『朝鮮文藝』를 중심으로」『한국문학논총』42집, pp.359-385
- 宇野田尚也(2016)「在日朝鮮人のサークル運動—大阪朝鮮詩人集団『ヂンダレ』を中心に」『「サークルの時代」を読む : 戦後文化運動研究への招待』影書房, pp.70-87
- 宇野田尚也(2010)「東アジア現代史のなかの『ヂンダレ』『カリオン』」『「在日」と50年代文化運動:幻の詩誌『ヂンダレ』『カリオン』を読む』人文書院, pp.16-31
- 金石範·金時鐘(2001)『なぜ書きつづけてきたか なぜ沈黙してきたか』平凡社, pp.133-134, p.143
- 宋恵媛編(2016)『在日朝鮮人資料叢書14 在日朝鮮人文学資料集 1954〜70 1』緑蔭書房, p.xi, p.xxi
- 宋恵媛(2014)『「在日朝鮮人文学史」のために—声なき声のポリフォニー』, 岩波書店, p.129, p.144
- 高柳俊男(2002)「『朝鮮文藝』にみる戦後在日朝鮮人文学の出立」『文学史を読みかえる⑤「戦後」という制度—戦後社会の「起源」を求めて』インパクト出版会, pp.56-66
- 鳥羽耕史(2010)『1950年代 : 「記録」の時代』河出書房, pp.7-18
- 福永文夫(2015)『日本占領史 1945-1952』中央公論新社, pp.3-349
- 文京洙(2000)「戦後日本社会と在日朝鮮人③—日本共産党と在日朝鮮人」『ほるもん文化9 在日が差別する時される時』新幹社, pp.191-204
- 道場親信(2016)『下丸子文化集団とその時代 : 1950年代サークル文化運動の光芒』みすず書房, pp.2-3, p.62
- 梁永厚(1994)『戦後·大阪の朝鮮人運動1945—1965』未来社, pp.9-240

〈텍스트〉
- 宋恵媛編(2016)『在日朝鮮人資料叢書14 在日朝鮮人文学資料集 1954〜70 2』緑蔭書房

- 朴慶植編(2001)『在日朝鮮人関係資料集成〈戦後編〉第8巻～第10巻朝鮮人刊行新聞・雑誌(1)～(3)』不二出版
- 『復刻『民主朝鮮』時代の在日朝鮮人誌 前篇『民主朝鮮』本誌 第1巻～第4巻』明石書店, 1993
- 『大阪朝鮮詩人集団機関誌/復刻版 ヂンダレ・カ'オン 第1巻～第3巻』不二出版, 2008
- 『朝鮮文芸』創刊号(1947.10)～2年4号(通巻5号、1948.11)
- 『鶏林』創刊号(1958.11)～5号(1959.12)
- 『조선문학』창간호(1954.03)~2호(1954.05)
- 『조선문예』3호(1956.09)~9호(1958.03)
- 『불씨』창간호(1957.01)~3호(1957.11)

서클시지『진달래』와 1950년대 재일조선인의 문화운동 - 김계자

- 宇野田尚哉 外(2016)『「ルの時代」を読む─戦後文化運動への招待─』影書房
- 梁石日(1999)〔ジア的身体』平凡社ライブラ丨ー, p.152
- 이승진(2014.8)「『진달래(ヂンダレ)』에 나타난 '재일'의식의 양상」『일본연구』37, 중앙대학교 일본연구소, p.90.
- 마경옥(2015.8)「1950년대 재일서클지『진달래』연구『진달래』의 갈등과 논쟁의 실상-」『일어일문학』67, p.164.
- 宇野田尚哉(2010)「東アジア現代史のなかの『ヂンダレ』『カ'オン』」『「在日」と50年代文化運動』人文書院, p.28.
- 후지나가 다케시(2011.6)「차별어(差別語)의 탄생, 그리고 그 기억-'제3국인(第3國人)'에 대하여-」『한국사연구』153호, p.282
- 재일에스닉연구회 옮김(2016)『오사카 재일조선인 시지 진달래·가리온』(1~5), 지식과 교양

- 권숙인(2017)「"일하고 또 일했어요"-재일한인 1세 여성의 노동경험과 그 의미」 『사회와 역사』113집, pp.71-72.

재일 작가의 범죄학 서사 — 임상민

- 伊藤·川口記者(1968.3.8.)「ライフル魔と人質たち」『週刊朝日』, p.21
- 現地記者座談会(1968.2.25.)「「金」と対決88時間」『毎日新聞』
- 記事(1968.2.24.)「"弁護団"説得—金氏(知識人」『朝日新聞』
- 記事(1968.2.24.)「ライフル男「金」逮捕」『朝日新聞』夕刊
- 記者座談会(1968.2.25)「「ライフル男」事件を考える」『朝日新聞』
- 鈴木道彦(2007)「呼びかけ」『越境の時——一九六〇年代と在日』集英社新書, p.158
- 金達寿(1969.10)「金嬉老とはなにか」『中央公論』, p.324
- 記事(1968.2.27.)「88時間の対決＜下＞」『朝日新聞』
- 鄭貴文(1968.5)「金嬉老との一時間」『民主文学』, p.130
- 大江健三郎(1968.4)「政治的想像力と殺人者の想像力—われわれにとって金嬉老とはなにか?」『群像』, pp.161-169
- 伊藤成彦(1968.5)「秩序の論理と人間の原理—金嬉老事件についての報告—」『展望』, p.99
- 金嬉老公判対策委員会(1968.6.24.)「委員会の仕事」『金嬉老公判対策委員会ニュース』1号, p.3
- 金達寿(1968.12.15)「特別弁護人の申請にあたって」『金嬉老公判対策委員会ニュース』第5号, pp.12-13
- 記事(1968.8.15.)「特別弁護人に金達寿氏認める」『読売新聞』
- 鈴木道彦(1970.1.19.)「法と人間または検察官の精神構造」『金嬉老公判対策委員会ニュース』13号, p.29
- 金達寿(1970.3.11.)「「金嬉老裁判」のために—武茂氏と鈴木氏の一文を批判する—」『金嬉老公判対策委員会ニュース』14号, p.5

- 上野千鶴子・鈴木道彦(2005.5)「対談 ブルースと＜在日＞のあいだ」『青春と読書』, p.11
- 外務省条約局(1965)「在日韓国人の法的地位協定」『日本外交主要文書・年表(2)』1965年, pp.596-598.
- 林相珉(2011)「金嬉老事件と＜反共＞一映画「金の戦争」論」『日本文化学報』第51輯, p.11-14
- 기사(2010.3.27)「한국인이라 서럽던 '전쟁같은 삶'」『한겨레신문』
- 기사(2009.12.1)「여열사 竹稚 권애라의 생애【24】」『안동권씨종보 능동춘추』제130호, p.11
- 외교부문서(2000)「수신 : 장관, 발신 : 주일대사, 1970년 3월 17일, 번호 : JAW-03208」『재일교민 김희로사건, 1970』외교통상부
- 외교부문서(2000)「제목 : 진정에 대한 조사보고」「수신 : 장관, 발신 : 영사국장, 1971년 3월 18일, 번호 : 725-206」『재일국민 김희로사건, 1971』외교통상부

해방 직후 착종하는 재일조선인 미디어 - 엄기권

- 「朝鮮文化的教育指導員募集」「朝日新聞」1945年9月10日付, 2面
- 「主張 在日団体統合の秋」「文教新聞」第22号, 1948年2月9日付, 1面
- 「朝鮮人学校問題 教育を政治団体から切り離せ 文教崔鮮会長記者団に語る」「文教新聞」第32号, 1948年5月3日付, 2面
- 「物質革命と並んで精神革命を!」「文教新聞」第54号, 1949年1月3日付, 1面
- 朴慶植編(2001)『在日朝鮮人関係資料集成 戦後編』第8巻, 不二出版
- 宋恵媛(2014)『「在日朝鮮人文学史」のために』, p.225
- 小林聡明(2007)『在日朝鮮人のメディア空間』風響社
- 朴慶植編(1968)「崔鮮略歴」『背理への反抗』新興書房
- 朴慶植(1981)『在日朝鮮人一私の青春』三一書房, p.84

미군정기 재일조선인 신문 미디어의 담론 -이행화

- 朴慶植編(2001) 『在日朝鮮人関係資料集成 戦後編』第8卷、不二出版
- 宋惠媛(2014) 『「在日朝鮮人文学史」のために』岩波書店
- 嚴基權・李京珪(2017) 「戦後在日朝鮮人のメディア活動とその展開について- 朝鮮文化教育会と『文教新聞』を中心に」『日本近代學研究』第57輯
- 윤희상(2006) 『그들만의 언론』천년의시작
- 「＜創刊之辞＞吾らに平和と幸福をもたらす文化運動」『文教新聞』第1號、1947年9月15日
- 「創刊の辞」『民團新聞』第1號、1947年2月21日
- 「在日同胞に告く」『民團新聞』第1號、1947年2月21日
- 「朝鮮獨立と南鮮臨時政権の動き」『民團新聞』第9號、1947年6月30日
- 「改題に際して」『民主新聞』第21號、1947年11月1日
- 「發刊の 말」『朝連中央時報』第1號、1947年8月15日
- 「宣言」「綱領」『朝連中央時報』第9・10合併號、1947年10月17日
- 「文教は民團、朝連の傘下團體に非ず」『文教新聞』第56號、1949年2月28日

『조선민보』(1958년 1월~1959년 2월)에 나타난 재일조선인 문학의 양상 - 오은영

〈1차자료〉
- 『해방신문』 해방신문사(1952년 9월부터 1953년 12월)
- 『조선민보』 조선민보사(1958년 1월부터 1959년 2월)
- 『朝鮮総連』 在日本朝鮮人総連合会中央本部(1956년 12월부터 1960년 12월)
- 『朝鮮時報』 조선신보사(1961년 1월부터 1963년 12월)
〈논문 및 저서 등〉
- 宇野田尚哉(2008) 「『チンダレ』『カオン』『原点』『黄海』解説」『チンダレ・カオン』別冊、

不二出版

- 魚塘(1948.4)「日本語に』 c6朝鮮文学に就て」『朝鮮文芸』第2巻第2号
- 許南麒(2006)『在日文学全集〈第2巻〉許南麒』勉誠出版
- 金達寿(1948.4)「一つの可能性」『朝鮮文芸』第2巻第2号、1948年4月
- 宋恵媛(2014)『「在日朝鮮人文学史」のために──声なき声のポリフォニー──』岩波書店
- ヂンタレ研究会(2010)『「在日」と50年代文化運動』人文書院
- 尹健次(2015)『「在日」の精神史2』岩波書店

- 강우원용(2010)「일본 마이너리티문학 연구의 양상과 가능성-오키나와문학과 재일한국인·조선인문학을 중심으로-」『일본연구』제14집, 고려대학교 일본연구센터, pp.203-225
- 김용학(2011)『제3판 사회연결망분석』박영사
- 박한우, Leydesdorff(2004)「한국어의 내용분석을 위한 KrKwic 프로그램의 이해와 적용: Daum.net에서 제공된 지역혁신에 관한 뉴스를 대상으로」『Journal of the Korean Data Analysis Society』Vol.6, No.5, pp.1377-1387
- 사이람(2015)『소셜네트워크분석활용백서: 지식지도구축』2015-04-13-KN-01
- 서봉언·이채문(2014)「키워드 분석을 통해서 본 한국의 디아스포라 연구 동향」『디아스포아연구』제15집, 전남대학교 세계한상문화연구단, pp.43-69
- 윤인진(2010)「재외한인연구의 동향과 과제」『재외한인연구』제21호, pp.326-356
- 이지형(2014)「일본 마이너리티문학 연구의 현재와 미래」『일본학보』제100집, 한국일본학회, pp.61-78
- 이한정(2012)「동향과 쟁점: 재일조선인과 디아스포라 담론」『사이間』제12권, 국제한국문학문화학회, pp.259-284
- 이한창(2005)「재일 동포문학의 역사와 그 연구 동향」『일본학연구』제17집, 단국대학교 일본연구소, pp.245-263

- 일본정부통계 e-Stat. 「第1表 国籍·地域別 在留資格(在留目的)別 在留外国人」, 〈https://www.e-stat.go.jp〉, [인용 2018. 6. 8.]
- 재일한인역사자료관 홈페이지. 〈http://www.j-koreans.org/kr/index.html〉, [인용 2017. 9. 10.]
- 한국과학기술정보연구원(2008)『계량정보 분석방법론의 과학기술 적용사례 조사·분석 연구』
- Tague-Sutchliffe, Jean(1992) "An introdution to Informetrics", Journal Information Processing and Management: an International Journal—Special issue on Informetrics Vol.28, No.1 pp.1-3
- Webster, Jane and Watson, Richard T.(2002) "Analyzing the Past to Prepare for the Future: Writing a Literature Review", MIS Quarterly Vol.26, No.2 pp.xiii-xxiii

'망명자문학'으로서의『화산도』 — 곽형덕

〈기본 자료〉
- 金石範(1972.7)『ことばの呪縛—「在日朝鮮人文學」と日本語—』筑摩書房
- 金石範(1976.11)『民族·ことば·文学』
- 金石範(1981)『「在日」の思想』, 筑摩書房
- 金石範(1990.8)『故国行』, 岩波書店
- 金石範 著(2010.4), 安達史人, 児玉 幹夫編『金石範"火山島"小説世界を語る!—済州島四·三事件/在日と日本人/政治と文学をめぐる物語』右文書院.
- 梁石日(1998.6)「これと暁に」, 『夢魔の彼方へ』ヒレッジセンター出版局
- 김석범(1988.9)「일본에서 온 편지-『화산도』에 대하여」『실천문학』
- 김석범(2007.12)「왜 일본어문학이냐」『창작과 비평』35(4), 창작과비평사
〈단행본〉
- 김재용(1994.7)『북한문학의 역사적 이해』문학과지성사

- 김시종 저, 윤여일 옮김(2016.4) 『조선과 일본에 살다』 돌베게
- 다케다 세이지 저, 재일조선인문화연구회 옮김(2016.3) 『'재일'이라는 근거』 소명출판
- 문경수 저, 고경순·이상희 옮김(2016.11) 『재일조선인 문제의 기원』 도서출판 문
- 오은영(2015.5) 『재일조선인문학에 있어서 조선적인 것-김석범 작품을 중심으로』 도서출판 선인
- 윤건차 저, 박진우·박이진·남상욱·황익구·김병진 옮김(2016.8) 『자이니치 정신사』 한겨레출판사

〈논문〉
- 김학동(2007.8) 「김석범의 한글 『화산도』론 : 한글 『화산도』의 집필배경과 「까마귀의 죽음」 및 『火山島』와의 관계를 중심으로」 『일어일문학연구』 제62집 2권.
- 김재용(2016.5) 「한국에서 읽는 오키나와문학」 『오키나와 문학의 힘』 역락, 196-197쪽
- 곽형덕(2016.10) 「'재일'의 근거로서의 『화산도』」 『탐라문화』 탐라문화연구원
- 박정자(1996) 「사르트르와 루카치에 있어서의 Qui perd gagne의 개념차이」 『불어불문학연구』 33
- 和田圭弘(2009.3) 「金石範の文学論について――一九六三年から一九七二年まで」 『言語社会』 3, 一橋大学紀要

이양지의 「돌의 소리」에 나타난 '모국'의 의미 – 이한정

- 김형규(2009) 「조국 표상을 통해 본 '재일(在日)'의 존재론과 가능성」 『한국문학이론과 비평』 vol.44, 한국문학이론과비평학회, p.475
- 신은주(2004) 「서울의 이방인, 그 주변-이양지, 「유희(由熙)」를 중심으로-」 『일본근대문학-연구와 비평-』 제3집, 한국일본근대문학회, pp.151-152

- 윤명현(2006) 「이양지 문학 속의 '在日的 自我' 연구」 동덕여자대학교 대학원 박사학위논문 p.175
- 윤정화(2013) 「재일한인작가 이양지 소설에 나타난 모국 이해와 치유의 서사적 재현」『한중인문학연구』vol.40, 한중인문학회, p.54
- 이덕화(2011) 「이양지의 새로운 디아스포라 의식, '있는 그대로 보기'」『세계한 국어문학』vol.5, 세계한국어문학회, p.86
- 이양지(1989) 김유동 역 「나비타령」『유희』 삼신각, p.341
- 이양지, 김유동 역(1989) 「由熙」『由熙』 삼신각, pp.69-70
- 이양지(1990) 「나에게 있어서 모국과 일본」『한국논단』, p.226.
- 이양지, 신동한 역(1992) 『돌의 소리』 삼신각
- 정은경(2007) 『디아스포라 문학』 이룸, p.182
- 이한정·윤송아 엮음(2011) 『재일코리안 문학과 조국』 지금여기, pp.119-122
- 후지이 다케시(2007) 「낯선 귀환: 〈역사〉를 교란하는 유희」『人文硏究』vol.52, 영남대학교 인문과학연구소, p.51
- 徐京植(2007) 「ソウルで『由熙』を読む」『社会文学』第26号, 日本社会文学会, p.123
- 李良枝(1989) 『由熙』 講談社, pp.98-99
- 李良枝(1993) 「石の声」『李良枝全集』 講談社, p.480
- 竹田青嗣(1995) 『「在日」という根拠』 筑摩書房, p.302

재일코리안 디아스포라와 영화문화 – 임영언

- 김태만(2010) 「재일코리안 디아스포라의 트라우마영화 〈우리에겐 원래 국가가 없었다.〉, 〈박치기〉, 〈우리학교〉를 중심으로」『동북아 문화연구』25
- 김영심(2008) 『일본영화 일본문화』 보고사
- 이명자(2013) 「양영희 영화에 재현된 분단의 경계인으로서 재일코리안 디아스

포라의 정체성」『한국콘텐츠학회논문지』13(7)

- 梁仁寛(2002)「「やくざ映画」における「在日」観」『立命館産業社会論集』第38巻第2号
- 『역사교과서 재일코리언의 역사』작성위원회(2007) 신준수·이봉숙옮김『역사교과서 재일한국인의 역사』역사넷
- KMJ(一社)在日コリアン・マイノリテ人権研究センタ(2016)「追悼呉德洙監督戦後70年 映画の中で在日はどの」に描かれてきたか』『Sai사이(サイ)』Vol.75
- 呉德洙(2015)「映画『在日』が映し出すこの日本といい国のかたち」『はぬるはす』Vol.1, 第46号
- 在日文化を記録する会(1989)『民族の祈り祭祀』OH企画「在日映画」を解読する』早稲田大学文学部
- 福岡安則(1993)『在日韓国・朝鮮人―若い世代のアイデンテテ』中公新書
- 일본영화, http://www.elite2000.co.kr/Content/Detail.asp?Cate=D&pk_id=430102 (검색일:2016년10월 13일).
- 재일코리안이 등장하는 영화, http://hana.wwonekorea.com/history/hist/10th94/movie/movie_Monma1.html(검색일:2017년 4월 2일)
- 日本京都新聞, 2016年 4月 16日
- 毎日新聞, 2016年 2月 8日

찾아보기

〈동아시아연구총서 제5권〉

재일조선인 미디어와 전후 문화담론

초판인쇄   2018년 06월 22일
초판발행   2018년 06월 30일

편   자   동의대학교 동아시아연구소
발 행 인   윤석현
발 행 처   박문사
등록번호   제2009－11호
책임편집   최인노

우편주소   서울시 도봉구 우이천로 353 성주빌딩 3F
대표전화   (02) 992－3253(대)
전   송   (02) 991－1285
전자우편   bakmunsa@hanmail.net
홈페이지   www.jncbms.co.kr

ⓒ 동의대학교 동아시아연구소 2018 Printed in KOREA

ISBN 979-11-89292-07-2   93910   **정가** 24,000원